"¡¡Sáquennos de aquí!!"

María Simma responde a esta petición de las benditas ánimas del purgatorio

Una entrevista de Nicky Eltz a María Simma

The Medjugorje Web
http://medjugorje.org
2014 A.D.

Published by: The Medjugorje Web
               DeKalb, IL 60115
               USA
               http://medjugorje.org

ISBN: 978-1-938823-07-7

Dedicado con amor
a todos aquellos
que aún han de experimentar
el amor de Dios.

Table of Contents

PREFACIO

Querido lector:

Tienes en tus manos un libro extraordinariamente interesante. Habla del mundo del más allá. Ofrece consjos, pide ayuda y da respuestas. Habla de la vida, de nuestra vida aquí en la tierra y de las posibles consecuencias que dependen de cómo la hayamos vivido. Nos dice que hay una diferencia entre ser humildes, caritativos, buenos, agradecidos, leales y honestos y ser orgullosos, fríos, malos, despiadados, traidores y poco honrados. Al morir, nuestras acciones no quedan olvidadas sino que se recordarán con toda claridad. En este libro no se habla solamente del castigo (o mejor dicho de la purificación), sino también de su duración y de mucho más.

Te preguntarás: ¿Todo esto es posible?

En la iglesia católica se habla de un estado transitorio al que tradicionalmente se le ha llamado purgatorio. Aunque existen diferentes teorías, es algo muy serio ya que necesitamos ese estado para presentarnos puros y limpios ante Dios.

Además, dentro de la tradición de la Iglesia se acepta el que algunos místicos hayan tenido experiencias con las ánimas del purgatorio, semejantes a las vividas por María Simma. No se trata de un fenómeno completamente desconocido, si bien resulta difícil hablar y creer en estas cosas, especialmente en nuestros días en los que triunfa un racionalismo excesivo, en los que el peligro radica en creer solo aquello que se puede medir y comprender con las leyes y las medidas físicas. Si, además, a esta mentalidad de querer medirlo todo se añade el ateísmo, que es la negación completa del más allá, resulta claro que tenemos un libro muy interesante y de contenido muy rico. Y cuando, junto a todo lo demás, descubrimos que el estilo del autor está lleno de expresiones e imágenes llenas de vida, y que muestra una gran imaginación al hacer las preguntas, será un verdadero placer leerlo.

Aunque, como teólogo, me quedan preguntas sobre algunas de las respuestas que se dan, todas mis dudas personales han desaparecido una vez que pude conocer y hablar con María Simma. Ella es sincera. Sus ojos y la expresión de su rostro revelan un profundo respeto y una sana confianza. Ella se ha purificado con los mismos sufrimientos que le piden del más allá, que acepta siempre libremente, viviendo en un clima de paz profunda.

La voz de María es como una lluvia de primavera que reverdece el campo y hace crecer el deseo inmediato de trabajar con ella y ayudar a quienes sufren. Después de hablar con ella me sentí como un joven, con muchas preguntas y ninguna respuesta. Aconsejado por María, este joven comenzó a rezar y tras hacerlo dijo: "Ya no tengo más preguntas que me atormenten a pesar de no haber recibido ninguna respuesta. Hay paz y alegría en mi corazón".

¡Querido lector!

Es mi deseo que, a través de la lectura de este libro, te abras al mundo del más allá; entonces creerás también que puedes ayudar a aquellos hermanos y hermanas que sufren y decidirte, por aquel amor que no conoce fin, a hacer de esta ayuda nuestro deber. Al final de todo descubriremos, ya seamos creyentes o no creyentes, que la vida resulta verdaderamente digna de ser vivida solo si se ama y si se sirve por amor.

Padre Slavko Barbaric, OFM
Secretaría parroquial, Medjugorje
República de Bosnia-Herzegovina
1 de julio de 1993

PRÓLOGO

No se puede ni imaginar el pedazo de gema cuasi-periodística que tiene en este momento entre las manos, querido lector. Si lo supiera se saltaría mi prólogo de sopetón, pues nada de lo que yo pueda adelantarle puede reflejar la aventura espiritual y el descubrimiento sobrenatural que le espera entre las líneas de este magnífico ensayo sobre la realidad de la existencia del purgatorio.

La idea no gusta (hoy encontrará, incluso entre sacerdotes, a algunos que nieguen su existencia, aduciendo que se trata de una creencia absurda perteneciente al disparatado entendimiento de algún absurdo monje del Medievo.) Pero guste o no, debe saber ahora mismo que la existencia del purgatorio como dogma católico es una realidad. No solo lo cuenta este libro, sino que si investiga, descubrirá los miles de testimonios sobre el tema que nos han dejado santos descomunales de la Iglesia Católica (Santa Catalina de Siena, Faustina Kowalska, Padre Pio de Pietrelcina, etc.). Todos ellos han tenido algún encuentro "casual" con las ánimas benditas. Así es. Y así me lo hizo saber el escritor de este fascinante proyecto, el que fue mi amigo (D.E.P.), el galerista austriaco Nicky Eltz.

Conocí a Nicky de una forma absolutamente casual en uno de mis peregrinajes a la aldea de Bosnia conocida como "Medjugorje". Yo apenas daba mis primeros pasos en esto de la fe. Había experimentado una conversión fuerte tan sólo un año antes (2000), y observaba el mundo católico con ojos asombrados y un corazón lleno de incógnitas. ¡Nada sabía de mi Dios y todos sus secretos deseaba descubrir! Lo preguntaba todo sobre Él... Y supongo que por ello, quiso Dios que me topara de bruces con este curioso personaje en la única farmacia del lugar. "Hola", me dijo mientras observaba cómo luchaba por hacerme entender. La farmacéutica no hablaba más que croata... Nicky salió en mi ayuda; tradujo mi dolencia y salí de ahí agradecida y con un nuevo amigo. Ese señor de porte elegante, alto y rubio, comenzó una amena charla conmigo a las puertas de la farmacia: me preguntó quién era, qué hacía en Medjugorje y qué era lo que me había traído hasta allí.

Contesté como pude sus interrogantes y enseguida captó mi hambre de fe, de saber de Dios y sus cosas.

"¿Rezas alguna vez por las almas del purgatorio?", me preguntó de sopetón. "¿Eh?", contesté abriendo mucho los ojos. Su pregunta me había cogido totalmente por sorpresa. "Vaya pregunta rara...", pensé. "¿Acaso la Iglesia católica cree aún en esos cuentos de viejas?", reí. "¡Todo el mundo sabe que ya ni existe ese concepto dentro de nuestra fe!".

Nicky puso los ojos en blanco. "Dios mío", dijo, "qué atrevida es la ignorancia...". Yo no daba crédito, querido lector. ¿A qué se podía referir mi nuevo amigo? ¿La Iglesia albergaba alguna enseñanza sobre el tema? ¡Pero si aquello tenía pinta de ser una monumental memez! Además, nadie me había hablado de ello antes...

Me atreví a decir: "Entonces, ¿creer en la existencia del purgatorio no es una pamplina?".

Nicky echó un suspiro al aire antes de contestar. "Vamos a ver, querida conversa", dijo. "Ya veo que, como la mayoría, no tienes ni idea del tema, y por ello, creo que lo mejor que puedes hacer es seguirme. Ven. Te daré un documento sobre el tema del purgatorio que te dejará perpleja, y de paso te instruirá de una vez. Así te vuelves a España un poco más culta espiritualmente...".

"¡Ah! ¿Pero hablas en serio?". Yo no daba crédito, querido lector. "¿De verdad que en este pueblo se cree en el purgatorio como en una realidad? ¿Estás de broma, verdad?". Nicky se rascó una ceja, meneó la cabeza de un lado a otro y musitó: "Otra pobre paleta espiritual... Paciencia, Señor". Me sentí un poco ofendida, querido lector... Pero decidí no mostrarlo y seguí preguntándole. Ya había pasado más de una hora desde que nos habíamos conocido en el interior de esa farmacia de la aldea, y yo no podía dejar marchar a ese hombre de fe que todo parecía conocerlo sobre el purgatorio. Mis preguntas eran balas y sus respuestas fascinantes... ¡No podía desaprovechar la oportunidad de averiguar los "secretos" que sobre el tema él parecía haber descubierto!

Al fin, aburrido y cansado de estar tanto tiempo de pie acabó diciéndome: "mira, te invito a un café en mi pequeña galería de arte. Es esa de enfrente. ¿Quieres venir? Ahí podré regalarte el documento del que te hablo. Es un ensayo a modo de entrevista a un personaje que... Ufff... Te va a impactar mucho. Sé que es la entrevista más fascinante que jamás hayas podido leer. Te cambiará el corazón; te cambiará la fe...".

"¡Ah! ¿Se trata entonces de un estudio teológico publicado por un sacerdote renombrado?", pregunté colmada de interés. "Qué apetecible...".

Nicky se encogió de hombros antes de contestar... "No; a esos no hay quien los entienda...". La que no entendía nada era yo, querido lector...

"Entonces, ¿sobre quién es?".

"Pues... Esta es una historia compleja sobre la más sencilla mujer. Hablo de María Simma, una pobre aldeana de estudios muy básicos, que vive entre las montañas remotas de un paisaje precioso en Austria. Verás... Desde niña ve y habla con almas del purgatorio. Se le aparecen y le cuentan cosas muy concretas sobre el más allá. ¿Te interesa leer lo que he logrado descubrir entrevistándola?". Se me abrió tanto la boca que podría haberme tragado una mosca, querido lector. Me tomó unos segundos responder, ¡pero menos mal que lo hice!

"Vamos a tomar ese café", le dije agarrándole de la manga. Me fie de Nicky, le seguí y disfruté de una taza de buen café junto a él en su pequeña galería de arte religioso en la calle principal de Medjugorje. Ese café se alargó muchas, muchas, muchas horas... Tantas que a eso de las 3 de la madrugada salí de allí con su libro entre las manos, el corazón encendido por el fuego y unas ganas tremendas de orar por mis difuntos.

Lo que hablamos ese día cambió mi vida. Ya nunca he sido la misma... Y si usted se adentra en la lectura de este libro que ahora sostiene entre los dedos, tampoco será el mismo al finalizarlo. Me puedo equivocar... Pero le aconsejo de corazón que haga la prueba. Zambúllase en uno de los más increíbles misterios de la sobrenaturalidad católica. Descubrirá un dogma real, desconocido y de importancia vital: la verdadera y enigmática existencia del purgatorio.

María Vallejo-Nágera

INTRODUCCIÓN

Decía el entonces cardenal Ratzinger que, si no existiera el purgatorio, habría que inventarlo, "porque hay pocas cosas tan espontáneas, tan humanas, tan universalmente extendidas (en todo tiempo y en toda cultura) como la oración por los propios allegados difuntos". Pero ocurre, además, que el purgatorio tiene una clara razón de ser.

La Iglesia no ha dejado nunca de creer (incluso es dogma) en el purgatorio a lo largo de la historia, no solo por el peso de la Escritura y de la Tradición, que es lo primario, sino porque incluso una reflexión puramente humana nos hace conscientes de que los que mueren en gracia, pero insuficientemente purificados, han de "ponerse a tono" para el encuentro definitivo con Dios. No puede gozar de la visión de Dios el que lleva dentro de sí alguna sombra de pecado, pues ello mismo imposibilita la plena comunión con Dios.

Por ello, el purgatorio de ningún modo se puede entender desde la perspectiva del castigo, sino desde la imprescindible purificación de nuestro ser y la plenitud de santidad que requiere el encuentro con Dios en la visión.

La Sagrada Escritura presenta algunos indicios sobre la fe en el purgatorio, como este de 2 M 12,43 y siguientes, en el que leemos que Judas Macabeo, "habiendo recogido dos mil dracmas, por una colecta, las envió a Jerusalén para ofrecer un sacrificio por el pecado, obrando muy bien y pensando noblemente de la resurrección, porque pensaba que resucitarían los caídos, considerando que a los que habían muerto piadosamente está reservada una magnífica recompensa; por eso oraba por los difuntos, para que fueran librados del pecado".

El texto parece referirse a la situación del pecado de idolatría cometido por los soldados (les habían encontrado amuletos) y que, a juicio de Judas, merecía una condena mitigada, dado que se trataba de mártires. Por eso ordena que se ofrezca por ellos un sacrificio de expiación.

En este texto propiamente no se habla del purgatorio (en el contexto se piensa en el sheol, en el que los justos esperan la resurrección para la vida), pero aparece ya la idea de que se pueden ofrecer sufragios por los difuntos.

En 1 Co 3,12-15 se habla de los obreros apostólicos que han edificado sobre el fundamento de Cristo cosas de mayor o menor valor y que se encontrarán en el juicio que pondrá de manifiesto el valor de las mismas.

Si las obras de uno "subsistieren", recibirá recompensa; "pero, si la obra de uno quedara abrasada, sufrirá detrimento"; lo cual, en contraste con el premio del caso primero, implica una pena, pero no tal que le lleve a la condenación, sino que "se salvará, aunque así como a través del fuego".

Hoy en día, se discute cuál es el valor del texto (aunque no hay duda de que los santos padres lo entendieron del purgatorio). El fuego del que se habla no es el del purgatorio, sino que es una alusión al que se salva como de un incendio, atravesando las llamas. Cabe incluso que el término "el día" se refiera al juicio final.

De todos modos, la doctrina del purgatorio, se ha de basar en temas generales de la Biblia, en la idea de que se requiere la absoluta pureza para gozar de la visión de Dios, como cuando dice Ap 21,27 que nada profano entrará en el cielo o como cuando Cristo dice que solo los puros verán a Dios (Mt 5,48). También se deriva de la necesidad de satisfacción de nuestros pecados según la idea, desarrollada por la Tradición, de que todo pecado deja en el interior del hombre desarreglos que es preciso purificar (pena del pecado en distinción de la culpa).

La Tradición ha sido unánime en el mantenimiento del purgatorio. Ya en las catacumbas aparecen testimonios de oración y de sufragios por los fieles difuntos. De los textos de los padres podríamos citar este de san Agustín que se impone por su precisión y su belleza:

"No puede negarse que las almas de los difuntos son aliviadas por la piedad de los suyos que viven, cuando por ellos se ofrece el sacrificio del mediador o hacen limosnas en la Iglesia. Pero estas cosas aprovechan a aquellos que, cuando vivían, merecieron que después pudiesen aprovecharles. Porque hay un modo de vivir, ni tan bueno que no necesite estas cosas después de la muerte, ni tan malo que no le aprovechen estas cosas después de la muerte; pero hay también tal modo de vivir en el bueno que no necesita estas cosas y hay también tal modo de vivir en el malo que no se le puede ayudar ni con estas cosas, cuando pasan de esta vida".

El magisterio de la Iglesia ha sido constante en este punto. La bula Benedictas Deus (1336) define que las almas de los justos que no tienen nada que purgar gozan inmediatamente de la visión de Dios (D 1000) y también define que gozarán de Dios los que tienen algo que purificar "una vez que estén purificados después de la muerte" (D 1000).

El Concilio de Florencia definió por su lado: "Además, si, arrepentidos verdaderamente, murieron en la caridad de Dios antes de haber satisfecho con frutos dignos de penitencia por los pecados de comisión y de omisión, sus almas, después de la muerte, son purificadas con penas purgatorias; y para ser liberadas de estas penas, les aprovechan los sufragios de los fieles vivos, a saber, los sacrificios de la misa, las oraciones y las limosnas, y otros oficios de piedad que suelen hacerse, según las instituciones de la Iglesia, por unos fieles a favor de otros fieles" (D 1304).

A los ortodoxos, que creen en la existencia del purgatorio, les resultaba particularmente difícil la idea del fuego purificador, pues les hacía recordar la concepción de Orígenes sobre el infierno temporal. Aceptaban, en cambio, sin problemas la idea de la oración y de los sufragios por los difuntos. Por ello el Concilio de Florencia evita hablar de fuego.

Distinta fue, después, la posición de los luteranos frente al purgatorio, dado que va contra la idea de la justificación por la fe. Lutero, en el fondo, terminó negando la existencia del purgatorio: no se puede, desde la justificación por la fe, aceptar la necesidad de una purificación ultraterrena en la que el hombre colabora con sus obras en vistas a la total purificación.

El Concilio de Trento habría de abordar el tema sosteniendo que el hombre se justifica por la gracia de Dios, pero esta justificación, válida para salvarse, puede ser todavía imperfecta en el hombre, debido tanto a los pecados veniales como al reato de la pena temporal que debe ser reparado en esta vida o en la futura (D 1580). Por ello manda el concilio a los obispos que procuren diligentemente que la sana doctrina del purgatorio, testificada por los santos padres y los sagrados concilios, "sea creída por los fieles cristianos, mantenida, enseñada y predicada en todas partes" (D 1820).

Por su parte, Pablo VI enseña en el Credo del pueblo de Dios: "Creemos que las almas de aquellos que mueren en la gracia de Cristo (sean aquellas que todavía han de ser purificadas por el fuego del purgatorio, sean aquellas que separadas del cuerpo son recibidas, como el buen ladrón, por Jesús en el paraíso) constituyen el pueblo de Dios después de la muerte, la cual será totalmente destruida el día de la resurrección, en el cual, estas almas se unirán con sus cuerpos" (n 28).

El Catecismo enseña lo siguiente: "Los que mueren en la gracia y en la amistad de Dios, pero imperfectamente purificados, aunque están seguros de su eterna salvación, sufren después de su muerte una purificación, a fin de obtener la santidad necesaria para entrar en la alegría del cielo" (CEC 1030).

"La Iglesia llama purgatorio a esta purificación final de los elegidos que es completamente distinta del castigo de los condenados. La Iglesia ha formulado la doctrina de la fe relativa al purgatorio, sobre todo, en los concilios de Florencia (cf. D 1304) y de Trento (cf. D 1820; 1580)" (CEC 1031).

Pues bien, decíamos anteriormente que el purgatorio no es difícil de entender. Es claro que el que muere con pecados veniales necesita completar su conversión haciéndola plena y ferviente; pero queda también la pena temporal del pecado que nunca hemos de entender como castigo de Dios. Es otro el sentido de la pena temporal.

Todo pecado, aunque estemos arrepentidos de él, deja en el alma una huella, un desequilibrio interior, un apego a las cosas de este mundo que es preciso restañar. Esto es, justamente, el purgatorio: la oportunidad de reconvertir toda nuestra persona antes del encuentro con Dios. No podemos entender el purgatorio como un infierno en pequeño o como un castigo de Dios; es la necesidad misma de purificación de aquellas heridas que el pecado deja en nosotros, a no ser que hayamos muerto ya santos y purificados. Aun arrepentidos de nuestros pecados, necesitamos esta purificación e intercedemos con Cristo por nuestros difuntos.

El purgatorio no tiene nada que ver con el infierno. Y habría que entender el "fuego" desde la perspectiva del amor, como el dolor que nace de la conciencia del retraso de la plena comunión con Dios. En el purgatorio hay que pensar como una purificación por medio del amor.

José Antonio Sayés
Pasaje de su libro Escatología
Madrid, 2006

1. DOMINGO EN AUSTRIA

Al salir del túnel del Arlberg y descender hacia el oeste, pronto me encuentro en otra autovía; esta se dirige hacia Feldkirch, en la provincia austríaca más occidental de Vorarlberg. Si mi punto de destino estuviera más allá, enseguida cruzaría la frontera de Suiza o del Principado de Liechtenstein, pero al encontrar un cartel con la indicación del Valle Grosseswalser, giro justo después de Bludenz y me dirijo hacia el norte por pequeñas carreteras rurales.

Pronto me encuentro serpenteando por un camino empinado y con curvas a lo largo del sector noroeste de un magnífico valle alpino. Siguiendo este sendero entre abetos a menudo pueden verse por encima barreras de contención de avalanchas. En cada curva o pendiente, pequeños almacenes que contienen "splitt", una mezcla de arena y sal, me recuerdan los duros inviernos que los lugareños deben soportar en estas altitudes. La primavera ha comenzado, la nieve se ha derretido, pero todavía se evidencia la reciente erosión causada por las masas de agua que han bajado por estas montañas durante las últimas semanas.

Cada pueblo que atravieso tiene una iglesia en el centro; ya sea con una cúspide muy alta y de lados rectos, o con forma de cebolla y de color rojizo y oxidado. A ambos lados del valle pastan al sol unas vacas (algunas llevan grandes campanas). A medida que voy subiendo, me adentro cada vez más en las montañas (la gente de la ciudad cuenta en broma que los habitantes de aquí arriba no pueden descender y caminar por el valle puesto que todos tienen una pierna mucho más larga que la otra). Al borde del camino los pocos y últimos azafranes blancos o púrpuras que quedan parecen estar cansados tras haberse hecho camino entre la maleza muerta. Arriba, en la distancia, se ven suaves praderas cubiertas de musgo verde coronadas por una cadena de picos de granito y piedra caliza. Todavía hay nieve en las grietas que quedan a la sombra. Subo cada vez más alto disfrutando de los caminos tan bien diseñados por los ingenieros austríacos.

Niños con mochilas de cuero de vaca, y que se parecen todos a causa de sus mejillas de color rojizo como las manzanas, vuelven del colegio en pequeños grupos. Más arriba hay otro pueblo. En el cartel se lee "Sonntag", que significa "domingo" en alemán.

Giro a la izquierda en dirección a la iglesia. Este último tramo del camino está tan empinado que he de ir en primera; y aunque no hay ninguna señal que indique quien tiene preferencia, encontrarse con otro automóvil en este lugar sería arriesgado. El camino dobla siguiendo las paredes del cementerio y allí adelante, arriba, encajada en la ladera, se encuentra una casa tipo chalet pequeña y confortable.

Esta es la casa de María Simma.

Al tocar el timbre, escucho enseguida una voz arenosa, pero cálida y amistosa, que dice "Ja, kommen Sie nur 'rauf" (Sí, solo tiene que subir). Subo por una escalera empinada hasta un hall de entrada que se encuentra al mismo nivel que el campanario de la iglesia.

María es pequeña y robusta. Lleva un pañuelo de colores ajustado bien fuerte y, detrás de sus gafas, la claridad cristalina y la profundidad de sus ojos azules revelan inmediatamente que ha visto mucho en sus ochenta y tres años de vida. En la puerta de entrada cuelga un letrero tallado en madera con unos versos en alemán que dicen: "Wer bei mir Kritik und Korrektur betreiben will betrete meine Wohnung nicht, denn jeder hat in seinem Leben, auf sich selber acht zu geben" (Quien tenga la intención de criticar y corregir en este lugar, que no entre en mi casa ya que cada uno, mientras viva, debe preocuparse únicamente de su persona). Después de entrar por el balcón soleado, María me conduce a través de un pasillo estrecho y atestado hasta el cuarto del fondo. Allí me ofrece una silla desvencijada y se sienta con un leve suspiro.

Dondequiera que mire hay cuadros o estatuas de la Virgen María, de san Miguel y de san José; hay al menos un crucifijo en cada espacio. Mientras conversamos acerca del tiempo espléndido que hace y de la gran cantidad de tiestos que tiene en el porche donde cultiva flores y especias para venderlas luego, preparo mi grabadora. Llega un leve y gratificante aroma a cocina y a pollos de corral, los que se escuchaban al bajar del coche. Preparo la grabadora y le explico que pretendo grabar la conversación a medida que hablamos y le muestro el pequeño micrófono que sitúo en medio de los dos. Le pregunto si no le molesta.

—Por mí está bien. Y mientras hablemos, mantendré las manos ocupadas. ¿Le molesta?

Se agacha y saca de debajo de la mesa dos cajas abiertas y las deja delante de ella. Parece que contienen plumas en su interior.

—Por supuesto que no, María, pero dígame, ¿qué está haciendo con esas plumas?

—En esta caja hay plumas de pato y en esta otra se encuentra el plumón que les saco. Cuando tengo suficiente, lo vendo a una fábrica de almohadas que queda en el valle. Los granjeros de aquí arriba me traen sus aves. Las troceo, las limpio y por este trabajo me permiten quedarme con las vísceras y las plumas. Luego las cocino, me las como y vendo el plumón. Es un buen trabajo que puedo realizar mientras hablo con las visitas sin importar el tiempo que vayamos a estar, y por lo que usted me ha dicho esta charla podría llevarnos un largo rato.

—Bueno, sí. Tengo muchas preguntas y simplemente podemos hablar hasta que alguno de los dos se canse. ¿Le parece bien?

—Perfecto.

—Antes que nada, quisiera darle las gracias por su tiempo. Estoy seguro de que mucha gente ha venido a hacerle preguntas a lo largo de estos años.

—Sí, es cierto, pero lo hago con gusto porque sé que muchas personas se han acercado a Dios gracias a lo que les he dicho. Así que adelante. Contestaré todo de la mejor manera posible.

2. LA HISTORIA DE MARÍA SIMMA

—Por favor, ¿podría contarme un poco acerca de su infancia y de su adolescencia?

—En tres ocasiones distintas quise entrar en un convento. Ya desde niña le comentaba a mi madre que no me casaría y ella me contestaba: "Ya me lo dirás cuando tengas veinte años". "No, mamá, no voy a cambiar mi forma de pensar", respondía. "Es algo que siento firmemente dentro de mí. Entraré en un convento o me iré a trabaja a algún lugar del mundo donde pueda ayudar a otras personas".

Mi madre siempre se preocupaba mucho por las ánimas del purgatorio y yo, ya de escolar, también hice mucho por ellas. Más adelante, simplemente decidí ofrecerlo todo por ellas. Así que cuando dejé el colegio pensé: "Bien, entraré en un convento. Quizá es lo que Dios quiere de mí".

A la edad de diecisiete años, fui al convento del Sagrado Corazón de Jesús en la ciudad de Hall, en el Tirol. Y apenas transcurridos seis meses me dijeron directamente: "Tienes una salud muy delicada para permanecer con nosotras". Porque yo, a los ocho años de edad, había sufrido de pleuresía y de neumonía y, como consecuencia, no estaba completamente desarrollada físicamente. Al cabo del año tuve que irme, pero aun así la madre superiora me dijo: "Estoy segura de que tienes vocación para una orden religiosa, pero espera dos o tres años hasta que estés más fuerte y luego busca una orden menos severa, quizá una orden de clausura". A partir de ese día me dije: "O entro en una orden de clausura o no entro en ninguna. No; no esperaré, quiero ir ya inmediatamente".

El segundo convento quedaba en Thalbach, cerca de Bergenz, y pertenecía a las Dominicas. A los ocho días solamente me dijeron: "Tu salud es muy delicada, no te puedes quedar". Más tarde oí hablar de las Hermanas Misioneras. "Misionar, eso es lo que quiero. Por eso los otros dos conventos no eran los apropiados". Entonces pedí ser admitida en las Hermanas Franciscanas en Gossau, Suiza. "Sí, puedes venir", me respondieron. Tuve que contarles que ya había estado en otros dos conventos y que en ambos me habían pedido que lo dejara. Como consecuencia, siempre me daban las tareas más duras y las otras novicias me preguntaban: "¿Por qué haces todo eso sola? Nosotras no podríamos". "Observad, el Señor me ayudará. No importa, haré todo lo que me pidan". Y un día me dijeron: "Hoy puedes quedarte aquí y hacer algo más sencillo". Entonces pensé: "Esto significa que o debo irme o que han visto que soy apta". Pero cuando la encargada de las novicias bajó las escaleras, me miró con tanta tristeza que lo supe inmediatamente: "Sí, me tengo que ir a casa". Se acercó y me dijo: "Debo decirte algo". "Sí, lo sé, debo irme otra vez, ¿no es cierto?". "¿Quién te lo ha dicho?". "Lo veo en su rostro". "Sí, estás demasiado débil para ser una de nosotras". Entonces tomé una decisión: "Si no puedo quedarme aquí, no entraré en ningún convento. No debe ser voluntad de Dios". Y debo decir que desde ese momento mi alma sufrió mucho. Me volví impaciente y le dije a Dios: "Oye, Dios, tú tendrás las culpa si no hago tu voluntad". Lo que yo no sabía era que no debemos exigirle milagros. Todavía era joven. A menudo pensaba que Dios estaba tratando de mostrarme lo que Él quería de mí pero que yo no podía entender qué era. Esperaba encontrar una nota escrita a mano, escondida debajo de un montón de heno.

—María, usted ha dicho que su madre se tomaba muy en serio a las ánimas del purgatorio. ¿Quiénes son esas ánimas y qué significa que se las tomaba en serio?

—Estas ánimas son las almas de las personas ya fallecidas que no han alcanzado el Paraíso; son almas que aún se encuentran en el Purgatorio. En otros países se las conoce como "Benditas Almas" o "Almas Elegidas" y esos términos son, bíblicamente, más correctos que el de "Pobres Almas". Aunque, por otro lado, "pobre" también está bien porque dependen en un ciento por ciento de nosotros, y los pobres dependen verdaderamente de los demás.

Mi madre rogaba mucho por ellas y realizaba muchos actos caritativos, siempre las tuvo cerca de su corazón. Siempre nos decía a nosotros, sus hijos, que si alguna vez necesitábamos algún tipo de ayuda, que se la pidiéramos a las almas porque son nuestros ayudantes más agradecidos.

Mi madre también era muy devota del padre Vianney, el Santo Cura de Ars, y frecuentemente hacía peregrinaciones a Ars. Hoy tengo casi la certeza de que mi madre también debió haber experimentado a las almas de alguna u otra manera, pero nunca nos lo reveló a los pequeños.

En 1940, cuando comenzaron estas experiencias, rápidamente comprendí que esto era lo que Dios quería de mí. La primera alma vino a visitarme cuando yo tenía veinticinco años. El Señor me hizo esperar hasta entonces.

—Dice que el alma de un difunto vino a usted. ¿Intenta decirme que entró en su cuarto a visitarla?

—Así es; y todavía lo hacen hoy en día. Desde 1940, cuando comenzó, hasta 1953 solamente venían dos o tres almas cada año y la mayoría a lo largo del mes de noviembre. En ese entonces trabajaba en casa o con niños; también como empleada doméstica en una granja en Alemania, y luego aquí en un pueblo vecino. Durante el año mariano de 1954 me visitó un alma cada noche. Y en cuanto a lo que se refiere a mi salud, debo admitir y agradecer a Dios que mejorara con este trabajo. En ocasiones, cuando tengo que hacer muchas cosas, mi salud recae un poco; pero, en general he gozado de buena salud. ¡Cuántas veces le he agradecido que no me dejara entrar en una orden religiosa! Dios siempre nos da lo que necesitamos para hacer su voluntad.

Desde hace muchos años salgo y doy conferencias. Una mujer alemana las organiza y me lleva en coche hasta cada lugar. Me llama y me dice: "¿Este día o este otro puedes ir a este pueblo o a este otro pueblo?". Ya la primera vez que fui invitada me encontré con dos compromisos y no pude ir porque tenía un invitado de visita. En la mayoría de los casos, mis conferencias son bien recibidas, pero tengo que aguantar a algunos sacerdotes más jóvenes y modernos. Los creyentes más mayores, y en su mayoría los sacerdotes de cierta edad, no rechazan lo que cuento.

—¿Por qué cree que le ha pasado esto a usted?

—No puedo saberlo exactamente. Como le he dicho, siempre he querido ofrecer mi vida a Dios y, por lo tanto, la oración se ha convertido en algo muy importante para mí. He rezado mucho y he ofrecido muchas cosas por las benditas ánimas del purgatorio. Además, también he hecho un voto a Nuestra Señora para ser un alma sufriente, especialmente por ellas. Sí, eso puede que haya tenido algo que ver.

—¿Me puede decir qué grado de formación académica tiene usted?

—Terminé la escuela pública primaria. En esos años, solo era obligatoria por ley la escuela primaria, y nosotros éramos pobres.

—Entonces, ¿a qué edad fue por última vez a una escuela?

—Déjeme ver. Tenía once años; no, doce. Sí, ahora lo recuerdo; tenía doce años cuando dejé el colegio definitivamente.

—¿Cuántos niños había en su familia?

—Yo era la segunda de ocho hermanos y ciertamente no podíamos permitirnos más que la primaria. Recuerdo que el almuerzo y la cena normalmente consistían solamente en sopa y pan.

—Le pregunto acerca de su formación académica porque pienso que es importante para poder hacerme una mejor idea de sus respuestas. Para evaluar si provienen de lo que le dicen las almas que la visitan, es decir, del más allá, o si son sus propias opiniones que se ha formado con lo que ha estudiado y con lo que ha vivido y, obviamente, de la influencia de las personas con las que se relaciona. ¿Puede decirme de dónde vienen sus respuestas?

—Sí, lo entiendo. Toda mi vida gira alrededor de esta experiencia, pero su interés es válido. Si digo: "las almas del Purgatorio han dicho...", entonces es claro. Si no comienzo de esa forma puede pensar que es mi opinión. Pero, por favor, ayúdeme y pregúnteme si no está seguro del todo. Puede ser que en ocasiones no comience de esa forma, porque me reúno con las almas aproximadamente tres veces por semana en estos días; y ellas son las "personas", se podría decir, con las que me relaciono con más frecuencia. No hay prácticamente una persona viva con la que pase tanto tiempo seguido durante la semana, excepto quizá con unos pocos vecinos, con los que veo en la iglesia y con el sacerdote. Vivo sola aquí arriba y la mayoría de los que vienen con nombres, preguntas o en busca de oraciones u otra ayuda, generalmente llagan de muy lejos.

—Entonces entiendo que debido a su educación relativamente escasa y a su vida humilde, simple y recluida aquí arriba, lo que me diga se basa, en su mayor parte, en lo que estas almas que la visitan le han contado, ¿verdad?

— Exactamente, así puede entenderlo.

3. EL PURGATORIO

—Ahora, por favor, ¿qué es exactamente el purgatorio?

—El purgatorio es un lugar y un estado que toda alma experimenta cuando todavía necesita expiar y reparar los pecados cometidos a lo largo de su vida antes de poder reunirse con Jesús en el Cielo. Hoy en día se enseña muy poco acerca del purgatorio y esto lleva a alimentar la curiosidad de muchos que, por su cuenta y sin ninguna guía espiritual, caen fácilmente en el ocultismo. Suele decirse que el purgatorio es solamente un estado. Pero esto es solo parcialmente cierto, puesto que ciertamente también es un lugar. Es también un tiempo de espera en donde las almas ansían llegar a Dios. Este deseo de llegar a Él es su mayor sufrimiento. Todas las benditas ánimas lo experimentan, sin importar en el nivel en que se encuentren.

Existen tres niveles principales en el purgatorio y yo me comunico con las almas que necesitan relativamente poco para llegar al Cielo. Creo que esto es así por dos razones.

La primera se debe a algo de lo que me di cuenta cuando me invitaron a una casa; su dueño acababa de perder a su mujer recientemente y sucedían cosas extrañas por la noche. Accedí a pasar una noche para ver si podía ayudar. No pasó mucho tiempo antes de que comenzaran a escucharse fuertes golpes en el vestíbulo. Entonces, como hago habitualmente, pregunté: "¿Qué puedo hacer por ti?". Los ruidos se hicieron más y más fuertes hasta que repentinamente apareció un animal inmenso que no había visto nunca antes y justo detrás vino una gran serpiente, que rápidamente devoró al primer animal. Luego toda la escena desapareció. Me debí asustar porque estaba sudando. Tiempo más tarde le describí lo que había ocurrido a una persona que sabe mucho de estos sucesos y él consiguió identificar al primer animal; se trataba de un hipopótamo, que simboliza un corazón duro. Esto no significa que la mujer se encontrara en el purgatorio en forma de hipopótamo; tan solo fue la manera de que yo lo comprendiera todo con más claridad. Tras haber hablado largo y tendido con el viudo, pronto supe que su mujer le había guardado rencor a otra mujer durante más de treinta años, a pesar de que la otra mujer había querido la paz entre ellas. Al negarse a perdonarla le mereció el estado más profundo del purgatorio, de donde yo no podía ayudarla a salir aún.

La segunda razón, creo, por la que generalmente me comunico con las almas del nivel más alto del purgatorio tiene que ver con un diario escrito por una princesa alemana en los años veinte. Durante muchos años se comunicó con las almas de los niveles más profundos y muchas de esas descripciones son ciertamente monstruosas y mucho más dolorosas que las que yo he visto.

—¿Hay otras diferencias entre los niveles más altos y los más profundos del purgatorio?

—Satanás puede atacar a las almas del nivel más profundo, pero no puede hacerlo a los que se encuentran en los niveles más altos. Es cierto que se nos pone a prueba mientras estamos aquí en la tierra y que eso cesa al morir. Sin embargo, las almas del tercer nivel, el más profundo del purgatorio, deben sufrir en primer lugar por los pecados que cometieron antes de que las oraciones, las misas y las buenas obras que podamos ofrecer por ellas puedan serles beneficiosas. Y una parte de ese sufrimiento es que continúan siendo atacadas por Satanás.

Los diversos niveles del purgatorio son diferentes de la misma manera que todas nuestras dolencias en la tierra son diferentes. Puede tratarse de la mera inflamación de una uña o hasta de un fuego que puede consumir la totalidad del cuerpo. Este fuego existe solamente en los niveles profundos pero no en los más altos.

—¿Pueden nuestras oraciones evitar que Satanás ataque a las almas de los niveles más profundos?

—Sí, pueden; especialmente cuando se lo pedimos directamente al Arcángel san Miguel y a los otros ángeles.

—Y dentro de estos tres niveles principales, ¿existen más niveles?

—Sí, una gran cantidad, porque cada alma es distinta al llegar allí. Existen grandes sufrimientos y otros dolores pequeños, y entre esos dos extremos, el resto de padecimientos. Probablemente existan en el purgatorio tantos niveles como almas, puesto que, por supuesto, no hay dos personas o dos almas que sean idénticas.

—Cuando las benditas ánimas del purgatorio sufren, ¿experimentan algún tipo de alegría y de esperanza?

—Sí. Ningún alma desea regresar aquí a la tierra porque tienen una noción de Dios mucho más clara que la nuestra. No quieren volver a lo oscuridad en la que vivimos nosotros.

—Entonces, ¿Dios pone a las almas allí para que se purifiquen de los pecados que todavía no han sido expiados o reparados?

—No, se suele enseñar esto de manera incorrecta y este tipo de falsedades puede hacer que muchas personas se alejen de Dios. ¡Dios no las pone allí! Las almas se juzgan y luego se asignan ellas mismas el nivel apropiado. Son ellas quienes desean purificarse antes de reunirse con Dios. Es muy importante para nosotros tomar conciencia de esta verdad tan concreta sobre el amor de Dios.

—Entonces, ¿somos nosotros quienes reconocemos que todavía no estamos puros y debemos por lo tanto purificarnos en el purgatorio?

—Sí, así es.

—¿Las almas en el purgatorio se rebelan alguna vez contra su condición? ¿Son pacientes o hay alguna que no acepte el estado en el que se encuentra?

—No, son pacientes y quieren sufrir, pues saben que a través del sufrimiento expían y enmiendan sus faltas. Se purifican para llegar limpias ante Dios, de una manera completamente resplandeciente. Cuanta más purificación y reparación hagan, más limpias llegan a estar.

— ¿Los sufrimientos del purgatorio son mayores que los de la tierra?

—Si tomamos todo en cuenta, son mayores y, a veces, mucho mayores, en especial en el tercer nivel. Sufren más espiritualmente que nosotros.

Cuando una vez le pregunté a un alma cómo era su sufrimiento, me dijo que era uno muy particular. Por ejemplo, un padre perezoso que no trabaje para sacar a su familia adelante, y que por ese motivo, su mujer e hijos lleguen a pasar calamidades, tendrá que trabajar mucho en el purgatorio. Y su sufrimiento corporal será mucho mayor que el correspondiente a un trabajo en la tierra. Pero nuestros padecimientos aquí, a pesar de ser menos severos, valen muchísimo más para borrar nuestros pecados que aquellos en el purgatorio.

—Si el purgatorio es también un lugar, ¿es posible que aquí en la tierra existan ciertos lugares en los que las benditas ánimas pasen el tiempo?

—Sí, al parecer se reúnen generalmente alrededor del altar o en el lugar en donde murieron. Una mujer que conocí en Liechtenstein lograba verlas solamente alrededor del altar y cuando ya no estaban allí sabía que ya se habían ido al Cielo.

Las almas no vienen a mí, o a nosotros, del purgatorio, sino que vienen con el purgatorio. No se trata de un lugar sino de muchos lugares distintos; no su trata de un estado, sino de distintos estados.

—Si se trata de muchos lugares o un lugar grande, ¿son el Cielo y el infierno también lugares?

—Sí, mi director espiritual me hizo preguntar acerca de esto y la respuesta fue: "Es incorrecto lo que muchos teólogos enseñan hoy en día al decir que el Cielo, el purgatorio y el infierno son solamente estados. Son también lugares".

—La diferencia de tiempo que deben pasar las almas allí, antes de entrar en el Cielo, ¿es muy amplia entre un alma y otra?

—Sí, es muy amplia. Algunas están simplemente media hora y otras, el resto del tiempo, hasta el último día. El promedio, dicen las almas, es de cuarenta años.

—Entonces, ¿habrá un último día?

—Sí.

—¿Puede un alma del purgatorio ver y comunicarse con otros a su alrededor?

—Siempre son conscientes de la presencia de otras almas y saben que no están solas cuando han actuado muchas juntas para hacer algo, pero rara vez se comunican unas con otras.

—María, ¿pueden leer?

—Sí, pueden; leen espiritualmente. Esto lo sé porque cuando vienen a mí no tengo que leerles los nombres o las preguntas que tengo preparadas, simplemente las toman del papel.

—¿Cuánto saben de sus familias?

—Diría que prácticamente todo. Nos ven todo el tiempo. Escuchan cada palabra que pronunciamos sobre ellas y saben lo que sufrimos. Pero no conocen nuestros pensamientos.

Se encuentran presentes en sus propios funerales y saben quiénes están ahí rezando por ellos y quiénes están allí solamente para ser vistos por los demás.

—¿Saben las benditas ánimas del purgatorio lo que va a pasar?

—Sí, saben algo, pero no todo. Me han dicho que va a pasar algo verdaderamente importante, que está a las puertas. Durante muchos años decían que estaba "delante de la puerta" pero desde mayo de 1993 han usado la expresión "a las puertas". Será algo para la conversión de la humanidad. Y a una escala menor me han contado cosas que ocurrieron poco tiempo después. En el verano de 1954 me avisaron de las inundaciones que hicieron tanto daño en esta región. Otra vez también me dijeron que aún había personas con vida bajo la nieve tras una avalancha; así que los equipos de rescate continuaron buscando más tiempo de lo previsto y, en efecto, consiguieron localizar y salvar a esas personas dos días después de que les pidiera que por favor siguieran con la búsqueda.

—Se dice que después de esta vida el tiempo ya no existe, pero por otro lado usted dice que el purgatorio es un tiempo en el que se anhela a Dios. Por favor, explique esto.

—Es correcto afirmar que tras esta vida ya no existe el tiempo; pero cuando nos dicen que un alma debe sufrir determinado tiempo, se refiere a una traducción a nuestro tiempo. Las almas pueden decir que aún deben sufrir más, que no han sido liberadas todavía o que sus sufrimientos han disminuido. Cuando hablan de un tiempo concreto o cuando indican una cantidad de misas, eso simboliza la intensidad y la cantidad de su sufrimiento.

—¿Tienen las benditas ánimas del purgatorio cuerpos como los nuestros o tienen, digamos, un cuerpo espiritual?

—Dicen que no se dan cuenta de que no tienen su cuerpo. Tienen un cuerpo transfigurado y pueden tomar la forma de un cuerpo humano vestido y sano.

—¿Se arrepienten las almas de lo que hicieron mal cuando aún vivían en la tierra? ¿También se arrepienten de lo que no hicieron?

—Sí, mucho. Se arrepienten de las oportunidades que dejaron pasar para hacer buenas acciones por Dios y por el prójimo, y pueden ver los buenos frutos que hubieran resultado de esas acciones. Al morir perdemos la oportunidad de realizar buenas obras. Las almas en el purgatorio ya no pueden cosechar méritos como podemos hacer nosotros.

También se dice que los ángeles nos envidian porque nosotros podemos hacer buenas obras y ofrecérselas a Dios, mientras que ellos no pueden ni tampoco pueden hacer ya más méritos (risas).

—¿Qué ocurre con quien sabe que el purgatorio existe pero sigue con su vida y peca igualmente, pensando que no va a ser tan malo?

—¡Se arrepentirá muchísimo de pensar así! Muchísimo más que los que cometan el mismo pecado sin conocer la existencia del purgatorio.

—¿Cuál es el principal objetivo de todo lo que usted experimenta?

—Dios lo permite para que a través de mi apostolado otras personas entiendan claramente que nuestro tiempo en la tierra es solamente para ganarnos el Cielo. Nuestro objetivo aquí es ser buenos unos con otros y de esta manera reunirnos con Dios, tanto aquí y ahora, como luego en la eternidad. Cumpliendo esto, la vida se vuelve mucho más preciosa para todos y también se ve claramente las vidas absurdas de tantísimas personas. Nos muestra la inmensidad del amor de Dios y que la vida puede ser de una belleza gloriosa cuando trabajamos a su lado. Así que lo que se me da a conocer debería servir para que muchos encuentren una orientación más clara y definitiva a su vida, si desean cumplir la voluntad celestial de Dios y participar de su belleza.

—Y resumiendo, ¿qué es lo que usted misma ha aprendido a lo largo de todos estos años de experiencias tan singulares?

—A amar a Dios con todas mis fuerzas.

4. ALGUNAS EXPERIENCIAS DE MARÍA

—María, ¿qué le ocurrió la primera vez que recibió la visita de una bendita ánima del purgatorio?

—La primera vez me desperté porque alguien estaba paseando por mi cuarto de un lado a otro. Nunca me he asustado fácilmente y no me daría un susto a menos que alguien me saltara a la cara. Entonces pensé: "¿Quién es esta persona?". Se trataba de alguien completamente desconocido que caminaba impaciente de un lado a otro al pie de la cama y le dije: "¡Oye! ¿Quién eres?". No hubo respuesta. Entonces salté de la cama, me dirigí hacia él y traté de agarrarle, diciéndole: "¡Fuera! ¡Aquí no haces nada!". ¡Pero no había nada allí! Entonces pensé: "No estaba soñando. Lo he visto y lo he escuchado". Y tan pronto como me metí en la cama de nuevo, allí estaba igual que antes, caminando de un lado a otro. Exclamé otra vez: "¡Ahora vas a decirme quién eres y a irte de aquí!". Y seguía allí, como si no me hubiera escuchado. Estuve un rato observándolo y pensé: "Mientras no se me acerque... ". Luego me levanté otra vez y me acerqué a él de puntillas mientras pensaba: "Ahora veré si puedo sujetarlo". ¡Y otra vez, no había nada!

No entendía nada. Estaba confundida. ¿Acaso no estaba bien de la cabeza? Me acosté de nuevo pero no podía conciliar el sueño. Al día siguiente corrí a ver al sacerdote y le expliqué lo que había pasado. "No sé lo que pasó anoche. ¿Me habré vuelto loca?". A lo que él contestó: "¿Por qué dices eso? Si vuelve a suceder no preguntes quién es, pregunta mejor: ¿Qué necesitas de mí? Podría tratarse de un alma del purgatorio". A lo que respondí: "Si viene a mí, debe de ser un familiar". "No", respondió el sacerdote, "no tiene necesariamente que ser así, porque tú siempre has rezado mucho por ellas".

A la noche siguiente, ¡allí estaba de nuevo! Esta vez pregunté: "¿Qué necesitas de mí?". Aquel individuo se detuvo, se volvió y me miró diciendo: "Que se celebren tres misas por mí, entonces seré liberado". Y desapareció instantáneamente. Supe entonces que era un alma del purgatorio. Se lo conté al sacerdote y me dijo: "Bien, si vuelve a ocurrir, cuéntamelo".

—¿Ha tenido miedo alguna vez?

—No, en absoluto, ni siquiera lo tuve cuando era niña. Mi madre solía decirme: "Eres una chica poco común. Otras se asustan a menudo". Cuando me decía que había alguien fuera en la oscuridad, yo me lanzaba: "Dame una luz y saldré a ver quién es".

—María, al parecer es usted bastante conocida en la actualidad, pero al principio vivía muy recluida. ¿Cómo comenzaron a reconocerse como auténticas sus experiencias sobrenaturales?

—En primer lugar, cuando las cosas que decía resultaban ser ciertas con el tiempo y, además, cuando afirmaba cosas que solamente conocían los miembros de la familia. En otras palabras, al confirmarse lo que yo había dicho.

—Discúlpeme lo atrevido de mi pregunta, pero ¿ha sido alguna vez examinada por médicos o psicólogos?

—Sí. Hace ya mucho tiempo un profesor de Teología me preguntó si estaba dispuesta y le dije que sí. El resultado del estudio fueron seis hojas redactadas por profesionales que se encuentran disponibles y que fueron recopiladas por un doctor en Psicología de Innsbruck. Una copia del estudio se guardó en los archivos del editor de un pequeño libro acerca de mis experiencias que se publicó hace veinticinco años. Lo escribió mi viejo amigo y director espiritual, el padre Alfons Matt, y en él se incluyen mis experiencias.

—¿Tienen sus experiencias algún tipo de reconocimiento oficial por parte de la Iglesia?

—Obedezco al sacerdote de mi parroquia y a los obispos, que me han dicho que mientras todo sea teológicamente correcto, como lo ha sido hasta ahora, continúe con mi apostolado.

En un principio, el obispo Wechner no estaba muy de acuerdo con que yo pudiera recibir respuestas para otras personas. Me llamó y me preguntó de dónde venían esas respuestas, entonces le contesté con exactitud el modo en que había comenzado todo.

Al poco tiempo le pregunté a un alma de dónde obtenían ellas la información. Pensaba que quizá regresaban al purgatorio a encontrar a la otra alma y preguntarle qué necesitaba para ser liberada, pero en vez de eso me respondió ella misma: "No, toda la información que te traemos viene de y con el consentimiento de la Madre de la Misericordia". Cuando mi buen obispo escuchó esto dijo: "Bueno, en ese caso, no puedo decir ni diré nada en contra".

—¿A quién se refiere con "Madre de la Misericordia"?

—¡Oh!, este es uno de los tantos nombres que se le dan a la Santísima Virgen María, la madre de Jesús y por tanto la madre de todos nosotros.

—¿Madre de todos nosotros?

—¡Sí! Debería ser el modelo de madre y guía de todos. Y por ser la Madre de Jesús, también es nuestra madre.

—¿Cuántos obispos se han sucedido desde que tiene estas experiencias? ¿Todos la han apoyado? ¿Cuáles son sus nombres?

—Se han sucedido tres obispos hasta el día de hoy. Sus nombres son Tschann, Wechner y Küng. Monseñor Tschann me apoyó de manera silenciosa, simplemente sostenía que sabía que el padre Matt no era ningún soñador y que, por lo tanto, todo debía estar bien. Monseñor Wechner me apoyó de manera activa y le agradezco a Dios que así haya sido.

El obispo actual, monseñor Küng, ha optado, hasta el momento, por no expresarse ni a favor ni en contra.

—Al principio todo debió ser muy desconcertante para usted. ¿Quién fue el que más la ayudó en esos primeros años?

—Sin duda fue mi querido amigo el padre Alfons Matt. Fue párroco aquí en Sonntag desde 1938 hasta 1978. En su funeral, donde se encontraban presentes cuarenta sacerdotes y miles de fieles, el obispo Wechner expresó lo siguiente: "Lo más bello que puede decirse de un sacerdote es que haya sido un sacerdote según el Corazón de Dios. Así fue nuestro padre Alfons Matt, un sacerdote esencialmente bueno y santo. ¡Que descanse en paz!". Dudo mucho de que hubiese podido cumplir la voluntad de Dios como lo he intentado hacer sin su apoyo y cariño en los primeros años de mi apostolado por las benditas ánimas del purgatorio.

—Al principio, ¿esperaba que estas experiencias duraran tanto?

—No, no realmente; pero comprendí después de algún tiempo que el padre Matt sí lo esperaba.

—¿Está contenta de vivir estas experiencias o es algo difícil y doloroso en ocasiones?

—No lo encuentro difícil porque no solamente ayudo a las almas del purgatorio sino que también ayudo a los vivos a que vuelvan a tener fe o a encontrar la fe y esto es lo que me da mucha alegría.

—Y cuando ve a las almas, ¿qué aspecto tienen?

—Se presentan exactamente como eran aquí en la tierra y esto es algo que puedo, por supuesto, confirmar yo misma porque han venido muchas a quienes yo misma conocía bien. Sí, con la misma ropa, su ropa de trabajo. Esto es así porque nuestros deberes aquí son lo más importante. Siempre vienen con su ropa de trabajo y no con una bata de baño o con el traje de los domingos. Nuestro trabajo diario es nuestra misión.

—¿Qué edad tienen cuando se le aparecen? Lo que quiero decir es que si muere un joven de veinte años y luego, digamos, diez años más tarde se aparece ante usted, ¿aparenta tener treinta o todavía aparenta veinte años?

—Todavía aparenta veinte años cuando los veo. Siempre aparentan la misma edad que tenían en el momento de morir.

—¿Cuáles serían, exactamente, las diferencias entre su experiencia y la de los espiritistas o también llamados médiums o intermediarios?

—Si los lectores tuvieran que creer solo una cosa de lo que digo, desearía que fuera esta. La diferencia es muy simple y muy clara y debemos aferrarnos a ella con total seriedad. Lo que ocurre con los espiritistas es que creen que están llamando a las almas de los muertos;

pero si hay alguna reacción a su llamada, se trata siempre y sin ninguna excepción de una respuesta de Satanás y sus colaboradores. Los espiritistas y médiums hacen algo muy peligroso tanto para ellos como para quienes se les acercan buscando consejo. Viven una enorme cantidad de mentiras. ¡No se nos permite llamar a los muertos! ¡Eso está totalmente prohibido! En mi caso, yo nunca los he llamado, nunca lo he hecho y nunca lo haré. Jesús lo permite por medio de su Madre.

Pero Satanás, por supuesto, puede copiar y simular cualquier cosa y también todo lo que viene de Dios. Se burla de Dios y de todo lo que Dios hace. Puede imitar las voces de las almas y copiar su apariencia, pero sea cual sea la respuesta se trata siempre del maligno. No se olvide, Satanás también puede curar, pero ese tipo de salud nunca perdura.

—María, ¿cómo sabe si quien le visita se trata de un alma del purgatorio o de alguien vivo de carne y hueso?

—Cuando viene por la noche, reconozco inmediatamente a un alma del purgatorio por su luz. Tienen la misma luz que si fuera de día. No irradian nada de luz, por lo que todo alrededor permanece oscuro, pero ellas mismas tienen luz y, por supuesto, las reconozco inmediatamente como benditas ánimas del purgatorio.

—¿También vienen durante el día?

—Lo hacen, pero cuando vienen durante el día solo me doy cuenta realmente de que se trata de un alma del purgatorio cuando desaparecen. Hasta ese momento, no puedo estar segura. En ambos casos, tanto de noche como de día, si intentara tocarlas no habría nada allí.

—¿Ha venido algún alma a visitarla aquí, en su casa, durante el día? Y en ese caso, ¿cómo sabría decir que era un ánima bendita?

—Bueno, las almas no llaman a la puerta como ha hecho usted y, por supuesto, no saludan dando la mano. Serían dos señales para darme cuenta de que se trata de un alma del purgatorio.

—¿Ha estado alguna aquí últimamente durante el día?

—Sí, y recientemente ocurrió algo insólito al respecto. Me encontraba aquí sentada, escribiendo, y, cuando levanté la vista, había una sentada justo allí, en esa silla. No me había pasado antes y debo decir que me sorprendió un poco.

—¿Cuántas almas vienen a usted durante la noche en comparación con las que vienen durante el día?

—Al principio solamente venían durante la noche pero a partir del año mariano de 1954 también empezaron a venir durante el día. Actualmente diría que vienen casi la misma cantidad durante el día que durante la noche.

—María, ¿puede contarme otro caso, aparte del suyo, en el que almas de personas fallecidas han sido vistas a plena luz del día?

—Sí, sucede con frecuencia. Dos hombres de nuestro valle llevaban un carro tirado por caballos repleto de madera y, por alguna razón, los animales tropezaron y parte de la carga se cayó al camino. Mientras comenzaban a apilar de nuevo la madera, uno de ellos comentó: "¡Dios mío, ojalá viniera alguien a ayudarnos para no bloquear el tráfico más tiempo!". De repente, aparecieron dos hombres y comenzaron a ayudarles, y en unos minutos lo habían despejado todo, reacomodando y asegurando la madera en el carro. Cuando terminaron, los dos primeros dijeron "gracias" y los otros dos se alejaron.

Al poco tiempo una de estas personas que estuvieron ayudando con la madera se me apareció y me comentó que si le hubieran dicho "gracias a Dios", en lugar de solamente "gracias", habrían ido al Cielo directamente. Como no fue así, tuve que rezar un poco para que fueran liberados.

Como sabe, el amor se manifiesta frecuentemente con pequeños gestos, con palabras y con acciones. Así pasa también con las benditas ánimas del purgatorio. Incluso lavar el suelo de la cocina cuando uno realmente no tiene ganas, si se hace por amor y se ofrece por las almas del purgatorio en general, o por una en particular, las ayudará enormemente a que sigan su camino. Si se trata de limpiar la cocina, ayudará a alguien que durante su vida no mantuvo su casa ordenada para su familia.

—Cuando un alma del purgatorio la visita, ¿es consciente de lo que la rodea o solamente de usted? ¿Existe alguna prueba que demuestre que es consciente de la habitación y de los objetos que hay?

—Sí, creo que sí, porque cuando caminan por el cuarto, no atraviesan la mesa, y deben saber de la existencia de la silla si una de ellas, como ya le he dicho, se sentó en esa silla hace poco.

—Cuando aparecen, ¿llegan atravesando la pared?

—No, simplemente aparecen o entran por la puerta y la cierran detrás de ellas. Varía, pero normalmente me despiertan con un golpe o llamándome, y cuando me despierto están al pie de la cama. Eso es lo más usual.

—¿Cuánto dura la visita?

—Generalmente ocurre muy rápido y desaparecen de nuevo. Solamente un par de segundos. La mayoría de las veces, cuando aparece una, suelo decir simplemente: "¿Qué puedo hacer por ti?". Y ella me responde, por ejemplo: "Necesito cinco misas". Y en ese instante desaparece. Pero si se quedan allí esa es una señal, significa que puedo hacerle preguntas o darle nombres de los que me han pedido información. Esto puede durar dos o tres minutos y en raras ocasiones me contestan inmediatamente. Generalmente esa alma desaparece y debo esperar semanas o incluso meses para que venga otra y me responda a esas preguntas. Pero en ocasiones muy raras responden inmediatamente.

—¿Le ha permitido a alguien alguna vez estar presente cuando le visita una bendita ánima del purgatorio?

—Muchas personas me lo han pedido, pero las almas me han dicho que no deberíamos ser curiosos en estos temas, así que realmente no quieren que haya nadie. Una vez me encontraba en una ciudad con una mujer que tenía la casa repleta de turistas, y me preguntó si podían estar presentes cuando me visitara una, para ver o escuchar algo. Yo le respondí: "Bueno, puede que oigan algo, pero dudo mucho de que nadie pueda ver nada". Me aseguré de preguntar si había alguien con problemas de corazón. Las había, así que dije que no. Lo pregunté porque si alguien sufre del corazón y ve o escucha algo y cree que se trata de un alma del purgatorio podría sufrir un ataque. Entonces mi amiga me preguntó si yo podría dormir en el cuarto próximo al suyo y dejar la puerta abierta. Y acepté pensando que si no les gustaba a las almas, entonces no se presentarían. Pero una sí se presentó después de todo, y me pidió que rezara un padrenuestro con ella. Lo recé en silencio y era imposible, por lo tanto, que alguien me escuchara. Pero el alma la rezó en voz normal y luego desapareció. Al día siguiente mi amiga actuaba de un modo extraño, lo que me hizo preguntarme qué le pasaba. Entonces le dije: "¿Estás bien?". "Sí, pero déjame preguntarte algo: ¿Estuvo anoche rezando un alma un padrenuestro contigo?". "¿Por qué lo dices?". "Anoche oí rezar un padrenuestro y sonaba como si saliera del fondo de una cueva profunda. Tuve tanto miedo que no dejé de sudar".

Y entonces tuve que decirle que había sido la primera persona que conocía que hubiera escuchado algo durante una de mis experiencias.

—Usted ha dicho: "Si a las almas del purgatorio no les gusta…".

—Sí, sí, pero eso es solo una manera de hablar, porque si aparecen o no, eso depende de la Madre de la Misericordia con el permiso de Jesús.

—¿Ha venido alguna vez un alma mientras estaba con otras personas, personas vivas, quiero decir?

—Sí. Una vez una monja y su hermano estaban aquí conmigo y de repente apareció un alma. Le pregunté qué necesitaba y lo hice en voz muy baja para que nadie lo notara. Recibí una respuesta y desapareció. Entonces la religiosa me preguntó: "¿Acaba de tener una visita?". "¿Por qué lo pregunta?". "Durante un momento parecía un poco distante". "Sí, acaba de estar una, pero hice todo lo que pude para que no se notara". "Ah sí, pero aun así la sentí", dijo la religiosa.

—Ahora que he estado aquí con usted, ¿aumenta la posibilidad de que mis familiares difuntos la visiten?

—No, no aumenta. Solamente sus plegarias, sus esfuerzos y un amor con obras por ellos aumentaría la posibilidad de que Dios les permita acercarse a usted o a mí. Las almas pueden acercarse a mí solo si Dios lo permite. Nada de lo que alguien pueda hacer aquí afecta en forma alguna que vengan a mí o a cualquier otra persona.

—¿Ha grabado alguien alguna vez sus conversaciones con las almas del purgatorio?

—Una vez en Viena alguien había escondido una grabadora en mi cuarto. Pero cuando la sacaron y la encendieron, todo lo que se escuchó fueron mis preguntas y los golpes que me habían despertado. Las respuestas que me dieron, y esa noche sí que las hubo, no se grabaron.

—¿Han tratado de espiarla mientras hablaba con un alma?

—Sí. Me ocurrió hace muchos años cuando unos niños treparon por una escalera, de noche, para vigilar y escuchar. Se asustaron un poco cuando me vieron tomar algunas notas y me escucharon hacer algunas preguntas. Además, tuve mis sufrimientos en ese momento, lo que les afectó aún más, pero no escucharon nada ni vieron al alma que se encontraba conmigo en ese momento. Cuando me enteré de lo que había pasado pero que los niños no habían visto ni oído nada, le pregunté a un alma cómo podía ser eso. La conversación que siguió fue la siguiente; me dijo que no pudieron ver nada porque: "Los niños todavía están vivos". "Sí, pero yo también estoy viva después de todo y sin embargo puedo verte y escucharte". "Tú nos perteneces. Nosotras estamos en la oscuridad. El camino hacia ti es luz". "Pero, ¿si yo no os aceptara?". "Por la misericordia de Dios podemos pedírtelo, porque nos perteneces". "¿Qué quiere decir: 'nos perteneces'?". "Mediante tu voto te entregaste a la Madre de la Misericordia de una manera especial. Ella te entregó a nosotras. Por eso el camino hacia ti es luz para muchas almas. Haces bien al aceptarnos con amor y dolor. De esta forma nos puedes liberar más rápido, tú sufres menos, se te dan más gracias y méritos y también puedes interrogarnos acerca de las personas por quienes preguntas".

—"El camino hacia ti es luz". ¿Cómo explica esto?

—Por mi voto a la Madre de la Misericordia, el velo, como algunos lo llamarían, se ha levantado de manera que pueda experimentarlas claramente. Y entonces, ellas pueden venir a pedirme ayuda.

—¿Ha visto a todas las almas por las que ha preguntado?

—No, ciertamente que no. Y esto se debe a que cuando un alma se me presenta, solo puede darme como respuesta hasta veinte nombres cada vez. Por lo tanto, realmente solo he visto a una pequeña proporción de todas las almas por las que he preguntado.

—¿Han mostrado algo de sentido del humor alguna vez?

—Bueno, en una ocasión. Se trataba de un profesor y mientras se encontraba parado delante de mí le pregunté: "¿Dónde vives?". Me respondió: "En una casa". Y cuando se lo comenté al sacerdote me dijo: "Ves, María, no debes ser tan curiosa".

Pero a no ser por esa vez, no muestran realmente sentido del humor. Nunca las he visto reír. Tienden a mostrar una apariencia paciente, sufrida.

—¿Y le ha sucedido algo gracioso con alguna otra persona que no puede hacerse una idea de lo que usted experimenta? ¿Puede pensar en alguna situación divertida?

—Sí, en una ocasión. Me ocurrió una vez que una persona a la que conocía vino a verme y encontró la puerta abierta; se acercó hasta ella, aquí mismo, y simplemente la empujó y abrió sin llamar. Cuando levanté la vista, como estoy tan acostumbrada a las visitas, vi una cara que se asomaba y pregunté: "¿Qué puedo hacer por ti?". Al instante gritó: "¡No soy un alma!, ¡no soy un alma!" (risas).

—¿Ha intentado tocar a alguna bendita ánima, sin contar con la primera vez?

—No realmente, pero sí me sucedió que una vez (me imagino que debía estar durmiendo profundamente) me desperté porque sentí que una mano me tocaba la cara y pensé: "¿Qué es esto?". Y cuando me desperté por completo vi que se trataba de un alma. Sentí de verdad su mano, pero cuando intento tocar a una no siento nada, o como mucho siento algo de frío.

—¿Solamente aparecen de una en una o también lo hacen en grupo?

—Muy pocas veces vienen en grupo, y en esas ocasiones todas necesitan lo mismo para ser liberadas.

—¿Se le ha aparecido algún ánima bendita que no fuera de Europa Central, por así decirlo, austriaca, suiza o alemana? Y si es así, ¿cómo las entendía?

—Sí. Muchas, muchas veces. Me han visitado almas de personas africanas y asiáticas, y cuando me hablan, hablan en alemán, un alemán estándar, aunque a veces es un alemán medio cortado. Puede tratarse del alma de una persona japonesa que tiene toda la apariencia de ser japonesa, por supuesto, pero que me habla en alemán. También, me han visitado almas de personas de América, españolas, húngaras, polacas y muchas otras.

—En el caso del alma de la persona japonesa, ¿vinieron sus familiares japoneses a usted y le trajeron sus nombres?

—No, en la mayoría de los casos de países lejanos se les permite venir sin que sus familiares lo pidan. De hecho, he tenido a muchos extranjeros aquí, pero no de África o de Asia. Hace poco llegó un autobús con peregrinos de la Polinesia, ¡y eso sí que queda muy lejos!

—María, ¿las almas del purgatorio se le aparecen con una frecuencia predecible? ¿Puede saber por adelantado si van a venir, digamos, el martes o el jueves?

—No, generalmente no hay forma de saberlo. Pero sí puedo estar segura de que una vendrá el primer viernes y sábado de cada mes.

—¿Y cada cuánto la visitan últimamente?

—Aproximadamente tres veces a la semana, y durante el mes de noviembre vienen con más frecuencia, al igual que durante Cuaresma y Adviento.

—Si rezamos por las almas del purgatorio y después las pedimos algo, ¿hay alguna diferencia en que se lo pidamos nosotros o lo hagamos a través de usted?

—No, no la hay. La única diferencia sería cuando yo les pido que me digan qué necesitan en concreto para ser liberadas del purgatorio. Es una manera muy clara de asegurarse de ello. Pero con las oraciones habituales y las demás peticiones, las almas no reaccionarían de modo distinto si usted les preguntara o lo hiciera yo por usted. Depende de su fe y de su confianza. Y también de su habilidad para observar y escuchar.

—Y cuando les pedimos que nos ayuden, ¿basta con pensar lo que queremos o debemos pedirlo en voz alta?

—Las almas no pueden leer nuestras mentes, pero sí conocen nuestros sufrimientos y con ello también comprenden muchas de nuestras verdaderas necesidades y, por lo tanto, intervendrán por nosotros.

Pedirlo en voz alta garantiza que lo escuchen, pero puede estar seguro de que con un susurro es suficiente. Siempre están a nuestro alrededor, pero no le recomendaría que comenzara a hablarlas en público. Y, por supuesto, Jesús conoce nuestros pensamientos, entonces si se lo pedimos en silencio, nuestra petición también les será transmitida por la Madre de la Misericordia.

—Si alguien le envía una carta preguntando por un nombre y no recibe respuesta durante un largo periodo de tiempo, no sé, entre ocho meses y un año, ¿qué cree que deberían pensar entonces?

—Si no recibo nunca una respuesta, eso significa que esa alma está perdida y en el infierno, pero no recibir una respuesta durante un tiempo largo no significa que sea así. Simplemente no puedo empezar a escribir cartas diciendo que para tal y tal pregunta aún no he obtenido respuesta. Es posible también que un alma se encuentre ya en el Cielo cuando un familiar o un amigo me preguntan por ella, y si ese es el caso me entero rápidamente. Pero estoy prácticamente segura de que de todos los nombres por los que me han preguntado he obtenido una respuesta si se encontraban en el purgatorio en ese momento. Y recuerde también que las cartas pueden perderse; a veces sucede.

—María, al mirar alrededor veo que hay muchos cajones pequeños. Me pregunto si hay en ellos miles y miles de nombres de personas de los que está esperando una respuesta.

—No, no realmente. En esos cajones guardo muchos papeles y otras cosas mías. No se olvide de que solamente creen en mi testimonio y en mis experiencias un mero veinticinco por ciento de los sacerdotes, y menos aún de los católicos no practicantes, por no mencionar a los no católicos y no cristianos. En otra época, hasta hace algunos años, había varios cientos de nombres pero últimamente la cantidad de nombres supera los mil; sin embargo, nunca han sido miles.

—¿Pide algo a cambio por ayudar así a la gente?

—¡Nunca! El amor especial que siente Dios por los que confían en Él es quien me cuida.

—¿Puede alguien enviar un alma a otra persona?

—No, no puede. ¡Cuántas veces me hubiera gustado poder hacerlo, en especial con aquellas personas que se ríen de las ánimas del purgatorio o de las visitas que recibo!

—¿Puede considerarse pecado no creer que las almas de los difuntos nos visitan?

—No, no es un pecado, pero no por ello se debe hacer burla de estas cosas. No es un dogma de la fe y, por lo tanto, no es un pecado.

—¿Cuál cree que es la diferencia entre los que experimentan la cercanía de las benditas ánimas del Purgatorio y los que no?

—Me parece que las personas más sensibles y observadoras se dan cuenta de manera más clara que los demás.

—¿Qué se puede hacer para experimentar su cercanía de un modo más vivo?

—Rezar mucho por ellas y también mantenernos lo más limpios que podamos. Me refiero a estar en gracia y a mantener nuestros cuerpos libres de todo lo que interfiera con la claridad. Una dieta equilibrada, sana y moderada, y, por supuesto, sin consumir drogas ni beber alcohol en exceso. El ayuno también es de gran ayuda.

—¿Las benditas ánimas del purgatorio pueden ayudar a acortar el purgatorio de sus familiares que aún están vivos?

—Sí, pueden rezar mucho por nosotros, y las almas me han comentado que así lo hacen generalmente.

—¿De qué modo pueden las almas mostrarse a sus familiares?

—El más común es llamando con golpes. Un amigo mío lo experimentó y contó los golpes para determinar cuántas misas necesitaba en particular esa alma. Nunca más volvió a escuchar los golpes cuando cumplió el número de misas que habían pedido. Y cuando volvió a suceder en otra ocasión, sabía que se trataba de un alma distinta porque dio una cantidad de golpes diferentes y porque los dio en otra zona de la habitación.

Las almas también pueden llamarnos por nuestros nombres. Algunas veces podemos reconocer la voz con total claridad y eso nos sirve de recordatorio para rezar por esa determinada persona. Las almas también pueden volverse aún más activas causando, lo que llaman, actividades poltergeist. Por ejemplo, si nos encontramos en el suelo el reloj que estaba colgado de la pared la tarde anterior; o si se cierran las ventanas o se abren las puertas de golpe. Todo esto ocurre solo para atraer nuestra atención y para estimular nuestras oraciones por ellas. Son almas que necesitan mucha atención, porque se encuentran en los niveles más profundos del purgatorio. Pueden escucharse también pisadas en el piso superior, o pueden dejar una pista precisa para que sepamos inmediatamente de quién se trata.

—¿Solamente se aparecen a los miembros de sus propias familias?

—En la mayoría de los casos sí, pero en algunos casos se aparecen a amigos muy cercanos o a gente como yo, a quien Dios le ha encomendado que dedique mucho tiempo a rezar por ellas y ayudarlas. He oído hablar de personas a quienes se les aparecen amigos que fueron muy cercanos cuando eran niños, que van a ellos tiempo después de haber fallecido. Como regla general, se aparecen a aquellos que los han querido mucho, a los más sensibles, a los más afectuosos y/o a quienes más rezan. Pero conozco casos en los que algunas almas del purgatorio se han manifestado a personas a las que no habían conocido en vida y también a personas que les guardaban rencor en el corazón.

Un granjero al que conocía estaba construyendo una ampliación a su granero, y cuando llegaba a cierta altura con una de las paredes, al día siguiente aparecía caída. Había levantado muchas paredes en su vida y esta le estaba causando demasiados problemas. Llamó incluso a albañiles profesionales para que lo ayudaran y le dijeran qué estaba haciendo mal, pero le afirmaron que había estado haciendo todo bien desde el primer momento.

Me llamaron para que fuera a verle y, por supuesto, fui. Le pregunté sobre su familia y su granja, y si sabía de alguien a quien necesitara perdonar. Al principio no podía acordarse, pero cavé un poco más hondo y se le aclaró la memoria. Hacía unos años había tenido un vecino que siempre decía cosas desagradables acerca de su esposa. Ese hombre murió y se mudaron otras personas a ese lugar. Al principio se había negado a perdonarlo diciendo que su vecino se merecía todo lo que había recibido, y que no le perdonaría jamás sus groserías. Entonces le expliqué amablemente que debemos perdonarnos para acercarnos más a Dios y que si no lo hacía, no solo dañaba a los demás sino que se estaba garantizando sufrir mucho más adelante. Entonces lo entendió y nunca más volvió a tener problema alguno con esa pared.

—¿De qué otro modo se nos pueden mostrar las almas a sí mismas?

—En sueños, pero raramente lo hacen así y no se puede confiar mucho en esto. En los sueños han de pedirnos oraciones, algo que abra su camino hacia el Cielo; si no, entonces está ocurriendo otra cosa.

—Sin contar a aquellos a quienes ya conocía personalmente en vida, ¿han venido a usted almas a quienes reconoció como personas famosas?

—Sí, hay personas famosas que han sido liberadas porque sus familiares vinieron a verme para que los ayudara. Por ejemplo, Marshal Hermann Göring, nazi infame, se me presentó porque su familia había venido a verme en busca de ayuda. Ahora está en el Cielo. Dios no dejó de amarlo y todavía lo ama. Nunca debemos juzgar.

También me han visitado otras personas famosas. Una vez vino un hombre, y aunque no podía saber de dónde venía o cuándo había vivido, supe inmediatamente que se trataba de alguien importante por la forma en que se movía y por su vestimenta. Cuando le pregunté qué necesitaba de mí, me lo dijo y luego agregó: "Soy el papa Pablo". Al principio dudé, pensando que podía tratarse de un engaño del demonio: "No, no lo eres", le dije. "¡Conocí al papa Pablo y tú no eres él!". "Soy el papa Pablo IV, no Pablo VI". Había estado en el purgatorio desde mediados del siglo XVI porque durante su pontificado podría haber hecho mucho más de lo que hizo. Me parece que también había ordenado que los judíos de Roma se agruparan en guetos, algo que ciertamente no estaba en los planes de Dios. En este caso, por supuesto, no fueron sus descendientes quienes vinieron a verme para preguntar por él (risas).

—Así que un conocido nazi ha pasado mucho menos tiempo en el purgatorio que un Papa. Algunas personas pensarían entonces que es mejor ser nazi que sacerdote, obispo e, incluso, Papa.

—¡No, por Dios, no! La diferencia en la expiación que necesita cada uno se debe a que al Papa se le había revelado mucho más de la verdad de Dios que a Hermann Göring. Y el padre Matt también me contó que Göring había sido conducido mediante engaños a esa horrible situación, con relativamente pocos medios para protegerse. El amor y la justicia de Dios, igualmente infinitos, equilibraron estas diferencias; y hoy en día ambos se encuentran en el Cielo con Él, pero ciertamente no en el mismo nivel.

Lo siento, vuelvo enseguida. ¡Olvidé dar de comer a los pollos! Espéreme dos minutos, vuelvo enseguida.

* * *

Mientras está fuera, trato de pensar en tantas buenas personas, afectuosas, piadosas e interesadas por lo que se dice en esta conversación, con la esperanza de que las respuestas directas de María produzcan un gran impacto en la gran mayoría. Dos minutos más tarde, está de vuelta y continuamos.

* * *

—Cuando me vaya, ¿puedo darle el nombre de un personaje famoso del que me gustaría preguntar?

—Sí, por supuesto.

—Me gustaría saber qué fue del presidente Kennedy, que como usted ya sabe, fue muy querido por muchos americanos e irlandeses, al igual que por otros millones de personas en el mundo entero.

—¡No hace falta que lo pregunte!

—¿Qué quiere decir?

—Llegó al Cielo rápidamente después de su asesinato. Un alma me lo dijo, aun cuando tampoco en su caso se acercó hasta aquí nadie de su familia para preguntar por él.

—¡Excelente! ¿Puedo preguntar entonces por su hermano Robert F. Kennedy, que también fue asesinado años después?

—Por supuesto que puede. Si recuerdo correctamente, murió con un rosario en las manos y eso significaría ciertamente que Nuestra Señora estaba con él y, por lo tanto, está bien, estoy segura. Además, me han comentado que sus últimas palabras fueron: "¿Hay alguien herido?". Esto nos dice aún más del amor que había en su alma. Pero sí, puede escribir su nombre para mí más tarde.

—¿Siglo XVI? Eso me ha llamado la atención. ¿Hay otras almas que hayan sufrido en el purgatorio tanto tiempo y que hayan venido después a usted en busca de ayuda?

—Sí, me pidieron que ayudara a un oficial que murió en Corintia en 1660. Y también a un sacerdote de Cologne que murió en el año 555. Tuve que aceptar lo que necesitaba totalmente por mi cuenta, de otro modo hubiese permanecido en el purgatorio hasta el último día. Había tomado parte en el martirio de unos seguidores de santa Úrsula. También puedo recordar los años 1740 y 1810, pero me he olvidado ahora de quiénes se trataban.

—¿Le han contado las almas algo específico acerca de su propio futuro?

—No en detalle, pero en varias ocasiones han dicho que algo muy importante está a las puertas, justo enfrente de nosotros; pero no sé si todavía estaré aquí para verlo. Como dije anteriormente, vendrá de Dios y será para la conversión de todos. Dios hará muy clara su existencia, pero aun así no todos convertirán sus corazones hacía Él. Aparte de esto, solamente recibo advertencias o directivas para otras personas, como en la avalancha de la que le hablé anteriormente.

—¿Y han ayudado alguna vez las benditas ánimas del purgatorio a que la policía resolviera un delito?

—No, no que yo recuerde. Pero en muchos casos mi testimonio, basado en lo que me habían dicho las almas, ayudó a probar que el maligno estaba de por medio. No debemos olvidarnos de que las personas que vienen a mí hasta aquí son, en su mayoría, profundamente cristianas y por lo tanta prefieren rezar por otras personas que perseguirlas y acusarlas.

—¿Le han dicho alguna vez las almas algo sobre el futuro de sus visitas?

—No, nunca han dicho nada sobre ello.

—Cuando las almas o usted misma hablan de conversión, ¿qué es precisamente lo que quiere decir? ¿Significa que todos deberían unirse a la Iglesia católica?

—No, conversión no significa eso. Conversión es cambiar el corazón, la mente y toda nuestra vida hacia la existencia de Dios. Si bien es cierto que todas las divisiones entre los cristianos se deben a la mano del hombre y que la Iglesia católica sostiene la única verdad, tal y como la enseñó Jesús, no podemos esperar que los hombres consigan borrar todas estas diferencias. Dios hará que se produzca la unión de las Iglesias, y personalmente creo que esto también ocurrirá muy pronto, hasta diría bajo nuestro Papa actual, pero la conversión significa cambiar nuestras vidas de tal manera que estemos siempre cerca de Dios.

—Así como hay personas mejores que otras, espiritualmente hablando, ¿hay también lugares del mundo mejores que otros, en un sentido espiritual? ¿Le han comentado algo al respecto las almas del purgatorio?

—Sí, hay lugares mejores que otros. Las benditas ánimas me han comentado que África se encuentra en camino a la conversión y por lo tanto está en buen camino. América del Norte y Europa Occidental van por mal camino. Creo que ambos continentes van a tener que hacer mucha reparación y muy pronto. Y en lo que respecta a las antiguas repúblicas soviéticas diría que se encuentran en algún lugar en el medio de los otros dos casos porque sufrieron mucho y durante muchos años bajo la opresión comunista. América del Sur también se encuentra en un lugar intermedio. Pero por quien más debemos rezar es por los Estados Unidos. Allí no han sufrido en su propia tierra una guerra durante este siglo y abunda el orgullo, la codicia, el ocultismo, las sectas, los abortos y el materialismo. Lo que está a las puertas, según dicen las almas, afectará dramáticamente a los Estados Unidos.

—Respecto al tema de la justicia de Dios, ¿qué pasa cuando muere una persona muy querida y se ofrecen por ella muchos millones de oraciones en comparación a una persona desconocida que pudo haber vivido una vida más santa?

—Nuestra Señora se ocupa de todo y distribuye las gracias extras donde más se necesitan. ¡Ella nunca se olvida de ninguno de sus hijos!

—¿Las almas del purgatorio le han dicho algo acerca del daño al medio ambiente y a la naturaleza?

—Solamente que todo daño a la naturaleza es un pecado muy serio que, por supuesto, también requerirá reparación,

—¿Los animales son sensibles a la presencia de las benditas ánimas del purgatorio?

—Sí, las perciben, en especial los caballos, perros y pollos. He oído de muchos casos de caballos que rehúsan pasar al lado de una casa determinada y luego se precisó que había almas dando vueltas por allí tratando de llamar la atención.

—Usted menciona a los perros. Bueno, las almas del purgatorio deben saber, por supuesto, que los perros son felices cuando se les dan órdenes. ¿Sabe si las almas pueden darle una orden a un perro, por ejemplo, para ir a buscar a su dueño porque el granero está en peligro?

—No, no ocurre así porque los perros no tienen alma.

Pero cuando se trata de animales, santa Hildegarda de Bingen sí expresó que Satanás odia a los perros más que a cualquier otro animal porque se encuentran muy cerca de los hombres, y puedo contar que trató una vez de molestarme en este aspecto. Una tarde apareció de repente en mi cuarto un perro que saltaba de un lado a otro y ladraba e hizo el tonto durante unos minutos hasta que le ordené en el nombre de Jesús que se fuera.

—Si las personas quieren saber dónde se encuentran sus seres queridos o lo que necesitan para ser enviados al Cielo, ¿cuál es la mejor manera para contactar con usted y qué deben hacerle llegar?

—La mejor manera es la siguiente: que escriban simplemente una lista de personas dejando un pequeño espacio entre nombre y nombre. Que escriban el nombre completo, la ciudad en la que murió y su fecha de nacimiento y muerte en una línea. En el espacio entre los nombres que me envían, escribiré entonces la respuesta que las almas me traen y les devolveré la misma hoja. La mayoría de las respuestas son cortas y simples. No esperen por curiosidad, recen por ellos mientras esperan. Eso acelerará el proceso.

—¿Le ha ocurrido alguna vez no obtener ninguna respuesta porque le habían hecho las preguntas solamente por curiosidad?

—Sí, me pasó hace muchos años. Alguien vino y me preguntó sobre Hitler y Stalin. No vi daño alguno en aceptar su petición. Un tiempo después recibí una respuesta, que fue la siguiente: "No habrá respuesta porque quien preguntó nunca tuvo la intención de rezar". Esto resultó ser cierto porque nunca volvieron.

—Bueno, ¿cree que Hitler ha podido haber ido al Cielo después de todo?

—Sé, por otro lado, que está en el infierno. Y esto es así porque se ha identificado en personas poseídas mientras se estaba rezando por ellas.

—¡Oh! ¿Alguna vez ha ocurrido que un alma se le apareciera, pero sin pronunciar ninguna palabra?

—Sí. En tales casos, sé que necesita oración, y en la mayoría de los casos volverá más tarde con permiso para decirme qué es lo que aún necesita.

—¿Alguna vez le han devuelto respuestas equivocadas?

—Hace algunos años recibí una respuesta que luego transmití de vuelta a quien me había dado el nombre. Cuando se la devolví se rio y dijo: "¡Ahora sé que eres un fraude porque esta persona todavía vive!". Esta situación me angustió y me enfadó tanto que corrí a hablar con el sacerdote y le dije que quería que todo se acabara si estaba recibiendo respuestas falsas. Él me calmó y me dijo que no me preocupara, porque había sido el pecado de aquel hombre lo que había hecho que Satanás interviniera.

Por otro lado, también me he encontrado con que algunas personas, no muchas, han recibido respuestas incorrectas al preguntar por personas que todavía vivían. Pero estas no eran lo suficientemente valientes para comunicármelo abiertamente. Quienes mienten de este modo invitan a

Satanás. Su falta de honestidad trae más mentiras, y como consecuencia Satanás se disfraza para calumniarme. Si se acercan a mí con corazones sucios, entonces es a ellos a quienes apresa. Y así, desde entonces, he crecido mucho en discernimiento.

Y para ser totalmente clara ante quienes dudan de mí debido a las respuestas incorrectas, quisiera agregar lo siguiente. Las almas nunca se equivocan si se trata de algo que ha ocurrido en el pasado o algo que está ocurriendo en el presente; pero sí pueden equivocarse, por así decirlo, cuando se trata de algo que todavía no ha ocurrido. La razón de esto es que Dios puede cambiar en ocasiones su voluntad.

Por lo tanto, puede ocurrir que una respuesta que concierne al futuro puede resultar distinta de lo que finalmente ocurre. Esto solamente quiere decir que Dios ha cambiado sus planes y de ninguna manera implica que las almas estuvieran equivocadas o que yo sea un fraude.

—¿Sabe si alguno de los de los que intentaron engañarla, mostrándose cuando menos como inseguros, si no abiertamente mentirosos, era un sacerdote?

—Sí, entre ellos había sacerdotes, pero por favor no piense que esto ha ocurrido muchas veces, porque no ha sido así.

—¿Puede acordarse de algún otro personaje público que, según las almas, también esté en el Cielo? Pregunto esto con la esperanza de que su respuesta logre poner énfasis, nuevamente, en la enseñanza de Jesús de que nunca debemos juzgarnos unos a otros.

—Sí, puedo, y esa enseñanza es muy importante si realmente deseamos reunirnos con Él tan pronto como sea posible. Las dos personas que vienen a mi mente tuvieron que sufrir mucho y las dos recibieron muy poca educación religiosa en su adolescencia.

Hace aproximadamente tres años, las almas me dijeron que Norma Jean, cuyo nombre artístico era diferente, por supuesto, ya se encontraba en el Cielo. Y hace poco supe que John Lennon también estaba en el Cielo. John Lennon fue asesinado por un hombre que en esos momentos sufría una posesión diabólica y que, mientras estaba en la cárcel, fue liberado por un párroco de buen corazón que, desde fuera, rezó por él una plegaria de liberación. En cualquier caso, la misericordia de Jesús hacia estas personas ha sido muy generosa, ciertamente mucho más generosa que la de muchos de nosotros aquí en la tierra. Tuvo que ser un amigo mío quien me explicara quiénes habían sido exactamente John Lennon y Norma Jean porque cuando tuve estos nombres conmigo no estaba al tanto de que eran famosos.

—¿Ha recibido alguna vez una respuesta que podría haber sido peligrosa para quien le hizo la pregunta?

—Sí, ha ocurrido algo parecido. Las almas una vez confirmaron un acto muy malvado y también advirtieron, por su propia seguridad, que la persona que había preguntado por ello no hablara nunca más del tema.

—En el caso de las personas que viven en países democráticos, ¿votar en las elecciones es un deber dado por Dios?

—Las almas me han dicho que votar no es un deber dado por Dios.

—¿Alguna vez ha recibido una respuesta de las almas que cambió o podría haber cambiado el curso de la historia para una gran cantidad de personas?

—Hace muy poco, las almas confirmaron algo de lo que Melanie, la vidente de La Salette, ya había hablado; se trata del verdadero heredero a la corona francesa. Un alma me dijo que pronto se revelaría la verdad sobre él y su historia.

5. LA ORACIÓN Y EL AYUNO

—María, menciona con tanta frecuencia la oración que me gustaría preguntarle por qué le da tanta importancia.

—La oración nos acerca a Dios. Mírelo de este modo. Lo primero que les damos a los amigos es nuestro tiempo y ellos hacen lo mismo. Si no dedicamos tiempo a nuestros amigos, no pasará mucho hasta que nos encontremos completamente solos y perdidos y en la oscuridad. Así que cuando le damos nuestro tiempo a un amigo hacemos dos cosas: escuchamos y hablamos. Y si queremos conservar su amistad, escuchar es más importante que hablar. Dos verdaderos amigos pueden apoyarse mucho simplemente con estar uno junto al otro en silencio. En la mayoría de las ocasiones, la oración consiste simplemente en estar con Dios en silencio: escuchándole, observándole y sumergiéndose en Él. No hay nadie a quien Dios ignore. Y al rezar, le estamos dedicando tiempo a nuestro mejor amigo, al amigo que nos dio la vida. ¿No sería oportuno entonces devolverle algo del tiempo que Él mismo ha creado y nos ha regalado? Creo que era san Agustín quien decía que la oración es el mayor logro del hombre y el mayor regalo que ha hecho Dios al hombre.

—¿Cuál piensa que es el mayor error que cometemos cuando rezamos?

—Me parece que muchos corren hacia Dios solamente cuando tienen problemas o cuando creen que necesitan algo. Las oraciones de petición están bien y por supuesto también son escuchadas, pero deberíamos estar siempre alabando a Dios y agradeciéndole todo lo que nos ha dado y todo lo que ha hecho con nosotros y por nosotros. En nuestro mundo actual hay muchas personas desagradecidas que lo dan todo por sentado. Y eso conduce rápidamente a la codicia y luego al odio. La enseñanza implícita de la sociedad actual, que todos deberíamos tener las mismas oportunidades para lograr un título universitario y una casa grande con dos coches, no viene de Dios. Dios revela sus mayores secretos y concede sus mayores alegrías a los más pequeños de entre nosotros. Satanás promete el poder, las influencias y el éxito. Dios promete paz, alegría y plenitud. La más superficial de todas las oraciones es: "Dios dame esto", "Dios dame lo otro". Si volvemos de nuevo al ejemplo del amigo, ¿cuánto tiempo se quedaría con nosotros si no hacemos más que decirle: "necesito esto", "dame esto otro"? Los niños muy pequeños atraviesan esta etapa de su desarrollo social cuando descubren su propia individualidad. Les vemos lanzando los cubos de plástico a la cabeza de otro niño, quitándose la pala de un tirón y echándose arena a los ojos. En esta etapa se les debe enseñar la disciplina. Las oraciones también deben incluir "hola", "gracias", "perdón" y "te quiero".

—Entonces, ¿debemos aprender a hacer oración y a desarrollarla?

—Sí, así es. Debemos aprender a hacerla, y a desarrollarla, desde nuestro interior, donde Dios realiza el mayor de los milagros. Las personas verdaderamente piadosas no dan nada por sentado y enseguida ven, escuchan y palpan la grandeza de Dios en las cosas más pequeñas, tanto interna como externamente. Al orar le ofrecemos a Dios todo lo que tenemos dentro y todo lo que se encuentra a nuestro alrededor. Los niños aprenden a hablar solo cuando escuchan, y esto también debería darse entre el niño y Dios. Si el niño comprende que Dios está siempre a su lado, aprenderá rápidamente que le quieren y que se encuentra protegido. Y es algo que no lo puede hacer solo su familia y sus profesores. Un niño sensible que no conoce a Dios puede sentirse perdido cuando aprende que sus padres y sus mejores amigos también cometen errores. Los niños que sí lo conocen encuentran el equilibrio y son fortalecidos enormemente. Son los que aprenden a relacionarse afectivamente con todos y con todo lo que tienen a su alrededor. Los niños a quienes se les niega que puedan conocer a Dios crecen con miedo, lo que les lleva a la necesidad de buscar el poder, un estatus y bienes materiales. Y entonces nunca llegan a disfrutar de la paz que Dios quiere para todos. ¡No podemos culpar a Dios por cómo está el mundo hoy en día! El mundo está así como consecuencia de habernos alejado de Él. Todo lo que nos preocupa y nos hiere hoy en día es fruto de haber ignorado a Dios. Volvamos a Él, volvamos a rezar, y los resultados se verán inmediatamente. Dios es el único amigo que nunca, nunca, duerme.

—Entonces, si debemos aprender a rezar, ¿quiere decir que debemos empezar primero dando pequeños pasitos, como hacen los niños?

—Sí, exacto. Siempre y cuando seamos muy conscientes de que no debemos juzgar las oraciones; no existen oraciones pequeñas o grandes, oraciones de sobresaliente o de suspenso. Dios es Dios, y el verdadero santo es quien se hace completamente humilde ante Él. Por eso la Madre Teresa podía decir con sinceridad: "soy mucho más pecadora que cualquiera".

—¿Cuál sería su consejo para alguien que nunca ha hecho oración y quiere empezar a hablar con Dios esta tarde?

—Que apague la televisión, que ignore… o mejor que desconecte el teléfono, que se vaya a su cuarto y cierre la puerta. La oración es lo único con lo que podemos permitirnos ser completamente egoístas. Después, en silencio, que le diga a Dios que desea estar cerca de Él. Es algo que hay que hacer de manera habitual, sin dejar que Satanás nos aparte de Dios con su palabrería del "yo, yo, yo". Después, que aprenda más sobre Jesús, su sagrada familia y sus discípulos. Son pasos pequeños y constantes para entrar en la presencia de su amor total. Luego que ponga en un rincón de su habitación, donde encuentre la paz y el silencio, una imagen de Jesús o una cruz. Allí escuchará a Dios más claramente. Que vuelva su corazón en dirección a Dios. Que se lo entregue a Dios, solo a Dios, durante ese tiempo. Se puede comenzar, quizá, con quince minutos y aumentar gradualmente el tiempo hasta una hora. Si se hace oración durante un mes, nos sorprenderemos de la paz y la alegría que nos proporcionará, pero debo prevenir de algo: habrá distracciones que intenten distraernos de la oración y de Dios. Hay que ignorarlas con tranquilidad, pero con firmeza, y simplemente continuar con la oración.

Luego, si sentimos la necesidad de cambiar toda la vida (y hoy en día el mundo está repleto de esta necesidad) habrá que acudir a un buen sacerdote y decirle que nos hemos alistado en el jardín de infancia de Dios y que queremos continuar este camino junto a otras personas. Para Dios, todos nos encontramos en la guardería. La conversión implica un cambio del corazón. La conversión significa parar todo lo que bloquea nuestro camino hacia Jesús.

Podemos tomar entonces la Biblia y llevárnosla a nuestro rinconcito "egoísta". Si ofrecemos todo a Dios y a su Santa Madre, al poco tiempo nos encontraremos inmersos en un estado de paz. No ha habido nunca una sola persona que en algún lugar de su corazón no sintiera la necesidad de tener paz. Dios mismo ha dicho: "Antes de que te formaras en el vientre, te conocía". Y esa experiencia (que nuestra alma se encuentre en la paz del Señor) se encuentra presente en cada alma en algún grado.

El mejor de los maestros para llegar rápidamente a Dios es su Madre, que después de todo también fue su maestra y su guía. Si en su iglesia se ignora a María, o se sostiene que su papel no es necesario, entonces hay que decir al sacerdote que reinstaure su culto o seguir buscando hasta encontrar a alguien que pueda ayudarnos.

Existen hoy en día, por ejemplo, santuarios marianos o centros de Medjugorje prácticamente en todos los estados y todos los países. Allí se pueden pedir los mensajes y llevárselos a casa. Se pueden estudiar en nuestro tiempo de meditación, pero no hay que ir demasiado rápido. Meditar un mensaje cada tres o cuatro días es más que suficiente. Así como todos hemos crecido poco a poco, también nos iremos acercando a Jesús paso a paso con lo que ella nos dice. Una vez que hayamos dado estos pequeños pasos para cambiar de vida, muy pronto nos daremos cuenta (y esto lo aseguro con todo mi corazón) de lo verdaderamente importantes que son. Hay que hacerlo con el corazón y no con la mente. Hay muchos teólogos brillantes que tienen aún que descubrir a Dios en las cosas más simples y puras.

—¿Dicen algo las benditas ánimas del purgatorio cuando se dan conversiones en sus familias?

—¡Oh, sí! Muestran una gran, gran alegría y, por supuesto, ellas también ayudan en el proceso de conversión de sus parientes.

—María, al buscar una iglesia, ¿tiene alguna sugerencia para quienes queremos buscar una comunidad para rezar en presencia de Dios?

—Solamente unas sugerencias para acercarse rápidamente a la totalidad de la verdad del Evangelio. Se deben evitar las iglesias en las que no se habla claramente en contra del aborto. También las lideradas por una persona con excesiva capacitación y, por tanto, con demasiado poder; y las que atacan al Vaticano, y aquellas que llevan actos sociales al interior de los templos. También se deben evitar aquellas en las que se enseña que Satanás no existe. Y las "iglesias" que invitan a participar en determinados ejercicios mentales diciendo que acercan más a Dios. Esos ejercicios son muy peligrosos. ¡No podemos olvidar que Jesús está siempre con nosotros y no necesitamos de ningún ejercicio mental para llegar a Él!

Se debe buscar una iglesia que crea en el Credo Niceno o el Credo de los Apóstoles, o al menos, en alguna variante cercana.

—¿Existe algún tipo de oración en particular que sea mejor que otra?

—No. Dios nos conoce infinitamente mejor de lo que nosotros le conocemos a Él. Todos hemos sido creados de maneras muy distintas, entonces la mejor oración para uno es aquella en la que mejor rece. Y no hay que olvidar que Dios conoce lo que es mejor para nosotros, para los demás y para el mundo entero, entonces lo mejor es rezar mucho para que se cumpla siempre la voluntad de Dios. Y además de hacer oración sería muy bueno seguir el consejo de Jesús en el Evangelio, y comenzar también a ayunar.

El ayuno beneficia nuestra vida de oración inmensamente, y la oración nos ayudará a ayunar. Hay muchos libros muy buenos sobre el ayuno. Con la combinación de oración y ayuno nos acercamos mucho más rápidamente a Dios y a su Madre en el Cielo. Seamos como niños y abandonémonos a ellos con total confianza. Junto a ellos encontraremos la paz y la verdadera alegría de estar vivos.

—¿Cuál es en su opinión la definición correcta de ayuno?

—El ayuno, tal y como lo practicó y enseñó Jesús, a la vez que la oración, es una disciplina espiritual que debemos alcanzar inicialmente a la hora de consumir alimentos. Nuestra Madre nos enseña que lo ideal es alimentarse de pan y agua al menos un día (o dos o tres días) a la semana, preferentemente los viernes. Pero esto también debería hacerse poco a poco y con prudencia, y nunca, por ejemplo, en contra de las recomendaciones del médico. Hay que ayunar siempre de forma prudente, como Dios querría que lo hiciéramos.

Ayunar significa también abstenerse de cosas, de situaciones, de personas o de tentaciones que puedan separarnos fácilmente de lo que Jesús quiere para nosotros. Situaciones que nos controlan y que hacen que perdamos la libertad de realizar buenas acciones. La lista es infinita, por supuesto, ya que todos somos distintos unos de otros. Algo que puede suponer una tentación para ti puede no serlo para mí y viceversa. En nuestro corazón sabemos más que nadie lo que más nos atrae y siempre debemos luchar por ser honestos y claros para discernir lo que no necesitamos. Ayunar significa refrenarse hasta el punto en el que podamos distinguir que Dios está haciendo más por nosotros que el mundo que nos rodea. Ayunar es otra forma poderosa de llegar a Dios, y es muy importante porque cada una de nuestras almas es mucho más valiosa para Él que el universo entero.

Conozco a personas que han ayunado durante siete, ocho o nueve años de forma continua y, cuando dejaron el ayuno, se habían transformado interiormente de una manera que podría considerarse totalmente milagrosa. Lo que había hecho Dios en ellas no puede lograrse mediante ningún otro método o enseñanza que exista en el mundo.

Ayunar nos ayudar a que rezar sea más fácil, y la oración también nos hace mucho más fácil el ayuno. Y ayunar por las almas del purgatorio también les es de gran ayuda, una ayuda por la que nos estarán eternamente agradecidas.

Hoy en día hay una gran necesidad de hacer ayuno de televisión. Así, ayudaremos a aquellas almas que no cumplieron con sus obligaciones familiares o dejaron de lado a sus hijos. Sé que el purgatorio se encuentra repleto de estos casos. Insisto, el valor del ayuno no tiene límite. Un pequeño ayuno de algo trae aparejado mucho bien, al igual que una pequeña oración.

—¿Puede darme un ejemplo de una pequeña oración que haya marcado una gran diferencia?

—Sí, toda oración, por más pequeña que sea, es escuchada. Déjeme pensar. ¡Oh, sí!, y en este caso también se trata de un alma que vino a mí hace algunos años.

Una noche se me presentó un hombre, y tras haberme dicho lo que necesitaba para ser liberado se quedó parado delante de mí y me preguntó: "¿Me conoces? ". Tuve que contestarle que no. Entonces me recordó que muchos años atrás, en 1932, cuando yo tenía solamente diecisiete años, había viajado conmigo durante un breve tiempo en el mismo compartimiento de un tren en dirección a Hall. Entonces lo recordé. Este hombre se había quejado amargamente de la Iglesia y de la religión, y yo respondí a sus quejas diciéndole que no era una buena persona por criticar cosas tan sagradas. Mi respuesta le sorprendió, le enfadó y me dijo: "Todavía es muy joven para que puedas echarme un sermón". Entonces simplemente no pude resistir ser un poco grosera y le grité: "¡Aun así soy más inteligente que usted! ". Eso fue todo, se puso a leer el diario y no dijo una palabra más. Cuando llegó a su estación y se bajó del tren, lo único que hice fue rezar por lo bajo: "Jesús, no permitas que esta alma se pierda". Y cuando se me presentó, me dijo que esa pequeña oración lo había salvado de perderse.

—María, ¿hay algunas oraciones a las que tenga un especial cariño?

—¿En mi caso? No realmente, pero me encanta ser testigo de lo que les ocurre a quienes descubren lo que es verdaderamente la oración.

Con frecuencia, animo a la gente a que vuelvan a descubrir a Jesús en la Adoración delante del Santísimo Sacramento. Es una gracia enorme y una fuente de sanación y de milagros que ha sido abandonada drásticamente por lo que hoy se llama la Iglesia moderna. Hacer Adoración dos o tres veces a la semana llevaría la paz a países enteros.

Por mi parte, siento un amor especial por el rosario, que es tan purificador, en especial para las familias.

Y con frecuencia suelo aconsejar las oraciones de santa Brígida de Suecia, quien recibió dos conjuntos de oraciones de Nuestro Señor y otro de Nuestra Madre. Uno de los de Nuestro Señor se reza durante un año, mientras que el otro que recibió de Nuestra Madre se reza durante doce años. De Nuestra Madre recibió la devoción diaria a sus Siete Dolores. Nuestro Señor y su Madre prometieron a santa Brígida tantas gracias a las almas que recen estas oraciones, que debemos lograr que se vuelvan mucho más conocidas de lo que lo son hoy en día.

Las promesas de Nuestro Señor para quienes recen la serie durante doce años son las que siguen. Las recuerdo porque son solo cinco; aun así, la inmensidad de estas cinco promesas es innegable. A todos aquellos que recen estas oraciones Nuestro Señor les promete:

Aquel que las rece no sufrirá en el purgatorio.

Aquel que las rece será aceptado entre los mártires como si hubiera derramado su sangre por la fe.

Aquel que las rece puede elegir a otras tres personas a quienes Jesús mantendrá en un estado de gracia suficiente para que se santifiquen.

Nadie, de las cuatro generaciones siguientes de quien rece estas oraciones, se perderá.

Aquel que las rece será advertido de su muerte un mes antes de que ocurra.

Pero me gustaría advertir que nadie debe pensar que uno puede seguir viviendo como quiere y que estas oraciones son una garantía para ir derecho al Cielo. Uno debe vivir cerca de Dios con toda sinceridad mientras reza estas oraciones, y desde entonces en adelante. Porque quien piense que puede ser más listo que la Luz de Dios, se llevará una sorpresa muy incómoda cuando llegue el tiempo de ir hacia ella.

—¿Las almas del purgatorio pueden pedir otras cosas a sus familiares aparte de oraciones?

—En algunas ocasiones, sí. Puede ocurrir que un alma que acortó su vida por fumar demasiado venga a pedirle a un familiar que deje de fumar por un tiempo. Entonces esto sería un ayuno, por supuesto.

—¿Es bueno y válido rezar por los animales?

—Sí, es bueno y ciertamente tiene sentido rezar por los animales enfermos aunque no tienen alma; podemos pedir por su paz y salud. Y deberíamos llevar a bendecirlos, porque Satanás odia todo lo que está cerca de nosotros o nos ayuda.

—¿Cuál es la importancia o el significado espiritual de juntar las manos cuando rezamos?

—Si juntamos las manos mientras rezamos Dios nos da más gracias. Esto es lo que las almas me han dicho.

—¿Cuánto deberíamos rezar por los demás en contraposición a lo que rezamos por nosotros mismos?

—¡Oh! Deberíamos rezar mucho más por los demás que por nosotros mismos. Como norma general deberíamos hacer menos por nosotros y dar más a los demás. Eso es lo que Dios quiere de nosotros.

6. EL CIELO

—¿Hay días más especiales que otros en los que salen muchas almas del purgatorio hacia el Cielo?

—Sí. La mayoría son liberadas en Navidad, pero esto depende de cuánto se ha rezado y ofrecido por ellas. Es en Navidad porque es el día en el que hay más gracias. Y también muchas almas son liberadas en Viernes Santo, en el día de la Ascensión y en el día de Todos los Difuntos.

—¿Qué consejo daría a quienes quieren ser santos mientras están aquí en la tierra?

—Que sean humildes. Esa es la respuesta. Que no se den tanta importancia y que no se olviden nunca de que no son mejores que los demás. Únicamente Jesús y su Madre no fueron unos pobres pecadores mientras estuvieron en cuerpo mortal aquí entre nosotros.

—María, ¿hay alguna forma de que cualquiera pueda saber si un alma por la que ha estado rezando ha llegado al Cielo?

—Todos tenemos sensibilidades muy distintas, pero, con frecuencia, hay quien dice haber experimentado una alegría tan grande al rezar que les hizo estar seguros, sin duda alguna, de que era una señal. De todas formas, no hay que preocuparse por tratar de discernir esto con precisión. Si rezamos por alguien que ya está en Cielo, la Virgen Santísima toma esas oraciones y las aplica en otro lugar donde más se las necesite. Ninguna oración, por más pequeña que sea, se pierde.

—¿Cuál es el camino más rápido para alcanzar el Cielo?

—Una profunda humildad. Satanás nunca puede acercarse a la humildad y es el camino más rápido para entrar al Cielo. También las buenas obras para con nuestro prójimo y para con las almas del purgatorio. Actos de caridad realizados con profunda humildad. Observe la vida de la Madre Teresa. Es una de las personas más queridas del mundo por esos atributos. Eligió trabajar en el infierno de Calcuta, sirviendo a los más pobres, los más sucios y los más enfermos, y eso la llevará a Dios inmediatamente, estoy segura.

—¿Todos las almas en el Cielo se encuentran en el mismo nivel?

—No. Existen muchos niveles en el Cielo. Todas las almas disfrutan allí de la felicidad plena y saben que no han cosechado más de lo que se merecen, y por lo tanto, no quieren nada más. Algunas almas son más gloriosas y luminosas que otras, y esta belleza depende de nuestras buenas obras aquí en la Tierra. Por lo tanto, cuanto mayor sea nuestro esfuerzo aquí en la Tierra más alto podremos estar en el Cielo.

—¿En el Cielo se da algún tipo de proceso de crecimiento de cualquier clase?

—La teología por sí misma no puede responder esta pregunta, pero sé que una de las videntes de Medjugorje ha descrito que vio a su madre con Nuestra Señora en diferentes oportunidades, y que con los años su madre se ha vuelto mucho más hermosa. Esta pregunta tendrá que quedar como un misterio hasta que lo presenciemos nosotros mismos.

—¿Quién no haya puesto nunca un pie en una iglesia podrá ir al Cielo?

—¡Oh! Por supuesto, y estoy segura de que son muchos más de los que pensamos, porque todos tenemos tanto orgullo en nuestro interior. Pero como estas personas nunca tuvieron acceso a la verdad, su purgatorio es mucho más liviano que el de los fieles de una iglesia. Sin embargo, su nivel de santidad no será el mismo porque no recibieron o aceptaron las mismas gracias.

Una mujer se me apareció una vez con un cubo y me dijo: "Este cubo es mi salvación". Le pregunté qué quería decir con eso, y me explicó: "No recé prácticamente nunca y tampoco fui nunca a misa, pero una vez, por voluntad propia y sin cobrar nada, limpié la casa de una señora mayor antes de la Navidad. Ese acto de amor con este cubo fue el que me salvó". Aquí vemos, una vez más, lo valiosos que son los actos de amor. Quien no va nunca a la iglesia ni reza, porque no tuvo a nadie que le guiara, tiene las mismas oportunidades que el resto de hacer la voluntad de Dios.

—María, ¿te han mostrado el Cielo?

—No, no me lo han enseñado, pero muchos videntes a lo largo de la historia han visto destellos del Cielo. Algunos de los niños de Fátima y de los de Medjugorje vieron el Cielo y también el purgatorio y el infierno.

—¿Y les crees?

—Sí, sin dudarlo. Había varios sacerdotes de confianza y con criterio en esos momentos y los examinaron por separado. No estaban inventándose nada y estuvieron verdaderamente "ausentes" durante unos veinte minutos.

Lo que sabemos del Cielo es minúsculo, por supuesto, pero siempre se enfatiza la luz gloriosa, la felicidad y el deseo de Dios, que está en el centro de todo.

—¿Existen en el Cielo osos koalas, enredaderas, pinturas impresionistas y el "Coro de los esclavos" del Nabucco de Verdi?

—¡Ah! Las benditas ánimas del purgatorio me cuentan que en el Cielo se cumplen todos nuestros deseos más profundos. Y con respecto a esa pieza de Verdi, uno de los sacerdotes más queridos de Nuestra Madre, dijo una vez: "Esta música es ya una prueba de la existencia de Dios"

7. LOS ÁNGELES

—Se dice que todos tenemos un ángel. ¿Es eso cierto?

—Sí, todos tenemos un ángel custodio.

—Y cuando morimos, ¿este ángel se busca otro trabajo?

—No, no, viene con nosotros al purgatorio. Aunque mientras están allí, las almas no ven a su ángel custodio todo el tiempo.

—¡Oh! Entonces, ¿ha visto alguna vez al ángel custodio junto a la bendita ánima del purgatorio?

—No, eso no me ha pasado a mí, pero ellos siempre están ahí.

—Y cuando un alma llega al Cielo, ¿qué hace entonces su ángel?

—Su ángel se queda en el Cielo con ella. Los ángeles custodios solamente tienen la tarea de acompañar a uno de nosotros aquí en la tierra una vez.

—¿Todos los ángeles custodios tienen el mismo aspecto?

—No, no todos son iguales. Una persona de confianza que puede ver a los ángeles me contó que algunos son muy impresionantes y otros son más silenciosos. Estos últimos son los que acompañan a personas que sufren; su vestimenta es rojiza y llevan una banda alrededor de la cabeza, algo parecido a una diadema. Otros usan vestimentas blancas, son más alegres y llevan una corona; estos están al servicio de aquellos a quienes más se protege. Los ángeles de los pobres pecadores usan un rojo profundo, llevan corona en la cabeza y cruzan sus manos sobre el pecho a la vez que miran hacia el Cielo en apariencia de súplica.

—¿Cuál es la relación entre una bendita ánima del purgatorio y su ángel custodio?

—En ocasiones es una relación muy cercana; el alma del purgatorio ve a su ángel custodio y este le consuela y le protege de los ataques que pueda sufrir, a la vez que le guía y le enseña.

—¿Las personas aquí, entre nosotros, también ven y se comunican algunas veces con sus ángeles custodios?

—Sí, esto ocurre con más frecuencia de lo que se cree y debemos aceptarlo y protegerlo como una gracia enorme. Todos nosotros, cuando rezamos mucho, podemos llegar a conocer a nuestro ángel custodio.

—Cuando alguien sufre, por ejemplo, un accidente de coche en el que está seguro que le ha ocurrido algo extraordinario, la mayoría de las veces dicen que fue su ángel custodio. ¿Podría haberse tratado en cambio de un alma del purgatorio? ¿Cómo podemos distinguir entre uno y otra?

—Sí, podría haber sido una bendita ánima, pero existe una manera fácil de diferenciarlos. Si se trata de un alma del purgatorio, esa alma pedirá al mismo tiempo que se rece o se haga algo por ella. ¿Entiende? Siempre se trata de una relación de ida y vuelta. Con un ángel esto no es así. El ángel no necesita nuestra ayuda, mientras que Dios solamente permite que las almas se presenten cuando pueden pedir nuestra ayuda para su camino. Por lo tanto, si no hay una petición de oraciones de por medio, existen altas probabilidades de que se trate de un ángel.

—Entonces, si alguien no reza por las almas del purgatorio, las posibilidades de que se trate de un ángel son altas. ¿Todo aquel que desee tener protección extra debería, entonces, rezar por sus familiares difuntos?

—¡Sí, sí! Si lo hacemos, podemos estar muy seguros de que recibiremos una respuesta, porque el deseo que tienen de entrar en el Cielo con Jesús es muy grande. Un alma me dijo una vez que si antes de conducir un coche nos acostumbráramos a encomendarnos brevemente a la protección de las benditas ánimas del purgatorio y de nuestro ángel custodio, y usáramos agua bendita se reducirían en un 80% los accidentes de tráfico. ¡Un 80%! Eso llevaría a la quiebra a muchas aseguradoras y se reducirían los costes del seguro médico. Un porcentaje similar del resto de accidentes también se debe al mal.

—¿Nos protegen más los ángeles cuando se lo pedimos que cuando no lo hacemos?

—Sí, por supuesto. Nosotros solos, sin pedir su ayuda, no podríamos manejar la gran cantidad de situaciones impredecibles que pueden aquejarnos. Debemos pedirles ayuda e ignorar firmemente a quien diga o a quien enseñe implícitamente que los ángeles no existen. ¡Hasta eso se ha dicho en muchas iglesias modernas! Por otro lado, hoy en día se dicen muchas tonterías peligrosas sobre los ángeles y la mayor parte pertenece al ocultismo.

—¿Existen los ángeles negros? Y si existen, ¿quiénes son?

—Sí, existen. Son ángeles que cayeron con Satanás.

—Se habla mucho, y los medios de comunicación le prestan mucha atención, del tema de los OVNIS. ¿Confunden a los OVNIS con ángeles y viceversa?

—No, no creo que sea así. Lo explicaré de este modo. Hace poco una amiga mía me pidió que le preguntara a un alma del purgatorio si existía vida inteligente en otros planetas. La respuesta volvió unas semanas después. El alma dijo: "no". Por lo tanto, no existe vida inteligente en otros planetas. Pero esto no significa que todas las historias sobre avistamientos o abducciones no sean ciertas: muchos de los que cuentan esas experiencias no tienen ninguna intención de mentir… pero significa otra cosa. Si no existe vida inteligente en otros lugares de nuestro universo, y cualquiera que conozca bien la Sagrada Biblia y crea en ella llegaría la misma conclusión, entonces, todas esas apariciones son obra de Satanás; quiere que seamos muy curiosos, y qué mejor manera que distraemos con pequeñas criaturas verdes del vacío sideral. La curiosidad mata a mucha más gente que al gato. Por otra parte, todas las películas y series televisivas sobre civilizaciones en otros mundos pueden poner fácilmente a los jóvenes en peligro.

—¿Todos tenemos un solo ángel custodio?

—No. La persona que puede ver a los ángeles me ha contado que los sacerdotes y las hermanas religiosas tienen un ángel de más, al igual que los médicos. Si los médicos pidieran ayuda a los ángeles, muchos de nosotros estaríamos en mejor forma de lo que lo estamos. Sí, los obispos también tienen más de un ángel custodio, y lo mismo el Santo Padre.

—¿Puede nuestro ángel custodio leernos los pensamientos?

—Puede guiarnos y protegernos introduciendo pensamientos en nuestras mentes y también puede quitar los pensamientos que Satanás pone. Deberíamos pedir la protección de nuestro ángel custodio mucho más de lo que lo hacen, y deberíamos intentar desarrollar una mayor y más profunda sensibilidad hacia su presencia.

—¿Quién es el ángel más importante para nosotros y para las benditas ánimas del Purgatorio?

—El arcángel san Miguel. Él es el más fuerte contra todo mal. Deberíamos pedirle que nos proteja con más frecuencia, todos los días, no solo a nosotros, sino también a las almas del purgatorio, a nuestras familias, en la tierra o a los difuntos. ¡Si lo hiciéramos nos estarían tan agradecidos!

—¿El suyo es un caso de revelación privada a través de las almas del Purgatorio?

—Así es.

—¿Existen entonces casos de revelación privada a través de los ángeles?

—Sí, efectivamente los hay y uno de los más conocidos es el de una comunidad formada alrededor de las experiencias de una mujer austriaca que se llama Madre Bitterlich. La comunidad se conoce como "Opus Angelorum" o "El Trabajo de los Ángeles". Formo parte de ella. Pero, al igual que Medjugorje, también está hoy en día bajo continuos ataques de ciertos sectores. Las acusaciones de abusos y que en "Opus Angelorum" se controla la mente de sus miembros son tan obscenas como la acusación de que es un sacerdote en concreto quien escribe los mensajes de Medjugorje y que ha pagado al Vaticano para que se muestre favorable a estas apariciones. Y, como suele ocurrir, son quienes menos rezan, quienes menos han investigado y se han informado, son esos los que dicen cosas más negativas. ¡El último insulto contra "Opus Angelorum" es que se obliga a sus miembros a recibir la Comunión en la mano! Bendiga Dios a quien impone cosas semejantes en su nombre. Pero Nuestra Madre pronto se ocupará de todo esto.

—Si hay quienes experimentan, y a veces hasta escuchan y ven a sus ángeles custodios, ¿pueden también llegar a conocerlos como llegan a conocer a otros amigos?

—Sí, ciertamente pueden. Muchas personas conocen el nombre de su ángel custodio y requieren su ayuda todos los días para que las guíen, protejan y asistan. Durante la oración podemos discernir la presencia de nuestro ángel y hablarlo todo con él. Nuestro ángel está deseoso de ayudarnos y nunca nos dejará de lado. Y él puede ayudarnos a pasar por situaciones muy difíciles y peligrosas.

—Aparte de san Miguel, ¿cuáles son los otros ángeles importantes?

—Como se menciona en la Biblia, existen siete arcángeles, y de estos, san Gabriel y san Rafael son los dos más conocidos. San Gabriel usa vestimentas parecidas a las de los sacerdotes. Intercede especialmente por aquellos que le rezan mucho al Espíritu Santo. Es el ángel de la verdad. Ningún sacerdote debería dejar que transcurriera un día sin pedir la ayuda de san Gabriel.

San Rafael es el ángel de la sanación. Ayuda especialmente a los sacerdotes que escuchan muchas confesiones y a los propios penitentes. Las personas casadas tampoco deberían olvidarse nunca de san Rafael. Lleva una especie de delantal, un cinturón y una vara parecida al cedro en su mano derecha. Deberíamos pedir la asistencia de estos dos enormes ángeles para otras personas siempre que sea necesario. Hoy en día, los necesitamos más que nunca porque el mundo está lleno de mentiras y de dolor debido a la gran cantidad de pecados no confesados.

Por otro lado, están los nueve Coros de ángeles que forman tres jerarquías: los Serafines, los Querubines y los Tronos; las Dominaciones, las Virtudes y los Poderes; y los Principados los

Arcángeles y los Ángeles. No deberíamos dejar nunca de pedir su intercesión.

—¿Existen espíritus neutrales de alguna dase? Lo que quiero decir es ¿existen ángeles que no sean ni benevolentes ni malignos, que no trabajen ni para Dios ni para Satanás?

—No, no existen ángeles neutrales. O se quedaron con Dios y hacen buenas obras por Él o cayeron con Satanás y hacen obras malignas para él.

8. LA SANTA MISA

—¿Qué es lo que más le piden las benditas ánimas del purgatorio?

—La santa misa. La mayoría de las veces piden que se asista a misa y que se celebren misas; pero también, rezar el rosario, el Via crucis y otras oraciones.

—¿Por qué piden misas, en lugar de cualquier otra cosa?

—Porque en cada misa se da la renovación de los sufrimientos de Jesús y su muerte en la cruz. En cada misa, una vez más, Jesús reza por nosotros y con nosotros, y se ofrece al Padre por nosotros. El padre Pío, que frecuentemente sufría la pasión de Jesús durante la misa, dijo que el mundo podría existir más fácilmente sin el sol que sin la santa misa. Estas palabras deberían darnos mucho que pensar y también son, en mi opinión, proféticas. Al asistir a misa nos unimos a Jesús para salvar al mundo de la destrucción, y al ir a Jesús nos salvamos a nosotros mismos. La misa es la mayor de todas las oraciones, el más maravilloso de todos los acontecimientos del mundo, y, por otro lado, es tan misteriosa, pequeña y humilde. Al celebrar misas por las almas del purgatorio las ayudamos en formas infinitas que entenderemos realmente una vez en el Cielo cuando estemos todos juntos y con Jesús.

—¿Todos las misas a las que asistimos o que mandamos celebrar por las almas del purgatorio las ayudan de la misma forma?

—No. Depende de cuánto amó aquella alma del purgatorio la misa en vida, si fue cristiana. Si no lo fue, y por lo tanto no sabía nada al respecto, asistir a misa la ayudará mucho más aún.

—Asistir a una misa por alguien vivo, o mandar celebrar una misa por él, ¿le ayuda del mismo modo que a las almas del purgatorio?

—Asistir a misa, o mandarla celebrar, por una persona viva la ayuda mucho más que hacerlo después.

—¿Por qué?

—Porque aquí todavía podemos recibir gracias y no así cuando ya estamos en el purgatorio. Y también, porque aquí la misa ayuda mucho para proteger a esa persona de algún peligro.

—¿Existe alguna prueba física de que Jesús esté realmente presente en la Hostia consagrada?

—Por supuesto, hay muchas pruebas. Se puede leer mucho de los milagros eucarísticos que ha habido a lo largo de la historia de la Iglesia.

Solo como ejemplo, Teresa Neumann de Konnersreuth se alimentó únicamente de la Sagrada Eucaristía y de agua durante unos treinta y seis años, y aun así aumentaba de peso a medida que se iba haciendo mayor. Y hay hoy una mujer en algún lugar del norte de Francia que se ha alimentado solamente de la Hostia consagrada desde hace cincuenta o sesenta años y, hace poco, su obispo la hizo encerrar en una habitación de hospital durante dos semanas para que fuera examinada. La mujer salió igual de saludable que antes de entrar. El obispo solamente cumplía su deber y la mujer también lo hizo al ser obediente. Jesús permite milagros de este tipo para mostrar a la humanidad que verdaderamente Él es el Pan de Vida.

También se puede leer sobre el milagro de Lanciano, en Italia, donde hace ya varios siglos una Hostia se convirtió en un pedazo de carne y sangre durante las palabras de la consagración. La Hostia fue examinada en la década de 1970 y resultó tratarse de una parte de músculo del corazón humano.

Pero uno de mis milagros eucarísticos favoritos ocurrió en Langewiese, Alemania, después de que algunas Sagradas Formas hubieran sido robadas de una iglesia. El ladrón, a pesar de ser cristiano, se había dejado sobornar por una cantidad pequeña de dinero para robarlas y entregárselas a gente que querían profanarlas. Y cuando lo estaban haciendo, las hostias repentinamente comenzaron a sangrar. La sorpresa de los que estaban allí y el miedo a la justicia hizo que las envolvieran rápidamente en un trapo y las enterrasen en el bosque cerca del pueblo de Langewiese. Al poco tiempo, un aristócrata polaco pasaba por el camino cercano a estos bosques en un carruaje tirado por cuatro caballos, cuando de repente estos frenaron abruptamente y se inclinaron hasta ponerse de rodillas. Por más que se esforzaron, sus sirvientes no pudieron lograr que los caballos siguieran el camino. ¡Ni siquiera con latigazos lograban levantarlos! Fue entonces cuando el aristócrata comenzó a mirar por los alrededores y encontró el lino que contenía las formas sangrantes. La noticia se extendió rápidamente por toda la región, y el párroco de Langewiese organizó una procesión hasta ese lugar, retiró las hostias del suelo y las devolvió a la parroquia, mientras hacía sonar las campanas.

Con el correr de los siglos ha habido miles de pruebas de que Jesús se encuentra físicamente en la Sagrada Hostia, y Lanciano es justamente una de las más famosas.

—¿Conoció personalmente a Teresa Neumann?

—Solo por dos semanas no llegué a tiempo a Resl. Pero fui a visitar su tumba. Me encontraba bastante enferma por aquel entonces y, sin embargo, cuando volví ya me encontraba en perfectas condiciones de salud.

—¿Es posible que en pueblos donde se reza mucho y se celebran muchas misas por las almas del purgatorio se congreguen más que en los que hay menos oración?

—Sí, definitivamente. Las almas se acercan más a sus familiares si los vivos rezan mucho, con la esperanza de que parte de esas oraciones sean para su beneficio. En muchos casos los creyentes las escuchan y en ocasiones hasta pueden verlas. Y los sacerdotes y las personas con autoridad deben hacer saber a su gente que es normal tener novedades de sus familiares o amigos cercanos difuntos. En este mundo tan secularizado, muchas veces "escuchar voces" implica, erróneamente, una enfermedad mental, y esta idea es claramente obra de Satanás. Es cierto que algunas veces las voces se deben a enfermedades mentales y otras veces son obra del maligno, también hay muchas que son buenas y son un gran don. Pero se exagera abiertamente el concepto que generalmente se tiene de que "escuchar voces" implica exclusivamente una enfermedad metal, y se ocasiona mucho mal a personas muy sensibles y buenas. Se requiere discernimiento y experiencia para ser de ayuda en estos casos, y la mayoría de los especialistas de hoy un día no están lo suficientemente informados en el tema. Son estos especialistas quienes deberían ir a misa y rezar mucho para aprender más de los asuntos que son obra de Dios.

—En su opinión, ¿se celebran suficientes misas por las almas de los familiares y amigos difuntos que se encuentran en el purgatorio?

—No, en absoluto, y una parte importante de mi apostolado es rezar y animar para que lo hagan con mayor frecuencia. Deberíamos asistir y celebrar muchas más misas por ellos. Deberíamos hacerlo periódicamente; el día de su cumpleaños, el día de su nombre, en su aniversario de boda y en el aniversario de su muerte. También cuando nos demos cuenta de que estamos pensando mucho en ellos. Siempre hay una razón para que esto sea así, y deberíamos hacer algo al respecto inmediatamente. Debemos hacer todo lo que podamos; y ofrecerles una misa es el mayor obsequio que podemos darles.

—¿A qué se refiere por "día del nombre"?

—¡Oh, sí! Perdón. Algunas personas lo llaman el día de su santo. En su caso, sería el 6 de diciembre, la fiesta de san Nicolás. Si les enseñáramos a los niños de hoy acerca de sus santos en lugar de llenarlos con regalos materiales en sus cumpleaños, ¿no los ayudaríamos mucho más a prepararlos para la vida? Festejar los cumpleaños es importante, pero deberíamos poner el énfasis en que los hijos son un regalo de Dios y no en los regalos materiales. El día del santo también les ayudaría y les podría mostrar un grandioso modelo al que seguir. Deberíamos comentarles que este regalo viene de Jesús y de María, y también de su santo, que los protege de forma especial. No se trata solo de bellas palabras, es la verdad. Al comentarles todo esto, los niños se volverán más curiosos y más ansiosos por aprender.

—¿Entonces quiere decir que dar un nombre cristiano a un niño le ayuda y no dárselo puede herirlo, o mejor dicho, debilitarlo a lo largo de su vida?

—Sí, eso es verdad en cierta manera. El santo por el que le damos el nombre al niño lo cuidará, automáticamente, con mucho amor y con fuerza. Esta protección se pierde si al niño se le da el nombre, el que sea, Azucena, por ejemplo. Pero, por supuesto, el amor de Dios no disminuye por este motivo, aunque el niño tendrá menos intercesores y hoy en día deberíamos intentar buscarle la mayor cantidad de intercesores posibles. Estoy segura de que Dios se entristece si le negamos a un niño un intercesor poderoso. Debemos brindarles a nuestros hijos todo lo que está a nuestro alcance para su felicidad y plenitud siempre que sea posible.

—¿Le han comentado las almas del purgatorio algo que no les gusta de las misas y que las entristece?

—Sí. El así llamado signo de la paz y agarrarse de las manos durante el padrenuestro son dos ejemplos. Tienen lugar justo después de la consagración, precisamente cuando deberíamos estar concentrándonos solamente en el Señor. Es entonces cuando Jesús se encuentra más cerca de nosotros, y es entonces cuando todos nos dispersamos, buscando a quien saludar, en lugar de quedarnos en oración profunda con Él, sin interrupciones, sin distraernos con alguien a quien casi no conocemos. Es como traer los rituales sociales dentro de la Iglesia, en lugar de acercar a Jesús más profundamente a los fieles. Digo "alguien a quien casi no conocemos" para que no bajemos la guardia. Son precisamente los lugares más sagrados donde más se infiltran los seguidores de Satanás. Y el contacto físico fortalece enormemente las maldiciones que desparraman. ¡Qué felices se sienten cuando toman de las manos o incluso abrazan a los fieles justo cuando se han distraído de la presencia de Jesús! El peligro acecha, generalmente, detrás de una falsa familiaridad o una unidad forzada. Esta forma de proceder, combinada con la falta de confesión, hace que las misas de hoy en día sean una caza fructífera para quienes han elegido atormentar a los seguidores de Cristo. Debemos rezar el padrenuestro solamente con quien nos dio la mayor todas los oraciones; e ir a saludar y a dar la mano fuera, más tarde, cuando tengamos tiempo y podamos elegir con quién hacerlo. Ser una verdadera persona de oración y prudente no implica no ser sociable o tener prejuicios.

Y también está el aplauso, por supuesto, que es lo peor de todo. Las parroquias son para rezar. Jesús se encuentra en el tabernáculo, ¡¿y nos tomamos tiempo para aplaudir simplemente a otro hombre por haber dicho algo o haber hecho algo que es simpático, correcto o con fuerza?! ¡No! Al aplaudir ponemos en peligro al sacerdote, o a quien dijo esa frase simpática, y elevamos su ego en lugar de ayudarlo en su humilde misión de acercarnos a Jesús. Esto está mal. Está en contra de la devoción que debemos enseñar o todos y en especial a los jóvenes en la actualidad. Todos los jóvenes se cogen de las manos y aplauden en la escuela, y debemos mostrarles que las parroquias son solamente para encontrarnos con Dios Padre, Dios Hijo, Dios Espíritu Santo, Jesús y María. Para nada más.

—¿Fueron las propias almas quienes dijeron que el signo de la paz y agarrarse las manos les eran algo problemático?

—Sí, así es.

—¿Han dicho algo de los ministros extraordinarios de la Eucaristía?

—Sí. En condiciones normales, solamente las manos consagradas de los sacerdotes pueden distribuir la Comunión. La ley de la Iglesia dice que debe hacerse así salvo que haya "circunstancias extraordinarias", como que el sacerdote estuviera enfermo en cama. "Extraordinarias" no se refiere a que los fieles deban esperar dos minutos en lugar de diez para recibir la Comunión. Siempre debemos prepararnos en oración para recibir a Jesús, y las personas que insisten en hacer todo lo más rápido posible no saben el privilegio enorme y la fuente de gracias y de protección que obtenemos al recibir a Jesús.

Si alguien necesita pruebas de que a Dios no le gusta el modo atolondrado en que hoy en día se hacen uso de los ministros extraordinarios de la Eucaristía, puedo contar la siguiente historia sobre algo que ocurrió muy cerca de aquí hace poco tiempo.

No hace mucho falleció una mujer que solía repartir la Comunión y que había inducido a muchas otras mujeres a que obraran igual. Yo no la conocía muy bien, pero había oído hablar mucho de ella. Antes del funeral, el ataúd estaba abierto para que la familia y los amigos pudieran despedirse. En el momento previsto, se cerró el ataúd. Pero antes de que hubiera transcurrido una hora, un pariente cercano llegó tarde y le pidió al sacerdote que por favor lo abriera brevemente para poder despedirse de la difunta al igual que el resto. El sacerdote accedió y, con una o dos personas presentes, levantó la tapa y miró dentro. Fueron testigos de algo que no era lo que habían visto un rato antes. Las manos de la mujer se habían vuelto de color negro. Este signo, para mí, como para el resto, fue una confirmación de Dios de que las manos no consagradas no pueden distribuir a Jesús durante la Comunión.

Por otro lado, el llamado "altar del pueblo " también es algo que deleita a Satanás. Jesús presente en el tabernáculo debería estar siempre en el centro de la Iglesia. Al dar la vuelta al altar sucedieron varias cosas. Para empezar, la concentración de los fieles en Jesús se disipó por tener ahora la cara del sacerdote entre medias, y la cara, como todo el mundo sabe, es el punto de comunicación más fuerte entre las personas. Solamente durante la homilía deberían concentrarse los fieles en el párroco, en su palabra y en su rostro. Al dar la vuelta al altar se dejó a Jesús en un lugar secundario, lo que dio como resultado el que se lo dejara en un costado y luego, por último, como sucede hoy en día en muchas iglesias, totalmente separado, en un ala distinta o hasta en una habitación totalmente separada. Precisamente esto es lo que Satanás tenía en mente desde el principio, ¡deshacerse de Jesús!

—¿Hay otros casos de revelaciones privadas en los que también se han expresado quejas sobre estos asuntos, similares a lo que las almas le han dicho?

—Así es. Una aparición mariana que me comentó alguien de confianza confirma ciertamente lo que las almas dicen. Esta aparición tuvo lugar durante el transcurso de una misa, algunos minutos después de la consagración. Nuestra Madre se le apareció a la vidente que se encontraba allí como lo hace habitualmente. Sin embargo, en esta oportunidad no rezó ni habló con la vidente y desapareció segundos después de bendecir al pequeño grupo. Cuando las demás personas presentes le preguntaron por qué había ocurrido todo tan rápido, su respuesta (con un movimiento de la mano) fue: "Porque Jesús estaba parado allí". Entonces, si Nuestra Madre no cree que sea apropiado comunicarse con alguien mientras Nuestro Señor está presente en cuerpo y sangre, ¡¿cómo se atreve alguien a interrumpir nuestra comunicación con Él?!

Y recientemente se ha publicado que distribuir la comunión en la mano era la cuarta advertencia dada a la religiosa que vio a Nuestra Madre en Akita, Japón. Escuchar esto me puso muy contenta.

—¿En su opinión, cada cuánto deberíamos asistir a misa?

—Todos los días. ¿Se sorprende?; no se sorprenda. Para acercarnos más a Dios debemos, primero, buscar tiempo para él con un poco de disciplina. ¿No nos regaló Él la vida y el tiempo? Entonces, ¿tanto nos cuesta devolverle una parte de cada día a cambio? Sé que la sociedad actual nos tiene a todos programados para correr de un lado a otro con innumerables excusas para negar lo que necesita el tercio de nuestro ser que consiste en lo espiritual. El hombre necesita alimento tanto para su cuerpo como para su mente y para su vida espiritual. Si se ignora alguna de estas tres dimensiones, nunca podremos alcanzar el equilibrio y la plenitud, y por lo tanto, permanecemos incompletos. Dios nunca quiere que alguien se retrase. Le aseguro, de corazón, que una vez que le damos este tiempo a Jesús, nos sorprenderemos pronto de poder haber vivido antes de otra forma. Dios nos trae tanta paz, tanta fuerza y felicidad…. Jesús no es una más de las ayudas psicológicas, es Dios, y, por lo tanto, nuestro verdadero y único mejor amigo.

El mencionar la misa diaria me recuerda a una señora del purgatorio que se me apareció. Cuando le hice la pregunta acostumbrada, respondió: "Vaya y dígale a mis hijos que seré liberada cuando ellos ofrezcan setenta y cinco misas de diario por mí. Me encuentro en el purgatorio porque no les enseñé el valor de la misa de diario". Entonces me comuniqué con esta familia y les dije lo que su madre me había dicho. No era una familia pobre, y uno de los hijos comentó: "Bien, pediremos que se celebren setenta y cinco misas, y ya está". "No", les dije firmemente, "eso no sirve, porque la razón por la que todavía está en el purgatorio es por no haberos enseñado el valor de asistir a misa los días laborables. Debéis asistir juntos a setenta y cinco misas y llevar a vuestra madre en el corazón como única intención. Eso es lo que quiere de vosotros". Después de vaguear un poco, aceptaron. Verá,

Dios tenía un plan aún más grande para ellos. Desde que les di esta noticia puedo decir, con seguridad, que han continuado asistiendo a misa casi diariamente; y de esta forma, lo que recibieron fue diez veces más que simplemente saber que su madre se encontraba en el Cielo. Quizás hasta ahorraron dinero (risas).

—Entonces, ¿es importante un equilibrio cuidadoso de nuestras tres dimensiones para alcanzar la plenitud en esta vida?

—Sí, así es. Si la sociedad nos dice que el espíritu ya no es necesario en este mundo gobernado por la ciencia y la psicología; pero es algo que se contradice directamente con los hechos. ¿Por qué cientos de personas vuelan a la India a sentarse y cantar salmos en la orilla del Ganges? ¿Y por qué las sectas y las sociedades secretas tienen sus salones colmados de personas en cada ciudad? Debemos ocuparnos del lado espiritual de las personas con alimento y con bebida de la misma forma que también debemos ocuparnos de las otras dos facetas de las que estamos constituidos.

En la actualidad hay mucha ignorancia y confusión cuando el mundo, tan secularizado, se encuentra con personas que tienen dones espirituales. No hay problema en aceptar a las personas físicamente dotadas, y de hecho, se las llena de dinero y se las entroniza, especialmente a los ojos de los jóvenes. Luego están las personas mentalmente superdotadas, que usan sus dotes en favor de las masas. Y cuando aparece una persona espiritualmente dotada, el mundo se confunde muy fácilmente porque en este caso se necesita aún más discernimiento y amor para saber si proviene o no de Dios.

La mayoría de las personas han oído hablar, al menos, que los poseídos por el demonio logran en ocasiones una fuerza física enorme y grandes habilidades. No muchos saben que Satanás era el más inteligente de todos los ángeles y que puede fácilmente, por lo tanto, unir sus fuerzas con aquellas personas a quienes el mundo de hoy reconoce como a las más inteligentes. Y cuando se da el caso de una persona con unos especiales y delicados signos espirituales, muchas veces la relegamos a un manicomio, excepto en el caso de que ofrezca lo que a nosotros tanto nos gusta, como por ejemplo, éxito, dinero, poder, amor falso y demás.

Cuando buscamos quiénes son los más queridos y a los que de verdad se les respeta, veremos que siempre se trata de aquellos que acompañan sus dones especiales con la humildad, porque han sabido reconocer que lo que tienen es solamente un regalo de Dios, y que por lo tanto son meros vehículos de su grandeza.

La persona dotada físicamente también debe ocuparse de su mente y de su alma, así como quienes recibieron una inteligencia elevada deben ciertamente ocuparse de su cuerpo y de su alma. Por lo tanto, las personas dotadas espiritualmente también deben ocuparse de su parte física y mental. Dios siempre quiere que haya humildad y equilibrio en todo lo que hacemos. El equilibrio es muy importante. La santa misa es el lugar en donde se unen en forma perfecta estas tres dimensiones: la verdadera presencia de Jesús para el alma, la palabra y otras enseñanzas para la mente, y el pan y el vino para el cuerpo.

—¿Qué ocurre o cómo nos debilitamos cuando no hacemos caso de nuestra faceta espiritual?

—Si esa faceta tan importante permanece inactiva, buscaremos inconscientemente un sustituto, un sostén donde apoyarnos para compensar esa ausencia. Así, muchas veces se cae fácilmente en las drogas, en el alcohol, en el sexo, en una total dependencia por conseguir dinero, poder o estatus social o en huir a alguna secta que prometa paz y plenitud, donde no se avisa de que quienes lideran la secta están en comunión con espíritus malignos.

—María, ¿y la Misa es lo que mejor llena esta necesidad, más que cualquier otra cosa?

—¡Sin duda! La misa es la forma más poderosa que tenemos de alcanzar a Dios; es la oración más poderosa que nos ha dado Dios. Su amor por nosotros, todo su sacrificio por nosotros, se hace vivo a través de la misa, en formas que no podemos imaginar.

—¿Qué es entonces lo más acertado que podemos hacer por las almas difuntas cuando se trata de ofrecer una misa por ellas?

—Lo más rápido (y lo más cómodo y menos cariñoso) es contentarnos con un pequeño ofrecimiento y que el sacerdote lo anote en su libro de intenciones. Es mucho mejor (y hay pruebas que evidencian que se dan más purificaciones y liberaciones cuando un familiar o un amigo cercano acude como penitente) asistir a la misa por el difunto. Lo mejor para ayudar a las almas es pedir que se anote el nombre del difunto en el libro de intenciones y que alguien esté presente para que interceda por él. Esta es la forma más completa, la más precisa, la más pura y la más afectuosa de todas.

En cuanto al hecho de escribir sus nombres en el libro de intenciones, lo mejor sería que solamente pidiéramos por un solo nombre en cada misa. Sé que hoy en día, debido a la gran falta de sacerdotes y, por lo tanto, de misas, a veces es casi imposible. Lo más usual en la actualidad es inscribir unos tres nombres; pero entonces, ¿cuál es la diferencia con anotar treinta nombres por misa? En especial hoy, que las parroquias necesitan tanto de fondos. Debería ser un solo nombre. Yo encargo las misas en el monasterio carmelita de Fátima, que no solo me aseguran que solo piden por una sola persona en cada misa sino que también tienen una gran necesidad de fondos.

Si queremos hacerlo bien, hay que recordar que el tiempo y el espacio no juegan ningún papel, por tanto, no es necesario asistir a la misma misa que se encargó por aquella persona. Si tenemos presente este dato, podremos evitar muchos conflictos a causa del calendario o aliviar los inconvenientes de los desplazamientos.

Cuando se trata de tiempo y espacio hay que tener presente que Dios es Dios. He visto en muchos casos que las purificaciones ocurrían mucho antes de que se celebrara la misa. Con esto no solo me refiero a liberaciones de almas del purgatorio al Cielo, sino también a cargas entre las personas vivas que desaparecían cuando quedó acordada la necesidad de la misa. Dios, en esos casos, sabe que la intención es buena y que se hará después, y Él nunca quiere hacer sufrir a alguien un minuto más de lo necesario.

—¿Puede contarme de algún incidente en donde un alma le haya manifestado claramente que asistir a misas extras por ellas es necesario y bueno?

—Sí. Conocí a una muchacha joven que deseaba hacer más por las almas y cuando le preguntó a su madre qué podría hacer, esta le sugirió que asistiera a dos misas los domingos en lugar de una. Así lo hizo durante un tiempo. Pero poco después el párroco notó que estaba asistiendo a dos misas los domingos y le preguntó por qué lo hacía. La joven contestó que lo hacía por las almas. El párroco no entendió la respuesta y hasta le dijo que la segunda misa no era válida y que estaba perdiendo el tiempo. Descorazonada y sorprendida, la muchacha dejó de hacer lo que había empezado. Luego, al poco tiempo, murió el párroco y se le apareció a esta muchacha desde el purgatorio, y le dijo que no sería liberado hasta que ella asistiera a todas las misas que él le había impedido por haberla aconsejado tan mal. ¡Habrá muchas personas que se lamentarán mucho en un futuro por haber dado consejos de este tipo, tan comunes hoy en día!

—Hace poco mencionó el mundo de la ciencia. ¿Le han dicho algo las benditas ánimas del purgatorio que, por así decirlo, corrija algo que los científicos de hoy en día sostienen como verdadero?

—En este momento solo puedo pensar en un caso. Se trataba de alguien que preguntaba sobre el lugar en que vivió Eva y los años transcurridos desde entonces. Algunos científicos de Estados Unidos y de otros países creen, sobre la base de unos estudios muy sofisticados, que vivió hace 250.000 años en el norte de África o en Asia Menor. Le pregunté a las almas si esa respuesta se aproximaba a la verdad. ¡Me dijeron que era un error! Lo que significa que aquellos científicos aún tienen mucho que investigar.

9. LOS SANTOS

—¿Juegan los santos algún papel importante para las benditas ánimas del purgatorio?

—San José puede ayudarnos a evitar el purgatorio y deberíamos pedirle constantemente a los santos a quien tengamos devoción que intercedan por las personas queridas que se encuentran allí. Las oraciones de los santos ayudan mucho a quienes están en el purgatorio. El santo patrono de las almas del purgatorio es san Nicolás de Tolentino.

—¿Mencionan las almas del purgatorio a los santos alguna vez?

—No, hasta el momento no me los han mencionado de manera específica, pero sí mencionan a los ángeles y en especial a san Miguel, que es tan importante.

—¿Qué les diría a los cristianos que se cuestionan la importancia de los santos?

—Les diría que ignorarlos en una pérdida inmensa. Si leemos sobre su vida y sobre lo que hicieron fortaleceremos nuestra fe. Muchas historias de santos hacen que los libros contemporáneos de cualquier tipo parezcan ridículos, se lo aseguro. Dios tiene buenas razones para darnos a los santos. Y es muy necesario y fructífero pedir su intercesión por nosotros o por otras personas. Si nos apoyamos en ellos, contaremos con unos abogados poderosos cuando nos encontremos ante el Trono de Dios.

—¿Hay santos que viven entre nosotros en la actualidad?

—Sí, muchos. En estos tiempos en los que vivimos, tan peligrosos e inestables, de tanto pecado, la gracia de Dios abunda y eso hace que haya muchos santos. Pocas veces los veremos en los titulares de los periódicos, porque la mayoría de las veces permanecen ocultos hasta llegar al Cielo. Eso es así porque es su humildad y obediencia lo que los hace santos principalmente, y los humildes nunca quieren que se les vea o que se les preste atención. Como todos sabemos muy bien, las malas noticias se extienden rápidamente y dan mucho dinero. Las buenas noticias se difunden muy lentamente y no atraen a los medios. Las buenas noticias no venden.

—¿A quién consideraría santo en este siglo?

—Al padre Pío; al papa Juan Pablo I, que fue asesinado por su bondad y por reconocer a Satanás entre los masones que han penetrado con fuerza dentro de los muros del Vaticano.

A Maximiliano Kolbe y a otro sacerdote polaco más reciente, ¿cuál era su nombre? El sacerdote al que la policía secreta torturó, y luego le ató con alambres y lo ahogó. Popolisko o algo parecido. Este sacerdote ha aparecido al lado de Jesús vestido de colores rojo y blanco como los mártires. Podría pensar en otros más, pero sé que algunos de los santos más grandes todavía están entre nosotros, escondidos y protegidos. En el norte de Italia, por ejemplo, se da el caso de un párroco que iba a celebrar la misa a unas religiosas y estas tenían que cerrar las ventanas que estaban en lo alto de la iglesia antes. ¿Sabe por qué? Porque durante la consagración, el párroco entraba en un éxtasis tan profundo y tan cerca de Jesús que se elevaba del suelo. ¡Las hermanas no querían que se saliera de la parroquia! Cuando comenzó a hacerse conocido el caso, el obispo del lugar suspendió sus misas en público porque, evidentemente, causaban una gran conmoción. ¡Imagínese lo que debe sufrir aquí, viendo cómo está el mundo hoy en día! ¡Qué cosas tan extravagantes le habrán diagnosticado los psiquiatras que no son creyentes! Me gustaría saberlo.

Sí. Diría, con certeza, que hay muchos santos hoy en día, pero es comprensible que la Iglesia sea muy cuidadosa y deba discernir cuidadosamente el proceso de canonización, que comienza solamente cuando llegan al Cielo.

—¿Cuáles son los conceptos equivocados que se tienen hoy en día sobre los santos?

—¿Conceptos erróneos? Creo que el error más común es pensar y afirmar que han recibido gracias que los demás no tenemos, y que, por lo tanto, no podemos llegar a ser tan santos como ellos. Decir: "Gracias a Dios no fui elegido para ser santo" es como poner la tirita antes de la herida y es una pobre excusa. Si quienes dicen este tipo de cosas se hubiera portado igual de bien que ellos, entonces también habrían recibido más y mayores gracias. La justicia de Dios se basa en darnos a cada uno las mismas oportunidades para llegar a ser santos.

—¿Los santos se enfadan?

—Sí, por supuesto que se enfadan; y en especial cuando son testigos de actos en contra del honor de Dios y del amor, sin importar las circunstancias. Sentir rabia y estar enfadado no es un pecado, pero lo que sí se tiene en cuenta es lo que hacemos mientras estamos enfadados. Está permitido enfadarse cuando existe un verdadero motivo y Dios mismo quiere que sea así. ¿No estaba Jesús enfadado cuando echó a los mercaderes del Templo? ¡Sí que lo estaba! Y todavía lo está hoy en día cuando hay quien solo busca el dinero y el provecho personal de un lugar sagrado o de las cosas de Dios.

—Teniendo en cuenta que efectivamente todos los santos son diferentes entre sí, ¿cuáles son, en su opinión, los rasgos de personalidad más comunes entre ellos, aparte de la humildad?

—Aman a todas las personas, sin importarles quiénes sean. Ven el bien en todos. Perdonan a todos y están dispuestos a hacer cualquier cosa por Dios y por cualquiera de sus seguidores, sin importar las dificultades. También me gustaría aclarar que los santos siempre parecen tener un respeto especialmente profundo y cariñoso por los más jóvenes y los más ancianos.

—¿Cree que ha conocido personalmente a algún santo?

—Sí. Por ejemplo, una mujer que vive allí abajo en el valle, en el pueblo de Schnifis. Se encontraba postrada en cama desde hacía un largo tiempo, con las piernas inválidas y, creo, en constante dolor. Y cada vez que la visitaba estaba radiante. Entonces le pregunté cómo podía estar tan alegre todo el tiempo. Respondió que sabía que estaba salvando a muchas almas para Dios y creía que era un privilegio poder hacer esto por Él. Creo que fue una verdadera santa.

—¿Me podría decir los nombres de algunos santos que aún viven en la actualidad y que conozca usted?

—No. Eso les traería un sufrimiento innecesario, los pondría en peligro y debilitaría su profunda humildad.

10. ENSEÑANZAS DE LA IGLESIA Y DE LA BIBLIA

—¿Quién a lo largo de la historia de la Iglesia podría confirmar con más autoridad lo que nos cuenta usted del purgatorio?

—Jesús.

En el evangelio de san Mateo, Jesús dice: "Te aseguro que no saldrás de allí hasta que hayas pagado el último centavo". Y se refiere al pecado. Luego, más adelante, haciendo referencia a los pecados contra el Espíritu Santo, Jesús dice que tal pecado "no será perdonado ni en este siglo ni en el venidero". Aquí Jesús nos dice claramente que hay pecados que serán perdonados en el otro mundo. Puesto que el infierno es definitivo, y en el Cielo no existe el pecado ni ningún efecto del pecado en absoluto, el "mundo siguiente", ese mundo intermedio, se ha conocido durante mucho tiempo y hasta el día de hoy como purgatorio.

En épocas recientes, nombraría al papa san Pío X, un papa muy importante a los ojos de muchos. En su época se quiso innovar con muchas ideas modernas, pero él se negó y se enfrentó a ellas.

También debería nombrar a san Agustín, a santo Tomás de Aquino, a santa Brígida y muchos otros. Al padre Pío, a Teresa Neumann, a María Anna Lindmayr, a Anna Catalina Emerich, al Cura de Ars y al cardenal Journet; investigando un poco se pueden encontrar muchos más.

—¿Existen otras personas que hayan experimentado lo mismo que usted?

—Sí, existen varias personas muy conocidas y otras que no lo son. El padre Pío veía a las almas del purgatorio con frecuencia; existen muchos libros acerca de su vida. También santa Catalina de Génova, Juan Bosco, Cristina de Bélgica y santa Brígida.

—Todas esas personas son santas. Y se encuentra acompañada de santos. ¿También usted es santa?

—¡Por Dios, no! ¡Estoy muy, muy lejos de ser santa! Las benditas ánimas del purgatorio me han dicho que muchos otros hubiesen manejado este tema mejor que yo. No por vivir una experiencia como la mía, o por tener una revelación privada, somos santos. Si es por eso, conozco a una mujer que tenía el mismo carisma que el mío, que con el correr de los años se volvió orgullosa y su alma acabó perdiéndose.

Todos tenemos la misma oportunidad de llegar a ser santos, incluso aquellos que no reciben ninguna revelación privada. Justamente porque se me ha dado esta experiencia, para mí es mucho más difícil llegar a ser santa, puesto que se me ha dado mucho más que a otros. Trato de obrar bien; pero al igual que los demás, caigo muchas veces.

—Antes me dijo que las almas pueden leer. ¿Podría considerarse como un buen gesto, y un gesto de amor, tener una Biblia abierta para que lean, por ejemplo, el evangelio de San Mateo?

—Sí, podría, pero solo las ayuda por tratarse de un gesto bueno y simpático, lleno de cariño y de confianza; pero dudo mucho que les sirva para algo leer ese texto ya habiendo visto la luz de Dios por ellas mismas. La Palabra de Dios es solamente para los vivos.

—¿Le han dicho algo las benditas ánimas del purgatorio sobre los hombres ya casados que quieren ser sacerdotes? ¿Es correcto?

—Sí, me han dicho que lo es, pero solo si la mujer desea acompañar a su marido, y esto significa que está dispuesta a vivir en una sede separada. Sin embargo, las almas dicen que no está permitido que los sacerdotes ordenados contraigan matrimonio y, al mismo tiempo, sigan siendo sacerdotes.

—Jesús dijo que es difícil que los ricos entren en el reino de Dios. ¿Qué le han contado las benditas ánimas del purgatorio sobre esta frase?

—Depende del amor al prójimo. Si los ricos hacen buenas acciones por los pobres, por supuesto que ellos también irán al Cielo tan rápido como cualquier otra persona. Sin embargo, es más difícil cumplir la voluntad de Dios cuando uno está cargado de riquezas y tiene la necesidad de protegerlas y administrarlas. Generalmente los ricos se preocupan más por los bienes materiales que aquellos que no tienen más alternativa que depender de la ayuda de los demás. Y en la Iglesia encontramos cada vez menos gente rica. Cuando Jesús pronunció estas palabras, también se refería al reino de Dios en la tierra, porque su reino también está aquí. Podemos formar parte de su reino aquí en la tierra de la misma forma que también podemos formar parte del infierno. Dios nos invita a escucharle, en lugar de al César o a Satanás. Jesús nos quiere en el Cielo con todas sus ansias, y esta es una de las miles de invitaciones para que caminemos libres de todas las cosas que nos empujan fácilmente hacia abajo.

—De los dos hombres crucificados junto a Jesus, ¿qué fue lo que hizo el bueno para llegar al Cielo?

—Reprendió al otro, que todavía se burlaba del Salvador. Le dijo que mientras que ellos sí se merecían aquel sufrimiento, Él lo había aceptado sin haber cometido falta alguna. Simplemente porque le dijo "sí" a la voluntad de Dios y reconoció la inocencia de Jesús.

—En cuanto a las enseñanzas de la Iglesia durante estas últimas generaciones, ¿cuáles piensa que fueron los errores que hicieron que tantos se alejaran de la iglesia y perdieran la fe?

—Eso no es culpa de lo que enseña la Iglesia. Quienes se encontraban en posición de autoridad dejaron de enseñar a los jóvenes que Jesús es todo bondad y todo amor. Predicaron demasiadas amenazas y poco acerca del amor. No enseñaron casi nada acerca de la belleza de la oración y del ayuno. Dejaron de lado a Nuestra Madre y al arcángel san Miguel, ignorando a dos de los mayores intercesores, y las consecuencias fueron drásticas. Resumiendo, diría que se debe a la falta de todo esto: amor, oración, ayuno, penitencia, Nuestra Señora y san Miguel; así se ha permitido que Satanás ganase terreno en todos los frentes.

—¿Hay algún pasaje de la Biblia que crea que confirma lo que ocurre cuando rezamos por los difuntos?

—En la Biblia podemos encontrar mucho sobre este tema, pero el pasaje más claro y, probablemente más completo, es la historia de la resurrección de Lázaro. Hay prácticamente cientos de referencias sobre la necesidad y lo bueno de rezar por los difuntos. En la segunda Carta a Timoteo, san Pablo reza por los difuntos. Y aún en el Antiguo

Testamento, Judas Macabeo envía limosnas a Jerusalén para que se ofrezcan sacrificios por los pecados de los difuntos.

—Hay cristianos que dicen que sin Jesús somos solo polvo. Y otros dicen, que cuanto más nos acercamos a Jesús acabamos convirtiéndonos en meras marionetas. ¿Cómo respondería a estos comentarios?

—¿Hay cristianos que dicen esas cosas? Mmm…

El primer comentario suena correcto y puede ser una referencia exagerada al hecho de que no sería posible vivir sin adorarlo cada día. Pero en verdad este no es el caso. Las personas siempre son mucho más que polvo, estén o no cerca de Dios; el amor de Dios por ellas no cambia nunca. Su amor permanece siempre infinito y solo ese amor es lo que hace que cada persona sobre la tierra sea infinitamente más que el polvo. ¡El padre Pío dijo que Dios valora cada alma mucho más que al universo entero!

Y en cuanto a los cristianos que se vuelven marionetas de Dios, es lo más alejado de la verdad que he oído. Cuanto más cerca estemos de Dios más libres nos volvemos, y no al contrario. Ser una marioneta implica perder nuestra libertad de hacer el bien. Uno de los mayores regalos que nos hace Dios es la libertad que nos ha dado para hacer buenas obras; con el tiempo solo podría arrebatárnosla Satanás. Estar poseído significa estar dominado por Satanás.

Estos cristianos a los que menciona deberían rezar mucho para que Dios les muestre de qué se trata el verdadero amor divino.

—¿Le han pedido las benditas ánimas del purgatorio algo que sea, ante la falta de una mejor palabra, más material, pero que también sea una enseñanza de la Iglesia?

—Bueno, varias veces me han pedido que les diga a todos que hagan más donaciones a las misiones. Yo me he negado siempre a que me den a mí dinero para eso porque pienso que cada uno debería ir a su parroquia. Es muy importante ayudar a extender la palabra de Dios por todo el mundo. Se reciben muchas gracias cuando lo hacemos, borramos muchos pecados y aceleramos así nuestro viaje al Cielo. Sin embargo, para recibir todas las gracias que Dios está dispuesto a darnos por nuestro gesto, hay que hacerlo de modo silencioso. Si hacemos una donación con mucha publicidad, las gracias que recibiremos serán mucho menores.

—Algunas personas dicen que no podemos intentar cambiar a los demás, solo podemos cambiarnos nosotros mismos. Por lo que me ha dicho esto parece ser parcialmente cierto. ¿Qué piensa al respecto?

—Es cierto que lo primero que quiere Dios de nosotros es que luchemos cada día por acercarnos más y más a Él. Se puede ver lo justo que es esto. Todos tenemos las mismas oportunidades de mejorarnos a nosotros mismos, pero lo que Dios nos ha dado no termina ahí. Dios nos ha dado como poderosos intercesores a María, a los ángeles, a los santos, a las almas del Purgatorio y a cada uno de nosotros. Cuando enumeramos todo lo que Dios nos brinda, observamos que podemos hacer que sucedan cambios en las circunstancias de los demás y así, en consecuencia, cambiarán su forma de ser. Y también tenemos la responsabilidad de ayudarles. Se trata solamente de una muestra de amor hacia nuestro prójimo, especialmente cuando Dios quiere también que amemos e invoquemos intercesores para nuestros enemigos.

Con amor podemos ayudar a que nuestros enemigos cambien de comportamiento solamente reconociendo nuestros propios pecados y pidiéndole a Dios que intercedan por ellos. Tengamos un poco de fe, insistamos en seguir amando, pidámosles cosas a los amigos de Dios y le aseguro que muchos de esas personas sin amor cambiarán su forma de ser.

—¿No es cierto que mucho de lo que se han quejado las benditas ánimas del purgatorio son aspectos que han salido del Concilio Vaticano II? ¿Qué piensa usted sobre el Concilio Vaticano II?

—Sí, muchos de estos asuntos modernos han salido en el tiempo del Concilio, por así decirlo, pero estos cambios no tienen nada que ver con el espíritu del Concilio. En la esencia del Vaticano II hay mucho bien e indudablemente el Espíritu Santo ha obrado con fuerza. Por ejemplo, estuvo muy bien el que se empezara a reconocer a Dios más claramente en las otras denominaciones cristianas; y también el acento por el ecumenismo, que fue un tema fuerte en el Concilio. Sin embargo, como suele ocurrir con todo lo sagrado, Satanás está al acecho al otro lado de la puerta, y ataca, divide y causa disturbios siempre que puede en la periferia, con el fin de debilitar lo que esté en el centro. Y para ser todavía más precisa, los seguidores de Satanás se encuentran mucho más organizados y son más insistentes que la mayoría de los católicos. Me han dicho al menos tres fuentes de mucha confianza que los masones se juntaron ya en 1925 para empezar a promover la comunión en la mano. ¡Les llevó un poco de tiempo pero ciertamente lo lograron!

Y en cuanto a todas esas otras cosas modernas que algunos creen erróneamente que fueron fruto del Concilio, puedo asegurar que no es así, y que los masones se organizaron por adelantado dentro del Vaticano con el solo propósito de reforzar el poder de Satanás dentro de la iglesia. Cuando se les preguntó a los obispos de todo el mundo sobre la posibilidad de permitir que se distribuyera la Comunión en la mano, la gran mayoría votó en contra. Por otro lado, en ningún lugar de los documentos del Vaticano II se puede encontrar mencionada, ni siquiera una vez, la comunión en la mano, y el mismo papa Pablo VI dijo después del Concilio que el humo de Satanás había penetrado en el templo de Dios con la intención de ahogar los frutos del Concilio. ¡Estaba tan en lo cierto!

Y un buen ejemplo de algo muy bueno que salió del Concilio, y que después también se modernizó demasiado, es la Renovación Carismática. Fue algo muy bueno en los primeros años; pero repito, sin la presencia de Nuestra Madre ¡simplemente no hay renovación! Hoy en día, ese movimiento se encuentra muy fragmentado y solamente podría volver a unirse si sus líderes incluyeran a la Virgen en todas sus actividades. ¡No se olvide ni por un minuto que Nuestra Madre se encontraba en la habitación de arriba cuando descendió el Espíritu Santo!: Su modernización ha permitido que Satanás la fragmente de forma muy eficiente.

Y si pensamos en los diversos Concilios que se han dado en la historia, se ve claramente que después de cada uno viene un tiempo de confusión. Este Concilio ha sido el más largo hasta el día de hoy, ¿no es cierto? Toda esta confusión, sin embargo, pronto se asentará.

—Efectivamente fue el más largo, pero volvamos a la Renovación: ¿tiene algún consejo para aquellos que pertenecen a ella?

—Sí, deberían hablar menos, ser más humildes y rezar más. La fe y los sentimientos no deben mezclarse.

—¿Alguna vez las almas han respondido a una pregunta que usted u otra persona formulara, cuya respuesta estaba más allá de lo que la teología acepta?

—Bueno, quizá, y desearía el consejo de los buenos teólogos, si no tuvieran inconveniente en contestarme. Recuerdo que alguien preguntó una vez si solo los niños abortados van al limbo, en vez de al purgatorio o directamente al Cielo, o si también van allí los niños que nacen muertos y los más pequeños por falta de oración. A esto, un alma respondió: "Entre los más jóvenes también hay algunos adultos". Con respecto a esto, debo admitir que no sé qué circunstancias pueden permitir que esto ocurra.

—Entonces, ¿esto quiere decir que deberíamos, de cuando en cuando, ofrecer una misa u otras oraciones por aquellos que se encuentren en el limbo?

—Sí; parece que deberíamos hacerlo, pero es muy poco lo que tenemos que hacer para que Jesús se los lleve al Cielo. Una misa seguro que permitirá a un gran número de almas que sean recibidas en el mejor de los lugares.

11. LOS OBISPOS Y EL PAPA

—María, ¿se le ha aparecido algún obispo?

—Sí; varios. Un italiano y un norteamericano, entre otros, cuyos nombres no pude averiguar. Un alma me contó de un cardenal alemán que estuvo bastante cerca de nosotros, aquí. El alemán y el italiano deben permanecer en el purgatorio hasta el día en que se prohíba recibir la Comunión en la mano, y el norteamericano deberá permanecer en el purgatorio hasta el día en que la Comunión en la mano se prohíba en todos los Estados Unidos y se reinstaure la Comunión en la lengua. Pasado un tiempo, pregunté de nuevo cuáles eran sus nombres pero tampoco recibí ninguna respuesta.

Con respecto al cardenal alemán, me contó el padre Matt que en el lecho de su muerte expresó que había cometido un gran error al promover la Comunión en la mano. Como siempre ocurre, nunca se publica esta clase de hechos, y por lo tanto se produjo el daño.

Podemos aliviar sus almas, pero no liberarlas.

—¿Han dicho algo más las almas del purgatorio de los obispos?

—Sí. Me han dicho que, especialmente en estos tiempos en los que muchos se han modernizado, deberían cambiar su forma de actuar o el purgatorio será para ellos excesivamente doloroso, intenso y prolongado. Los movimientos en pro de la ordenación de mujeres, como ha ocurrido en la iglesia de Inglaterra recientemente, es algo de lo más preocupante hoy en día, al igual que el movimiento para hacer neutro el lenguaje litúrgico con el objeto de satisfacer a los feministas dentro de la Iglesia. Debo realmente rogarles que dejen de hacerlo y que escuchen al Santo Padre o se arrepentirán muchísimo en el futuro. Y probablemente esté usted al tanto de que el Santo Padre ha repetido recientemente un fuerte "no" sobre este tema.

También otros movimientos de la misma naturaleza, como aquellos sacerdotes que piensan que también a ellos se les debería permitir contraer matrimonio, me demuestran, a mí al menos, que dedican muy poca parte de su tiempo a rezar y a escuchar a Dios.

—¿Qué le diría a las mujeres que con buenas intenciones y siendo muy creyentes dicen que también deberían tener derecho a poder ordenarse como sacerdotes?

—En primer lugar, les diría que le recen mucho al Espíritu Santo para que las ayude a esclarecer el tema; luego les pediría que respondan ellas a los hombres que con la mejor de las intenciones también querrían tener el derecho de concebir y de dar vida, y de alimentar a los hijos. Son dos anhelos errados y, por lo tanto, no están dentro del plan de Dios. Si Jesús hubiese querido que las mujeres también pudieran ordenarse como sacerdotes, María, la más santa de todas las mujeres, hubiese estado presente en la Última Cena, ¡y no lo estuvo! Jesús no estableció las cosas de otro modo; y repito, Dios sabe muy bien qué es lo mejor para nosotros. Todo lo que sea contrario a Dios trae confusión, y la confusión es uno de los productos más claros de la acción de Satanás.

—¿Se encuentran en el infierno algunos de los cardenales y obispos que usted conoce que promovieron la Comunión en la mano sin el consentimiento del Papa?

—Sí, algunos están en el infierno, pero no puedo asegurar que se perdieron únicamente debido a eso. Sé que también hay otros motivos que se han sumado. Pero no se puede decir que sea eso lo que causó la pérdida de sus almas.

—Antes mencionó a los masones en el Vaticano. De todos los numerosos cardenales que rodean al Papa, ¿cuántos de ellos son masones?

—No conozco el número exacto, pero muchos de los cardenales ya eran masones cuando Juan Pablo II comenzó a ser nuestro Papa. Desde ese entonces, nuestro Santo Padre ha nombrado muchos cardenales nuevos, ciertamente no masones, así que su número es menor hoy en día. Aun así todavía quedan varios masones y están muy cerca del Santo Padre.

—¿Qué le han comentado las benditas ánimas del purgatorio sobre el Santo Padre actual?

—Me han dicho que hemos de rezar mucho por él porque se encuentra constantemente en gran peligro. Pero a ello debo agregar que muchas almas del purgatorio lo están protegiendo. Por otro lado, el Santo Padre ya ha tomado las medidas oportunas para que su sucesión en el papado sean adecuadas.

—María, ¿el Santo Padre sabe de usted, de sus experiencias y de su apostolado?

—Sí.

—Ahora que sé la importancia que da a la humildad y a la obediencia, y de manera especial a sus directores espirituales y a los obispos, ¿puedo entonces presuponer que mientras continúa con su apostolado por las almas también obedece en todo momento al Papa Juan Pablo II?

—¡Sí, por supuesto! Si no lo hiciera así sería una gran hipócrita. ¡Por supuesto que soy obediente al Papa! Al ver su gran potencial para la santidad, Nuestra Madre lo crio y eligió. Y ante esas enormes gracias que Nuestra Madre le dio, el Papa respondió decidiendo públicamente que su lema sería "Totus tuus". Le tengo mucho cariño y mucho respeto, y rezo por él constantemente. Y aunque no me identificara tanto con él y supiera otras cosas acerca de él, siempre le seria obediente porque eso es lo que Dios quiere de nosotros; ya que él y solo él es el verdadero sucesor de san Pedro, la roca sobre la que Jesús construyó su Iglesia.

—Entonces, ¿tanto usted como sus experiencias y su apostolado tienen la bendición de nuestro Santo Padre actual, el Papa Juan Pablo II?

—Sí, tengo su bendición para seguir con mi apostolado.

—¿Alguna vez han venido a verle cardenales, obispos u otras personas conocidas del clero de Roma?

—Sí, en los últimos años han venido a visitarme dos: un obispo y un arzobispo. Ambos son devotos de María, y aman la Iglesia y son grandes defensores de Medjugorje. También ambos están cerca del Santo Padre. Pero a fin de protegerlos de ataques innecesarios, prefiero no mencionar sus nombres.

—Mire, son ya las 2:30, ¿qué le parece si nos tomamos un descanso? Un poco de aire fresco de primavera sería bueno, ¿no cree?

INTERVALO

Mientras nos levantamos, María me cuenta que le gustaría mostrarme su pequeña huerta, a unos cien metros de su casa, cuesta abajo. Al dejar atrás la puerta de entrada me comenta: "Un vecino me ha estado causando problemas. Mire, la valla del jardín ha aparecido dañada y le he pedido que me la arregle". Caminamos a lo largo de una calle empinada, pasamos la parroquia a nuestra izquierda y un restaurante a nuestra derecha y agrega: "Me contestó que ha sido culpa de la nieve del último invierno y que él no ha tenido nada que ver ".

Nos acercamos a un trozo de tierra bastante plana, rodeado por un cerco de madera vieja, desvencijado y gastado por el tiempo. Otra vecina, una mujer, se encuentra limpiando todo el material muerto del verano anterior. Luego, después de presentarnos y de hablar un rato, María dice: "Venga a ver esto, Nicky. ¿Le parece que esto es producto de la nieve?". Señala hacia un lugar del cerco en donde obviamente varias tablas han sido removidas o sacadas a puntapiés de los postes, y por el color de la madera, puede apreciarse claramente que hasta hace muy poco estaban en buen estado. Los clavos también parecen haber sido expuestos a la intemperie recientemente. Brillan y se encuentran, sin lugar a dudas, torcidos. Tuve que aceptar que a mi criterio difícilmente se trataba de un daño causado por la nieve. Tras hablar con la alegre vecina de María unos minutos, emprendemos una vez más el camino que sube a su casa. María camina lentamente y parece estar dolorida por sus recientes problemas de cadera. Al llegar al comienzo de su calle, sacude la cabeza un poco y con un suspiro dice: "¡Ah, no me importa ese viejo triste y quejica! ¿Sabe una cosa? Lo que él no sabe es que un alma me ha dicho que lo ha causado la nieve".

Caminamos de regreso a su casa y a su cálido salón.

María Simma trabajando en su cuarto de estudio.

La antigua casa de María Simma.

La antigua casa e iglesia de María Simma rodeadas
de sus amadas montañas.

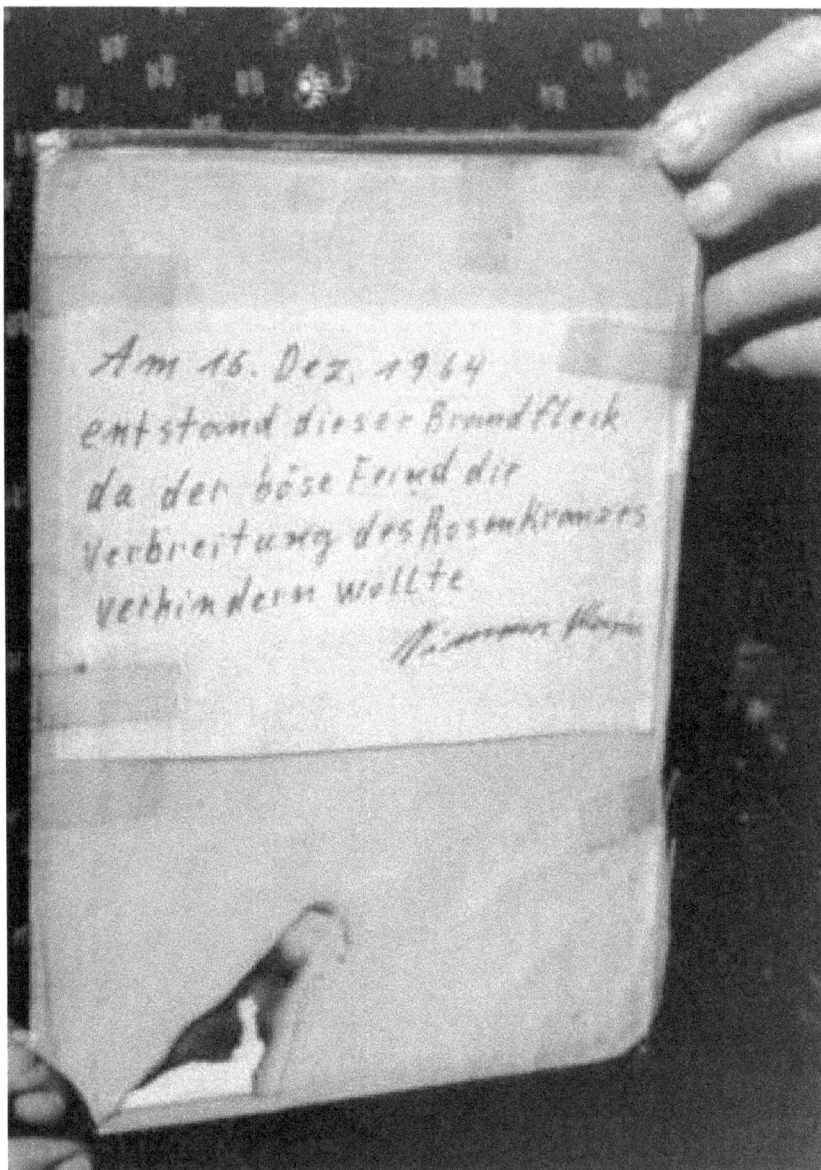

"El 16 de diciembre de 1964 esta quemadura se produjo porque
Satanás quería detener la propagación del Rosario." María Simma

12. SACERDOTES Y HERMANAS RELIGIOSAS

—María, durante este medio siglo, ¿cuántos sacerdotes creyeron en su testimonio?

—¡Oh! Dudo de que hayan sido más de un cuarto del total de los sacerdotes que hay y me refiero a los que creen profundamente; por supuesto, los sacerdotes modernos no creen una palabra de esto.

—¿Por qué cree usted que el porcentaje es tan bajo?

—Las almas del purgatorio me han dicho que nunca antes en la historia de la Iglesia, esta ha estado en tan mal estado como hoy en día. En todas partes reina el pecado de apostasía, y es a los sacerdotes a quienes se los considerará más responsables de ello. En lugar de rezar y enseñar la Palabra, parece que corren de un lugar a otro estudiando psicología, oratoria, contabilidad o lo que sea; aprendiendo cómo acercarse a su público son ellos los que han de mostrar al pueblo cómo acercarse a Jesús y a María a través de la oración y no tratar de aprender ellos mismos a ajustarse o "estar al día" con esta sociedad tan secularizada. Ciertamente se han olvidado de que si ellos y las personas a su cargo rezan, Jesús arreglará todo lo demás para que se acomode cada uno en su sitio. Muéstreme una parroquia en la que se rece de verdad y que las cosas no vayan bien. No podrá.

—Cuando los sacerdotes dicen que sus experiencias no pueden ser ciertas porque no aparecen en la Biblia, ¿cómo les responde?

—Dios es muy capaz de permitir cosas que no se encuentran específicamente detalladas en la Biblia. Solamente por el hecho de que tu nombre o esa montaña de allí afuera no se encuentren específicamente en la Biblia no significa que Dios no nos ame infinitamente o no considere tu alma más importante que el universo entero, y no significa que la montaña no esté dentro de sus planes. Por otra parte, muchas prácticas de la Iglesia, como el rosario, la del Sagrado Corazón o el escapulario fueron manifestadas mediante revelaciones privadas, y por lo tanto no se encuentran mencionadas en la Biblia. Jesús mismo nos habló acerca del purgatorio, y la Biblia está llena de referencias respecto a la necesidad de rezar por los difuntos.

Todo lo que se enseñe en contra o frene el amor entre unos y otros, incluyendo a los que ya han fallecido, no proviene de Dios.

—Muchas veces hay quien se pregunta por qué tenemos que rezar a María o a los santos cuando podemos ir "en primera dase" y hablar directamente a Jesús. Entre ellos, algunos sacerdotes y religiosas. ¿Qué les diría?

—Dios nos puso a todos aquí para que nos ayudemos unos a otros en esta vida, y si otras personas con su buen ejemplo pueden enseñarnos algo acerca de las muchas formas de llegar al Cielo, ¿por qué no habríamos de aceptar su ayuda? Al dejar a María y a los ángeles de lado, las otras religiones difícilmente han ganado algo; al contrario, han perdido prácticamente a los mejores intercesores delante del Trono de Dios. Quien no escucha a su hermano, ni tampoco lo ayuda, no merece esta vida. Creo que ese ir "en primera clase" y dirigirse solamente a Jesús encierra un orgullo mal disimulado. Al igual que un niño crece a lo largo de su vida con sus hermanos y hermanas, primos, tíos y tías, así también crece un cristiano, estudiando y recibiendo ayuda de los santos cuyas vidas están bien documentadas, y de las personas santas que nos rodean hoy en día. A quienes se atreven a decir que no necesitan a la Santísima Virgen María les pregunto, ¿qué fue lo que les dijo Jesús a san Juan y a su Madre minutos antes de dar su último suspiro en la cruz?: "Mujer, aquí tienes a tu hijo. Hijo, aquí tienes a tu madre". ¿Nos dejará Jesús ir "en primera clase" si ignoramos a la Madre que lo engendró, lo educó y le enseñó? ¡Desafío a que digan que realmente conocen a Jesús si no escuchan esas palabras pronunciadas en el mismo momento en que moría por cada uno de ellos! Escucharles hablar contra María me duele terriblemente. ¡Imagínese cómo debe dolerle a Jesús! Pero María, ahora, en estos años, se está apareciendo en el mundo entero, casi parece que en cada rincón de este mundo afligido; y así está guiando a un inmenso número de personas de nuevo hacia su Hijo.

—¿Han dicho algo las almas del purgatorio acerca de los sacerdotes de ideas modernas y su papel y comportamiento en público?

106

—Sí lo han dicho. Lo que menos les gusta es cuando dejan sus hábitos para mezclarse con el pueblo. Y lo mismo con las religiosas. Al obrar así, se pierde el respeto necesario que deberíamos mostrarles. Han hecho votos para servir a Jesús y no para ser como el resto de las personas.

—¿Hay sacerdotes en el purgatorio? ¿Qué les lleva allí con más frecuencia?

—Sí, hay muchos sacerdotes en el purgatorio. No sabría decirle el porcentaje exacto o la frecuencia de ciertos pecados, pero lo que más rápidamente se me viene a la cabeza son las faltas de obediencia al Santo Padre, faltas de amor hacia la santa misa, faltas de amor a la oración y el ayuno, no haber leído el breviario y, repito, la Comunión en la mano.

—Usted probablemente sepa mejor que yo que el tema de dar la Comunión en la mano es altamente controvertido. ¿A qué se debe?

—El problema es que no se ha contado la historia completa y deberíamos investigar e informarnos bien. La ley de la Iglesia establece que debe haber algunos reclinatorios para aquellas personas que quieran recibir la Eucaristía de rodillas y en la lengua. Estas fueron las palabras del Papa Pablo VI. Así, las parroquias que no los tengan ya no están siendo obedientes. Las almas del purgatorio me han dicho que ningún Papa hasta hoy ha apoyado personalmente esta práctica, pero que fue fomentado políticamente por un grupo de cardenales y obispos. Los sacerdotes y obispos más antiguos saben de esto, y la gran mayoría prácticamente no ha informado al pueblo; y por lo tanto son ellos quienes cargan con la mayor responsabilidad. Todos los Papas, a su vez, sabían muy bien que dar la Comunión en la mano estaba en contra de la veneración del Santísimo Sacramento y nuestro Santo Padre actual no distribuye la comunión en la mano de los fieles.

Por supuesto, bajo las actuales condiciones no es pecado para el que comulga recibir al Señor en la mano, pero ruego a los fieles que presten atención a nuestros Papas. Por otro lado, todo este tema ha permitido que se produzcan muchos sacrilegios. Hay que ser conscientes de que hay brujas que pagan mucho dinero para herir a Jesús directamente en las hostias consagradas que con frecuencia desaparecen secretamente de las iglesias. Debemos dejar de ofrecer a este tipo de personas un acceso tan fácil al Santísimo Sacramento. El asunto es muy serio. Si todos los sacerdotes se encomendaran al Espíritu Santo y rezaran el rosario, entonces ninguno de ellos estaría perdido en estos temas.

Si los obispos y sacerdotes de mayor edad le preguntaran a los fieles de sus parroquias de más de cuarenta años (por decir una cantidad) si preferirían recibir la comunión arrodillados, deberían aceptar lo que la inmensa mayoría decidiera hacer, por amor a sus hermanos.

Nadie puede decir que hace dos generaciones se rezaba menos que hoy en día porque sucede exactamente lo contrario. Y, por otro lado, al volver a la humildad y a la oración los jóvenes aprenderían rápidamente el valor de la posición humilde y penitente delante del Santísimo Sacramento. He visto con mis ojos cómo se ignoraba a personas arrodilladas que querían recibir la comunión ¡simplemente por el hecho de arrodillarse! También he visto a niños el día de su Primera Comunión a quienes se les indicaba que se quedaran de pie, aun cuando sus padres y abuelos sufrían por ello. Todas estas cosas son obra de Satanás y me entristecen terriblemente. Y cuando luego hay quienes dicen que participarán del amor fraternal comunitario, digo no, porque cuando el amor fraternal va en contra de la humilde veneración y reverencia que merece el Santísimo Sacramento y el amor divino, entonces esta débil permisividad no proviene de Dios.

También recuerdo cuando los obispos alemanes colaboraron para que esto se instaurara sin pasar por el Papa; fueron los norteamericanos quienes en un principio dijeron que no estarían de acuerdo porque iba en contra de los deseos del Papa. ¡Pero mire lo que ha ocurrido! ¿Y cuántos sacerdotes perdimos porque sus conciencias no les permitían ponerlo en práctica? Muchos.

Respecto a dar la comunión en la mano, hace ya un tiempo ocurrió algo interesante en Múnich mientras me encontraba dando una conferencia. Llegamos a este punto y de repente pude ver que un pequeño grupo de personas se acaloraba; había tres personas tratando de hablar en contra de lo que yo estaba diciendo, y lo hacían todos a la misma vez. Yo, en silencio pedí ayuda a Dios. Como el ambiente se estaba volviendo bastante ruidoso y agitado, se levantó de un lateral de la sala una mujer muy elegante de unos cuarenta años, con un vestido largo negro, y con muy buenos modales, pero a la vez con mucha autoridad, se dirigió a los presentes y en un minuto o dos logró que todos se calmaran de nuevo. Yo quedé impresionada por su conocimiento e igualmente impresionada por cómo había logrado tranquilizarnos con tanto amor. Cuando terminó la charla, me dirigí a los organizadores para pedirles hablar con esta mujer y para agradecerle su ayuda. Pensaba que pertenecía al grupo que me había invitado. Ellos, sin embargo, pensaron que su trataba de una amiga con quien yo había venido. Ambos estábamos equivocados. No la pudimos encontrar, e incluso nos acercamos hasta la puerta de entrada preguntando por ella, puesto que la charla solamente había sido con invitación. Nos dijeron que ninguna mujer de esas características había entrado o dejado la habitación por esa puerta y el salón no tenía otras entradas. Se había ido.

—¿Se trató de un alma del purgatorio?

—Seguramente sí y algunos de nosotros rezamos por ella.

—Algunas personas dicen que como Jesús repartió el pan en las manos de sus discípulos en la Última Cena, entonces es correcto que el sacerdote actúe igual hoy en día. ¿Qué podría decir usted al respecto?

—¡No es verdad! A Ana Catalina Emmerich y a Teresa Neumann, probablemente las dos místicas alemanas más grandes que hayan existido, se les permitió a ambas ver la Última Cena; y en ambos casos Jesús repartió el pan consagrado en las bocas de sus apóstoles.

Y por favor, comprenda ahora y confíe. ¡No soy yo la única que dice esto! Precisamente este tema, entre muchos otros relacionados con él, se discuten hoy en día en los niveles más altos de la iglesia, y sé que aquí también prevalecerá Jesús sin importar lo caóticas que deban volverse las cosas todavía.

—Pero, déjeme que le diga, lo que le fue revelado a la beata Ana Catalina Emmerich fue también una revelación privada…

—Sí, lo es, y a lo largo de la historia Dios ha usado este medio para arreglar las cosas. Y como cualquiera podría confirmarlo, si investigáramos los casos más conocidos, veríamos que sus frutos fueron inmensos, con un gran número de conversiones. Piense simplemente en Rue de Bac, Lourdes y Fátima, o en Teresa Neumann, por no hablar de la gran cantidad de conversiones que han tenido lugar en los últimos años en ese pequeño pueblo en el medio de una de las zonas más inestables de toda Europa.

Me refiero, por supuesto, otra vez a Medjugorje. Y aquí tenemos otra perspectiva respecto a dar la comunión en la mano…

—¿Cuál es esa perspectiva? Y, por favor, María, quiero escuchar todos los posibles ángulos que conozca sobre este tema porque sé que hay mucha gente noble que está buscando la respuesta correcta.

—En los pueblos donde la Virgen elige aparecerse, como en Medjugorje, Schio, Garabandal y otros, generalmente esto ocurre en las afueras. Si volvemos a Medjugorje, por poner un ejemplo, se aparece, y aún lo hace hoy, en una de las dos montañas. En esas apariciones suele haber desde un puñado de personas en un día de pleno invierno hasta, digamos, 5.000 en los días de fiesta durante las estaciones más cálidas. Sin dudarlo, y sin importarles el tiempo, todos los que están allí forcejearán y se amontonarán en el barro y en las rocas, clavándose las espinas de los arbustos, para poder arrodillarse cuando la Santa Madre está con ellos. Arrodillarse es algo natural para todos, y debería serlo; pero solamente dos o tres horas antes, abajo, en la iglesia, mientras están recibiendo al mismo Jesús en la Sagrada Eucaristía, ¡casi todos se quedan de pie, orgullosos como soldados! ¿Esto es lo que nuestra Madre quiere de nosotros? ¿Que nos arrodillemos delante de ella y no de su divino Hijo? ¡No, no es así! Por favor, que la buena gente escuche y siga su propia conciencia y no se comportan de otro modo simplemente porque otros lo hagan.

Y para que usted lo vea, se me ocurre otro hecho que contarle. Puede que no sea tan impresionante como el que le dije antes de la mujer a quien se le ennegrecieron las manos, y no hay problema si resulta divertido; pero ciertamente, para mí es igual de convincente que cualquier otra historia.

Conozco personalmente a una mujer muy buena y piadosa que también tenía problemas con este tema, y simplemente rezó y le pidió al mismo Jesús que le enviara una señal rápida para poder aclararse. ¡Y Jesús lo hizo! La siguiente vez que fue a recibir la comunión, el sacerdote, como lo había hecho hasta ese entonces, puso la Eucaristía en la palma de su mano. Tan pronto como la puso allí, la Hostia se elevó de su mano, subió y desapareció en el aire. Este pequeño milagro también fue presenciado por varios testigos.

—María, ¡lo que dice es muy convincente!

—Y la Madre Teresa también prefería que los fieles recibieran la Eucaristía de rodillas y en la lengua, y en sus comunidades esa es la única forma permitida. Verá, desde la perspectiva de la iglesia, recibir la Comunión en la mano es solamente algo que se tolera, pero no es lo que realmente quiere.

—Cuando los sacerdotes que están en el purgatorio la visitan, ¿quién se ocupa entonces de las oraciones o de lo que sea necesario para que sean liberados?

—Las oraciones que requieren para ser liberados las deben hacer otros sacerdotes; pero si necesitan alguna otra cosa, me encargo yo misma.

—¿Con qué frecuencia deberían celebrar la santa misa los sacerdotes?

—No menos de una vez al día. La ley de la Iglesia permite hasta dos veces al día, si la segunda misa es un funeral o la celebración de un matrimonio. Pero Dios entiende que pueden existir condiciones extraordinarias que hacen que los sacerdotes deban celebrar más de dos misas al día, como cuando no se encuentra otro sacerdote que pueda celebrarla. Esto se debe a que celebrar la santa misa es la tarea principal de la función de los sacerdotes. Es la misión más grande que tienen y debería transformarse en la mayor expresión de su amor hacia Dios.

—¿Podemos dar por hecho que también hay religiosas en el purgatorio?

—Así es, y la mayoría de las veces se encuentran ahí por faltas de humildad, faltas de modestia y desobediencia.

—¿Y también hay sacerdotes que se hayan ido al infierno?

—Hace muy poco vino a verme un sacerdote que había estado enfermo hasta no hacía mucho. Había ido entrando y saliendo de distintos hospitales durante varias décadas, y tres veces estuvo a punto de morir. Durante su última enfermedad se encontró muy cerca de la muerte, y mientras estaba en agonía tuvo una visión de sacerdotes que caían en el infierno como copos de nieve. Le impresionó muchísimo y no dejó de llorar durante semanas. Le llevó un largo tiempo recuperarse de lo que había visto.

—¿Puedo preguntarle por qué vino a visitarla?

—¡Oh! Nos habíamos conocido brevemente hace muchos años, y tras su experiencia vino a agradecerme por lo que le había dicho y ayudado en esa ocasión. Había sido solo una llamada de cortesía pero que ahora tenía mucha importancia para él.

—¿Han venido a verla familiares o amigos de sacerdotes difuntos preocupados por saber si se habían salvado o no debido a –cómo puedo decirlo– comportamientos fuera de lo común o preocupantes mientras vivían?

—Sí, eso me ocurrió hace ya algún tiempo.

Una pareja de la zona de Alsacia, en Francia, vino o verme para preguntar por un sacerdote al que habían conocido. El sacerdote había vivido bastante perturbado durante un tiempo, y me contaron que un día, durante un ataque de rabia, tiró una estatua del Sagrado Corazón de Jesús fuera de la parroquia, rompiéndola en pedazos. Al poco tiempo se suicidó, y estas personas, preocupadas con razón, vinieron a mí para averiguar qué había sido de él. Resultó que se había salvado después de todo pero se encontraba en un purgatorio muy profundo, de donde todavía no podía ser liberado.

—Muchas personas dicen que los sacerdotes están desinformados de lo que pasa en el mundo, ¿Qué piensa al respecto?

—Me parece que se trata de críticas sin sentido de gente orgullosa: me gustaría aclararles que el más sabio suele necesitar a Jesús con mucha más urgencia que el más simple. Y en cuanto a que los sacerdotes se encuentran desactualizados no es cierto si los sacerdotes son personas que rezan. Solamente en el caso de que no rezaran estarían limitadas sus gracias. Pienso que se trata de una crítica mal dirigida. Podemos y deberíamos ser más críticos respecto a su falta de oración, pero no deberíamos criticar a los sacerdotes porque no se encuentren a tono con el resto de las personas. Todos compartimos la experiencia humana y, por lo tanto, pecadora, y buscar o escuchar a un profesor en Psicología, Filosofía o lo que sea, no va a cambiarlo. A lo sumo, podríamos decir que los sacerdotes modernos se encuentran lejos de Jesús, pero no lejos del resto de los hombres.

—¿Cuántos sacerdotes y obispos pudo usted enviar al cielo desde la época del Vaticano II hasta ahora con sus oraciones, con sus misas y su sufrimiento?

—Bueno, no puedo decirlo con exactitud pero estoy segura de que fueron entre cuarenta y cincuenta.

—Y de esos cuarenta o cincuenta, ¿cuántos de ellos se encontraban en el purgatorio como consecuencia de estas modernizaciones vinculadas con la misa?

—Casi todos. La mayoría se encontraba allí por haber promovido la comunión en la mano.

—Si hay pocos sacerdotes que crean en su testimonio, ¿se sigue de eso que son muy pocos los que piden ayuda a las almas del purgatorio?

—Sí, me temo que eso es lo que quiere decir. Muy pocos las tienen en cuenta.

—¿Puede contarme el caso de un sacerdote que haya recibido ayuda de las almas del purgatorio?

—Sí. Se trataba de un sacerdote de cerca de Budapest, en Hungría, que no hace mucho tiempo quería renovar su parroquia y construir un pequeño monasterio. Entonces, lo primero que hizo fue ir a ver a su obispo para pedirle ayuda. El obispo le dijo que hiciera lo que quisiera, poro quo él no podía ayudarle en ese proyecto. Entonces, el sacerdote rezó y dijo que dependería de la ayuda de nuestra Madre mediante la intercesión de las almas del purgatorio. Poco tiempo después vino a verme y accedí rápidamente a ir con él a su parroquia y a otras de la zona para hablar del tema. A las dos semanas de volver de aquel viaje, el sacerdote recibió 100.000 dólares para su parroquia y para la construcción del monasterio. Las almas del purgatorio le respondieron rápidamente.

—¡Eso es tener suerte!

—No, no (risas), ¡no fue suerte! Dios ayuda rápidamente a quienes confían en Nuestra Madre y en la ayuda de las almas del purgatorio.

—Estoy seguro de que usted sabe mejor que nosotros que muchos seminarios se encuentran prácticamente vacíos. ¿Por qué sucede esto y cómo podemos remediarlo?

—La solución consistiría en volver a enfatizar el espíritu de oración, el sacrificio y la penitencia. Entonces habría más vocaciones. Las almas que se sienten llamadas a servir a Dios de esta manera saben claramente que su camino es la oración y que cuando no se alimenta la oración, ¿para qué existen entonces los seminarios? Si hubiera más oración, habría entonces un mayor número de vocaciones y así, cambiando un poco el tema, no sería necesario permitir que laicos con las manos sin consagrar distribuyeran la Sagrada Eucaristía. Si se fomentara la oración en los seminarios, todos fortalecerían su vida de fe y Satanás se encontraría a una distancia mucho mayor.

—Ha puesto mucho énfasis en el hecho de confiar en la Virgen María para que nos conduzca a Jesús. ¿Nota alguna diferencia entre los sacerdotes marianos y aquellos que se han vuelto, como usted dice, modernos y han dejado de lado a la Virgen?

—¡Oh sí! Puedo distinguir a un sacerdote mariano con facilidad. Son mucho más gentiles, humildes, penitentes, cariñosos y protectores. En su humildad se hacen fuertes, y con esta fortaleza sus frutos se vuelven mucho más claros que aquellos que olvidan a María. Los sacerdotes marianos tienen también muchos menos problemas con el celibato, y apoyados en nuestra Madre, podría decirse que viven las enormes gracias que acompañan este don. Nuestra Madre, si la ayudamos, aplasta la cabeza de Satanás. Y no se trata de un mero simbolismo; es un hecho. Satanás huye de la Virgen y de sus sacerdotes. Los sacerdotes marianos y el ejército mariano de laicos que los rodean salvarán a la humanidad al final. Y esto ocurrirá con el triunfo del Corazón Inmaculado de María.

—Entonces tenemos hoy en día un Papa abiertamente mariano y un ejército mariano de sacerdotes y laicos. Quien quiera unirse al Santo Padre y a este ejército, ¿cuál es la mejor manera para hacerlo? ¿Qué es lo mejor que pueden hacer para el triunfo de su Inmaculado Corazón?

—Empezar a rezar, empezar a vivir los mensajes de Medjugorje y consagrarse, ellos y sus familias, al Inmaculado Corazón de María.

13. LAS IGLESIAS

—Cuando las almas del purgatorio le advirtieron sobre la situación actual de la iglesia, ¿también le dijeron algo acerca de cómo se construyen las iglesias hoy en día?

—Sí, también me han hablado de esto. Mucho de lo que asociaríamos con las iglesias modernas les molesta mucho. Las iglesias son solo para rezar y para encontrarse con Jesús y con María. Las almas del purgatorio dicen que en las parroquias no debería haber equipos sofisticados, ricas alfombras ni nada destinado a que sea todo más cómodo como un recibidor lujoso. Las iglesias están destinadas para para que tú y Jesús os encontréis a solas. Los elementos meramente decorativos deberían desaparecer, porque distraen. Y las almas también han mencionado que les horroriza gran parte del llamado arte moderno; y la mayoría es realmente horrible, sin mencionar que es históricamente incorrecto. Y también debería darse nuevamente a María un lugar más importante.

¡Pero más importante que nada, sin embargo, es que los tabernáculos deben, siempre, estar en el centro! En el centro de la iglesia y no apartados en un lateral o en otra capilla. Únicamente en el centro. Si no damos a Jesús el centro de todo, entonces lo dejaremos también a Él pronto de lado. ¡Y entonces nos quedaríamos meramente con un segundo ayuntamiento! Créame, cada vez que alguien mira al tabernáculo con amor, Jesús eleva más alto el lugar que ocupará en el Cielo.

Por otro lado, los sacerdotes deberían también volver a usar el púlpito. Hacerles descender al nivel de la comunidad fue otro de los logros de Satanás. Arriba, en el púlpito, ganan mucho más respeto.

No deberían organizarse actos sociales en las iglesias, solamente los sagrados. Deberían volver a estar presentes las imágenes de los santos, al menos san José, el arcángel san Miguel y el santo por el cual se erigió la iglesia. Y ya he mencionado los reclinatorios para comulgar. Todas esto que falta, y todo lo que se ha añadido en las últimas décadas en aras de la comodidad, nos separa de Jesús, y por lo tanto alegra mucho al diablo. Me han comentado que en algunas parroquias se sirve café, se lleva a los animales en el regazo, se colocan televisores. Y yo he visto parroquias sin agua bendita en las puertas y sin reclinatorios. Nada de esto es bueno ni tiene que ver con la voluntad de Jesús.

—Entonces, las almas del purgatorio no están contentas con las llamadas iglesias modernas, ¿verdad?

—No es así. He visto varias iglesias modernas en donde todo estaba bien. Una, por ejemplo, en Lienz, en el Tirol, es muy moderna pero allí se reza mucho y está bien construida. Así que lo feo, los lugares donde no se reza o sin imágenes, no necesariamente equivale a moderno, pero lo moderno la mayoría de las veces es feo, incompleto y no lleva a la oración.

—¿Qué me dice de las funciones sagradas que las iglesias modernas pueden haber olvidado?

—Sí, eso también… Las almas del purgatorio me han dicho que echan de menos las procesiones, que son como pequeñas peregrinaciones. Esas procesiones por nuestra Madre o por los santos que eran una parte integral de la vida espiritual de antes. Si organizamos desfiles de equipos deportivos y de políticos, ¿por qué entonces ya no llevamos a cabo procesiones por Jesús, su Madre y los santos? En las procesiones el mundo entra en contacto con Jesús y sus santos. Así debería ser y no al revés, cuando tantas veces y tan frecuentemente llevamos el mundo a la casa de Jesús.

Además, en muchas partes del mundo los sacerdotes han dejado de bendecir los hogares al menos una vez al año. Esto también debilita la fe y entibia el amor y el respeto que debe mantenerse siempre intacto entre sacerdotes y laicos. La pérdida de estas funciones sagradas hace que Satanás sea plenamente feliz y le sea mucho más fácil, a él y a sus demonios, entrar en los hogares.

Y también se han olvidado en muchas partes del mundo de la devoción del primer sábado. ¡Debemos volver a restituirlas! Entre otros motivos, para todo ello se nos ha dado a los sacerdotes. Los necesitamos y ellos necesitan que les recordemos nuevamente sus deberes.

—¿Puede decirme cómo se celebra la misa en su iglesia aquí en Sonntag y si las almas están contentas con la forma en que se llevan a cabo las cosas aquí?

—Sí, están satisfechas del modo como se celebra aquí.

Nunca se quitaron los reclinatorios para comulgar, y la Sagrada Comunión se da solo en la boca. Nunca hay mujeres cerca del altar: eso incluye las lecturas y que solo haya monaguillos niños en el altar. Jesús presente en el tabernáculo se encuentra en el centro del presbiterio y las imágenes de Nuestra Madre y de algunos santos ocupan un lugar principal. Los fieles pueden confesarse semanalmente, y la gente lo aprovecha. También asisten con frecuencia a la adoración del Santísimo Sacramento y al rezo del rosario.

Todos los niños se sientan en los primeros bancos durante toda la misa. Allí los tengo hasta que los adultos ya se han retirado de la parroquia. Esto es solo para mantener el orden y el silencio y para evitar que corran y anden esquivando las piernas de los mayores.

14. LA CONFESIÓN

—¿Qué le han comentado, si han dicho algo, las almas del purgatorio acerca del sacramento de la reconciliación o confesión?

—¡Oh, sí, lo mencionan con frecuencia! Están muy tristes de que se haya vuelto tan poco frecuente, que se haya dejado de lado. ¡Es un regalo tan grande el que Dios nos brinda, que Satanás solamente podría querer destruirlo! Y creo que lo está logrando.

Deberíamos acudir a la confesión –como debería llamarse– con alegría y no asustados o temerosos, como desea Satanás. No hay de qué preocuparse, no hay nada que un sacerdote no haya escuchado ya. Un buen sacerdote sabe muy bien que él mismo, con todo lo que ha aprendido y experimentado, es mucho más pecador que el resto. Para Jesús y para todos los que se encuentra en el Cielo es un gran motivo de alegría cuando llevamos nuestras debilidades y fracasos ante Jesús.

Las almas del purgatorio me han contado que no existirían el 60 por ciento de todas las depresiones que se sufren en el mundo si se aprovechara este enorme regalo. Muchos especialistas, empresas farmacéuticas y orientadores se quedarían sin trabajo si todos se confesaran regularmente. ¡Nuestro Señor puede salvar y sanar a todos y a todo, según Él quiera, tan solo con pedírselo! Nuestra Madre ha dicho, y creo que fue en Medjugorje, que la confesión mensual sanaría a Occidente.

La confesión no se entiende correctamente. Para la mayoría no resulta difícil diferenciar entre el bien y el mal, pero otro tema mucho más peliagudo es diferenciar entre lo bueno y lo mejor. La confesión no está solo para confesarnos de haber robado un banco, pues, de hecho, muy pocos de nosotros robamos bancos. Para la mayoría, está para buscar cómo ser cada vez mejores a los ojos de Dios. ¿Qué podría haber hecho durante este último mes para haber sido más santo? Eso es lo que nos debemos preguntar; y que alguien diga que durante el último mes hizo todo lo que estuvo en su mano para cumplir perfectamente la voluntad de Dios…

La humildad nos trae la más grande de todas las gracias. Jesús regala sus mayores tesoros a los más pequeños de corazón. La confesión nos recuerda repetidamente la pequeñez que Jesús quiere de nosotros para que Él pueda darnos sus enormes gracias.

—¿Cómo respondería a todos los que dicen, y lo hacen con sinceridad, que no necesitan un sacerdote para confesarse? ¿Que no necesitan contarle sus cosas a otra persona, sino que pueden dirigirse directamente a Dios?

—Si lo que usted dice fuera cierto, los psicólogos y psiquiatras no tendrían tanto trabajo. Tanto las personas más inteligentes como las más sencillas pueden ir al mismo sacerdote, y ambos se quedarían asombrados por los frutos y gracias que surgirían de ese breve y libre encuentro con Jesús. Todos los seres humanos tienen la misma necesidad de confesar sus culpas. ¡Todos esos grupos de apoyo y esas largas e interminables terapias, tan costosas, no serían necesarias si nos acercáramos a Jesús! ¡Y, sobre todo, las mayores gracias no nos llegan de ahí, de los expertos y los especialistas, sino solamente de Jesús! Nos dejamos engañar demasiado fácilmente.

¿No cree que Él, que para comenzar nos dio la vida, también es capaz de darnos infinitamente más que las soluciones del tipo "cómo enfrentarte a..." de la mayoría de los psicólogos? ¡Dios los bendiga! Muchos de ellos ni siquiera reconocen la realidad del pecado, y ¿cómo van a poder tratar entonces la realidad del perdón? Viven de un negocio que se perpetúa y al no hacer nosotros uso del sacramento de la confesión a ellos les asegura un coche más grande. ¡Prosperan con nuestros pecados, mientras que Jesús murió por nosotros para conquistar y borrar nuestros pecados para siempre!

—¿Y qué me podría decir ante los que retorcidamente dicen que Jesús nunca nos dijo que teníamos que ir a un confesonario a confesarnos?

—Es verdad; les sugiero que acudan a confesarse con un sacerdote en un lugar público, contándole sus pecados claramente. Lo importante es que se digan claramente los pecados. Jesús dijo que nos arrepintiéramos y cuando lo hacemos, Él borra nuestros pecados y solo así Satanás deja de saber de ellos; ya no puede atraer a esa persona mediante ese pecado o atacarle a causa de la débil o inexistente relación con Dios.

Pero quien se encuentra en el confesionario es Jesús, no un sacerdote.

—¿Está usted segura?

—Le cuento un caso que lo sorprenderá. Una abuela italiana quiso llevar a su nieto de ocho años al padre Pío para que hiciera su primera confesión. No sin motivo, estaba muy entusiasmada cuando llegó a la parroquia. El niño entró a confesarse y salió radiante de alegría. La abuela sabía qué apariencia tenía el padre Pío. Era bajo, gordito, casi calvo, de ojos muy oscuros y de unos sesenta y cinco años; aun así, le preguntó a su nieto: "Dime, ¿cómo era?". El niño respondió con mucha calma y con detalle: "¡Oh! Era alto y fornido, con ojos castaños, y pelo largo y castaño; tenía alrededor de treinta años".

—¡Está bromeando!

—No, cosas de este tipo suceden con frecuencia en lugares sagrados y de mucha oración.

—Déjeme plantearle un caso hipotético y luego le haré unas preguntas al respecto. Hay dos familias. Ambas viven razonablemente bien y con salud. Una de las familias se confiesa regularmente mientras que la otra no. ¿Existirán diferencias entre sus descendientes? Y si las hubiera, ¿cuáles podrían ser?

—La primera familia contará con una base sólida para acercarse cada vez más a Jesús a lo largo de las generaciones, mientras que la segunda familia cargará con muchas dificultades, quo no hubieran tenido si se hubieran confesado regularmente. Por ejemplo, enfermedades y debilidades que podrían haberse evitado. La actitud correcta y penitente de la primera familia se reflejará en la fortaleza y la felicidad de sus descendientes, mientras que los de la otra familia serán más propensos a los ataques de Satanás.

—Entonces, ¿quiere decir que quienes son conscientes de su estado de pecado terminan siendo más sanas que aquellas que no lo son?

—¡Sí! Con la humildad que produce la confesión y la oración, y con el amor a Dios que nos viene de ello, hace que crezca una fortaleza y un equilibrio que se manifiesta en personas más saludables. Y esto significa que serán más saludables emocional, mental y físicamente, y que también se extenderá a lo largo de las generaciones.

—Entonces, ¿podemos garantizar vidas más sanas a nuestros hijos, nietos y bisnietos con nuestro amor, con nuestras oraciones y con nuestras confesiones?

—Sí, exactamente. Gran parte de la medicina actual se limita a reparar los daños. Si los médicos actuales, en todos los campos, dedicaran el mismo tiempo y energía a la prevención, la prevención en el sentido que nos indican los Diez Mandamientos, el mundo tendría solo una pequeña fracción de las enfermedades que sufre en la actualidad. La medicina preventiva no nos cuesta nada y, sobre todo, nos damos cuenta más claramente de la inmensidad del amor de Dios por nosotros. Esto no es un juego para Él; Él se llena de alegría cuando estamos llenos de paz y de la felicidad que produce. ¡Dios solo quiere vernos felices, libres y saludables!

—¿Entonces puede explicar la función de la contrición y del arrepentimiento en el momento de la muerte?

—Nos libramos de todas nuestras culpas con una buena confesión, si es totalmente honesta y si nos arrepentimos de corazón; pero también hay que reparar el daño causado. Aún no quedamos completamente librados de esos pecados. Para obtener la total absolución, el alma debe quedar libre de toda atadura.

En el caso de una madre con muchos niños pequeños que está a punto de morir, deberá entregarse hasta tal punto que pueda decir con sinceridad: "Dios, te entrego todo a ti, que se haga tu voluntad". Esto puede ser muy, muy difícil.

La libertad, mediante el pago de "hasta el último céntimo", como dice Jesús en el Evangelio, se da entre nosotros y Dios, entre nosotros y los demás, con una reparación extra y liberándonos totalmente de toda atadura sobre asuntos que no sean los de Dios.

—Entonces, ¿estar totalmente libre de todo pecado sería un proceso de tres pilares?

—Sí. Primero, expiación entre nosotros y Dios. Luego, expiación entre nosotros y la persona a la cual herimos, que también nos implica siempre a nosotros mismos; y finalmente la reparación por medio de la oración y las buenas obras. No solo se debe borrar el pecado sino que también se debe reparar.

—¿Las personas no católicas y los no cristianos también deben confesarse?

—¡Oh, sí! Ningún sacerdote que desee cumplir las enseñanzas de Jesús puede rechazar a un penitente. Sin embargo, si esto ocurre, sugiero a esa persona que rece por ese sacerdote que le ha rechazado y que mire adelante. No importa quién sea el pecador, qué educación ha tenido o de dónde proviene, todo lo que necesita es un arrepentimiento profundo por todo el mal que ha hecho. Pronto ese pecador encontrará un sacerdote por voluntad de Jesús. Se lo puedo asegurar. A pesar de que los no católicos no pueden recibir el sacramento de la confesión, ¡realizar una confesión informal les haría tanto bien a sus almas! Puedo asegurarlo; cuando un no católico busca esto, Dios le concederá unas gracias muy, muy grandes.

15. EL ROSARIO

—¿Cuál es su opinión con respecto al rosario?

—¡Es tan importante! El rosario ayuda a curar las heridas y es también una gran fuente de paz, en especial para aquellas familias que lo rezan juntas. ¡Satanás odia el rosario precisamente por esta razón!

Lo siguiente ocurrió el 16 de diciembre de 1964. Enseguida va a darse cuenta de por qué me acuerdo hasta de la fecha exacta. Ese día llegué a casa muy cansada, pero vi que tenía una gran cantidad de cartas. Me propuse revisarlas rápidamente, y contestar solo las dos más urgentes. Elegí dos y me di cuenta de que lo que se necesitaba en ambos hogares era un rosario en familia, y así desaparecería la angustia que experimentaban. Entonces me senté y saqué la carpeta donde guardo papeles y sobres. La coloqué aquí en el centro de la mesa, la abrí y extraje dos hojas y dos sobres. Como acostumbro, comencé a escribir la dirección en los sobres antes de escribir las cartas. Repentinamente escuché un silbido agudo y vi a Satanás parado aquí a mi derecha. Era un hombre moreno y atractivo, de treinta años, que me lanzaba miradas de odio y rabia. Lo ignoré y continué escribiendo las direcciones en los sobres. Luego sentí olor a quemado, que me sorprendió. Miré dentro de la carpeta y por la ventana. Nada. Luego pensé: "hoy no he encendido nada hasta ahora, debe ser la casa de los vecinos". Pero cuando miré nuevamente hacia la derecha, Satanás había tomado las dos hojas de papel, las había arrastrado hasta el borde de la mesa y tenía su mano sobre ellas. Había una zona negra completamente quemada sobre la hoja en la que había apoyado su mano, y ese era el olor que yo había sentido. En el nombre de Jesús le ordené que se retirara y así lo hizo rápidamente. Terminé las dos cartas, y al principio pensé en tirar las hojas quemadas. Pero como solo la cara de arriba de ambas hojas estaba dañada, mientras que la de abajo solo se encontraba levemente oscura, pensé entonces que sería mejor si se las mostraba al párroco. Me agradeció que no las hubiera tirado porque quería que las estudiara un laboratorio de física en Innsbruck. En su opinión, era físicamente imposible que se quemara solo una cara sin quemarse también la otra. Envió las hojas al laboratorio, preguntando si allí podían hacer lo mismo. Pasados tres meses el laboratorio las devolvió diciendo que era imposible y que estaba equivocado, que la segunda hoja no podía haber estado debajo de la quemada. Pero no, yo no estaba equivocada.

El original se perdió cuando se quemó mi casa, pero había hecho una foto de las hojas quemadas. La foto la hice cuando la segunda hoja de papel, que estaba debajo, ya se había roto. ¡En resumen, así odia Satanás el rosario!

—¿Qué le diría a aquellas personas a quienes el rosario les parece aburrido e inútil a causa de las repeticiones?

—La humildad presupone que hablemos solo de lo que hemos experimentado. Quienes afirman eso es que no han rezado el rosario. La meditación de los misterios, la meditación de la vida de Jesús, nos brinda tanta paz y alegría que Satanás se vuelve loco. María hizo muchas promesas a aquellos que rezan el rosario, y lo hizo por medio de santo Domingo.

Conozco a una mujer que se compró un rosario nuevo, a unos cientos de metros de la iglesia a la que se dirigía a rezar con un grupo numeroso de peregrinos. Cuando se arrodilló en el banco, lo buscó en su bolso y se encontró que solo quedaba un puñado de cuentas sueltas y muchos pedacitos de alambre. ¡El diablo lo había soltado todo para que no rezara el rosario! Satanás odia la paz y odia la curación, y el rosario es extremadamente curativo y un arma muy poderosa contra él.

— ¿Alguno vez se le ha aparecido algún alma del purgatorio pidiéndole que rezara un rosario con él o ella?

—Sí, eso sucede. Recuerdo una vez, fue en los años 50, cuando viajaba en tren desde Bludenz. Era uno de esos días en los que había muchos viajeros, así que elegí, como hago habitualmente, el último vagón del tren. Subí y pronto encontré un compartimiento en el que viajaba solamente una mujer. Me senté a su lado. Todavía no me había acomodado cuando sacó un rosario de su bolso y dijo: "Bueno, aquí hay alguien que rezará el rosario conmigo". Lo primero que pensé fue: "Si hace lo mismo con todo el que entra, no me extraña que esté sentada aquí sola". Pero, por supuesto, yo estaba muy feliz de rezar con ella el rosario y en el tiempo que duró no entró nadie al compartimiento. Cuando terminamos dijo: "Gracias a Dios". Y desapareció al instante. Me encontré totalmente sola en el compartimento, mientras numerosas personas daban vueltas por los pasillos. Solo en ese momento fue cuando tuve el presentimiento de que se había tratado de un alma del purgatorio.

16. LOS SACRAMENTALES

—¿Qué son los sacramentales? ¿Son importantes para nosotros y para las almas del purgatorio?

—Sí, son muy importantes y deberíamos usarlos siempre que podamos; las almas aman todos los sacramentales, entre los que se incluyen el agua bendita, el aceite, la sal, las medallas, las velas y otros objetos. Puedo contar una historia magnífica y muy interesante sobre este tema.

Sé de una mujer que le prometió a las almas del purgatorio encender una vela bendita por ellas todos los sábados. Un sábado su marido le dijo: "Deja de hacer eso, no tiene sentido. Es ridículo, los muertos están muy contentos. No creo que necesiten que enciendas una vela, y no me interesa lo que les hayas prometido". Por supuesto, la mujer se entristeció porque quería cumplir su promesa, aunque no quería desobedecer a su esposo. Entonces pensó: "Muy bien, la pondré en la estufa y allí no la verá". Colocó la vela en la estufa y cerró la pequeña puerta que, por cierto, tenía una ventanita también pequeña. Salió entonces de casa y al poco tiempo llegó su marido. Cuando estaba a punto de tirar algo, se dio cuenta con sorpresa de que en la estufa había una luz, así que extrañado abrió la puerta y miró dentro. Para su gran asombro, y empalideciendo totalmente, no solo vio la vela ardiendo, sino seis pares de manos juntas, en actitud orante, alrededor. Cerró la puerta y esperó a que regresara su mujer. Cuando llegó, le dijo: "¿Por qué has puesto la vela dentro de la estufa? Deberías ponerla aquí en la mesa".

—¿Les gusta también algún tipo de música en particular?

—Sí, les gusta la música sacra, y de forma especial el sonido de las campanas que convocan a las familias a la iglesia. Así que, ¿nos puede sorprender que algunos laicistas protesten diciendo que las campanas son una invasión a su privacidad? Satanás tiene otro punto más a su favor si las sociedades están tan espiritualmente muertas como para no reaccionar ante estos ataques.

—¿Cómo puede ayudarnos, a nosotros y a las almas del purgatorio, el agua bendita?

—Deberíamos tener agua bendita a mano en todos los hogares. Deberíamos usarla con frecuencia. En caso de que algo nos perturbe, o si se ha cometido un gran pecado, deberíamos rociar el lugar con agua bendita. Es una protección poderosa contra Satanás. Las almas del purgatorio piden que haya agua bendita en todas las tumbas, y se congregan y nos ayudan en cualquier lugar donde se utilice con frecuencia. También, para discernir si una actividad es demoníaca o no, el agua bendita contestará rápidamente la pregunta por nosotros. Los demonios escapan de ella y vuelve la paz cuando se utiliza.

Existen además estudios en la actualidad que prueban que el agua bendita es también una protección contra las radiaciones peligrosas.

—¿De qué otra forma puede algo bendecido por un sacerdote ayudarnos a protegernos en nuestra vida diaria?

—Los sacerdotes deberían volver a bendecir más y más. Bendecir los hogares, las cosechas, los automóviles y todas las empresas. No sería mala idea bendecir toda la sal que se utiliza en invierno para mantener las calles libres de hielo. De esta forma se reduciría notablemente el número de accidentes y sería beneficioso para todos.

17. OTRAS RELIGIONES

—¿La han visitado almas de judíos o musulmanes?

—Sí, y están felices cuando se me aparecen, pues comprenden mucho mejor las cosas ahora que antes. Por pertenecer a la Iglesia católica uno puede hacer mucho más por ir al Cielo. Pero aquellos que fueron educados de forma diferente y, por lo tanto, creen de modo distinto, y lo hacen a conciencia, también llegarán a ser santos.

Debo advertir a todos los cristianos que existen muchos santos también fuera de nuestra iglesia. Recientemente, nuestra Madre le mencionó sobre uno de ellos a una de sus videntes. Cuando la vidente le preguntó quién era la persona más santa de la ciudad donde ella vivía en ese momento, nuestra Madre le respondió que se trataba de una mujer musulmana.

—¿Existen religiones que las almas consideren que no son buenas?

—Existen muchas religiones, y ciertamente hay algunas que no son buenas. En la actualidad, hasta las reuniones de brujería y las sectas y reuniones que buscan controlar la mente se hacen llamar religiones; especialmente estos últimos se hacen llamar "cristianos" sin pestañear. Pero sus líderes son solo controladores de mente, hambrientas de poder, y a menudo se encuentran poseídas.

Los ortodoxos y protestantes son los más cercanos a los católicos. Ellos creen en Dios y en los Diez Mandamientos. Sin embargo, los protestantes no tienen devoción por nuestra Madre, o al menos no oficialmente, a pesar de que tengo conocimiento de que muchos, hoy en día, rezan el rosario. Si dejamos de lado a aquellos que claramente sirven al diablo, es cuestión de comprobar cuántas verdades enseñan las distintas Iglesias. Y puesto que Dios mira lo llena que está la copa, y no si está vacía, todos los que celebran y veneran a un Dios bueno, salvador y liberador, también son buenos ante sus ojos. Sin duda, es más difícil para los católicos ser santos a los ojos de Dios, pues tienen acceso a una mayor cantidad de verdad, incluso si la Iglesia hoy en día se encuentra en este estado. Asumimos la gran responsabilidad de llevar a Cristo a los demás, y al mismo tiempo podemos hacer mucho por ellos en silencio y con oración, porque contamos con mucha ayuda para hacerlo. Dios espera todo de aquellos que lo han recibido todo.

—¿Hay gente en el Cielo que no había pertenecido a ninguna iglesia durante su vida?

—¡Por supuesto que la hay! Si una persona vive según su conciencia limpia, intentando amar y servir a su prójimo continuamente, él o ella estará con Dios en el Cielo. Dios ama y bendice a aquellos que nunca tuvieron acceso a Él mientras estuvieron aquí pero que igualmente amaron y protegieron la vida, el mayor de sus dones.

—¿Qué deben hacer los miembros de otras religiones que nunca han aprendido las oraciones de las que hemos hablado hoy para ayudar a sus familiares en el purgatorio?

—No es cuestión de memorizar las oraciones más conocidas de la Iglesia católica; es una cuestión del corazón. Esas personas deberían dedicarse a extender su amor y perdón por sus parientes y a hacer buenas obras por ellos. Solamente con el Padre Nuestro y el Ave María, podrán hacer mucho por sus familiares en el purgatorio y, de este modo, también recibirán en recompensa su ayuda. Hay que recordar que la única oración que nos dio Jesús fue el Padre Nuestro. Esta oración contiene todo lo que el amor de Dios espera de nosotros. Y siendo así de corto y sencillo, ¿cuántas personas hacen en la actualidad lo que se pide? Pasado un tiempo, sugiero que poco a poco también echen un vistazo a las demás oraciones. Podríamos decir que las oraciones son simplemente bosquejos de lo que nos tiene que salir del corazón para nuestro prójimo, para nuestros amigos y parientes difuntos.

Todo esto no es una cuestión de la mente sino del corazón. El amor viene del corazón y no de la mente. La falta de inteligencia en sí misma nunca ha matado a nadie, pero la ausencia de amor mata cada minuto del día y la noche. No nos hacemos santos, ni curamos nuestra alma con la inteligencia sino con el amor.

—¿Ocurren durante las misas o servicios de otras denominaciones cristianas tantas conversiones como en las misas católicas?

—Eso depende sobre todo de si los fieles creen que es Jesús quien se encuentra en la Hostia consagrada o si se trata de algo meramente simbólico. En este último caso, las conversiones serán engaños y no durarán. Satanás nunca descansa para confundirnos, para apartarnos de nuestro verdadero Jesús.

—Existen ciertas iglesias cristinas que han diluido tanto el rito que consideran comunión con Jesús toda comida en la que se parte cualquier trozo de pan. ¿Se producen también conversiones en estos casos? ¿Es realmente importante mantener el rito de la Iglesia católica?

—Sí, es importante. Creo que debe seguirse el rito católico, pero también estoy igualmente segura del amor inconmensurable de Jesús; y por lo tanto, no me atrevería nunca a cuestionar si ocurren o no conversiones en esas otras iglesias. Sin embargo, cuando se vive de corazón y en profundidad la misa católica es lo más correcto y sanador para el alma, para la mente y para el cuerpo.

—¿Le han dicho algo sobre el Papa las almas del purgatorio que no fueron cristianas durante su vida terrenal?

—Sí. Me dijeron que ahora reconocen al Santo Padre como el líder espiritual absoluto de toda la humanidad.

—¡¿No cristianos le han dicho esto?!

—Sí, almas de personas que no fueron cristianas durante su vida en la tierra me lo dijeron.

—¿Qué sucede con quienes se unen a una secta?

—Eso depende sobre todo de por qué lo hicieron y de cómo lo hicieron. Si nacieron en una familia que ya pertenecía a la secta, entonces se les juzgará suavemente. No tuvieron la culpa, no conocieron otra verdad. Pero si un católico, o un cristiano, ingresa en una secta sufrirá mucho por ello. Esas personas deberán volver a sus verdaderas creencias antes de morir para librarse de eso.

—He escuchado a muchas personas de mi edad en Estados Unidos, también a médicos que no son creyentes, emplear la expresión "católico en recuperación". ¿Qué opina al respecto?

—¡Me enfada mucho y me pone muy triste esta idea! Cuando se ha llegado a este punto se debe a la acción de Satanás. Si los padres, los profesores y los sacerdotes dejan de enseñar el amor divino y en vez de eso utilizan amenazas y proyectan un sentido de culpabilidad, entonces pueden producirse fácilmente heridas espirituales. Jesús nunca, nunca, nunca acusa a nadie porque Él conoce la condición humana mucho mejor que cualquiera aquí presente. Únicamente Satanás nos engaña con las amenazas. Las amenazas han espantado a muchos lejos de la Iglesia, y nuestra Madre constantemente nos dice que debernos rezar mucho por aquellos que todavía no conocen el amor de Dios y que, por lo tanto, se han ido a otro lado. Los responsables de que sus hijos hayan llegado a este tipo de situación deberán rendir grandes cuentas. El Señor tendrá más piedad, en cambio, con la víctima de las amenazas, porqué Él sabrá de dónde y de quién vinieron.

18. GUÍA Y PROTECCIÓN

—María, ¿las almas del purgatorio les dan algún consejo o indicación a sus familias?

—Sí, lo hacen. Durante 1954, lo comprobé en varias ocasiones; las almas me daban su fecha de fallecimiento y la ciudad en la que habían vivido. Me pedían que dijera a su familia que arreglaran algo. Generalmente se trataba de una herencia distribuida injustamente o en contra de la voluntad del difunto.

Hay otro caso que me viene a la memoria en este momento; un alma me pidió que le dijera a su hijo, un sacerdote que vive justo cruzando el valle allí abajo, que pusiera nuevamente el reclinatorio para comulgar. Primero le di esa instrucción a través de un conocido suyo, pero él dijo: "¡Oh, díselo tú misma; te creerá más a ti que a mí!". Así lo hice y le escribí. Pero hasta hoy el hombre no ha seguido ese consejo. En mi opinión, el sacerdote es una buena persona, pero simplemente tiene miedo de hacer caso a lo que se le dijo.

—¿También nos guiarán del mismo modo si rezamos y hacemos buenas obras por ellas?

—Sí. Simplemente confíe y dé el primer paso para ayudarlas.

—¿Hay alguna entidad o grupo, por ejemplo organizaciones gubernamentales, grupos sociales o fraternidades que hayan intentado debilitar su testimonio, atacarla o detenerla en alguna forma?

—Bueno, si lo han intentado no han conseguido nada. Sí, de hecho, una vez sucedió, pero me enteré más tarde. Durante un tiempo tuvimos un policía un poco difícil en esta zona. Había oído en los bares cosas sobre una señora que vivía en la montaña y que decía que veía y hablaba con fantasmas y que lo hacía a diario. ¡Y no quería escuchar semejantes cuentos en sus bares! Así que junto a otra persona decidieron visitarla con el fin de decirle que se callara. Vinieron hasta aquí en un gran automóvil, luciendo sus uniformes más lujosos, se detuvieron allí abajo en el restaurante y recorrieron el resto del camino hasta mi puerta. O, al menos, casi hasta mí puerta, puesto que a un par de metros frente a ella se detuvieron de manera repentina. ¡No podían dar un paso más!

Intentaron avanzar de nuevo, esta vez inclinando sus amplias espaldas hacia adelante, y otra vez los detuvo algo que no podían ver. No insistieron más. Se rindieron, regresaron al pub del restaurante, pidieron una cerveza bien grande ¡y no hablaron nunca más del tema! Una vecina mía los vio y al día siguiente me dijo: "María, vi que ayer tuvo una visita importante". "¿Quiénes? Ayer no tuve visitas". Entonces me enteré al detalle de lo que había pasado.

—¿Qué indicaciones, si las ha habido, le han dado personalmente a usted las almas del purgatorio?

—Me pidieron que no saliera de casa durante más de cinco días seguidos, debido a todo el correo que recibo.

—¿Le ha sucedido que hayan venido hasta usted personas con intenciones sospechosas? Y si es así, ¿cómo se las arregló? ¿O las almas le habían advertido con anterioridad?

—Trato de recibir a todos, pero sí, en algunos casos me han advertido que no diera un largo testimonio. Si vienen por curiosidad, entonces no hablo mucho. Me ha pasado una vez que vinieron con intenciones dudosas y la voz simplemente no me funcionaba. No podía hablar libremente como lo estamos haciendo ahora. Ellos me decían: "¿Por qué no nos cuenta más?". Y lo único que les podía contestar era: "¿Por qué no me hacen más preguntas?". Esto ha ocurrido muy pocas veces.

—¡Bueno, yo estoy muy contento y agradecido de que haya estado hablando conmigo durante tantas horas! ¿Le preguntó a un alma del purgatorio antes de que yo me presentara si mis intenciones eran buenas?

—No, no lo hice; pero si sus intenciones no hubieran sido buenas, ¡se habría aburrido rotundamente! (Risas).

—¿Es cierto que nos llevamos con nosotros todo lo que aprendemos aquí en la tierra?

—Sí, es cierto.

—Si es así, ¿existe alguna prueba de que las almas del purgatorio nos ayudan con lo que han aprendido mientras estuvieron aquí? Por ejemplo, si una costurera necesita ayuda ¿sería mejor que les pidiera específicamente a las costureras del purgatorio que la ayudaran?

—Sí, existen pruebas de ello. En el caso de que necesitásemos ayuda rápida durante un posible accidente automovilístico las posibilidades son muy buenas si el alma que ayuda sabe algo sobre coches en vez de hacer punto.

Conozco el caso de un hombre de esta zona que tenía que hacer contrabando con mercancías con frecuencia a través de la frontera durante la guerra. Siempre pedía a los agentes de aduana del purgatorio que lo ayudaran a cruzar sin que lo apresaran. No le pillaron ni una sola vez en muchos años, pero lo que pasaba de contrabando eran para gente buena: Biblias y otros artículos religiosos. Un traficante de drogas, de dinero o de armas no debe intentar que las almas del purgatorio le ayuden a hacer su trabajo. Nunca nos ayudan cuando tenemos malas intenciones.

—¿De qué otra manera pueden guiarnos las almas del purgatorio?

—Le podemos pedir a un alma del purgatorio que nos guíe espiritualmente, y nos sería de gran ayuda en el caso de que no tuviéramos acceso a un buen sacerdote y nos sentimos solos. Si es así, nos ayudará. Sin embargo, cuando me he enterado de que esto ha ocurrido nunca supe realmente cómo pasaba, pero las almas del purgatorio dicen que ocurre.

—¿Pueden las almas del purgatorio protegernos de manera que disminuya nuestro libre albedrío?

—Sí, en cierto modo, pero solo de forma positiva. Pueden intervenir e impedirle a alguien que alcance una botella, que conduzca demasiado rápido o cualquier otra cosa que podría ponernos en peligro. Ciertamente podrían ayudar a los fumadores a dejar de fumar más fácilmente que si lo intentaran sin su ayuda.

Probablemente este sea un buen momento para que haga una breve referencia al libre albedrío. Cuando nos ayudan a combatir un hábito malo, nuestra voluntad es más libre y no más limitada. Nunca actuamos libremente cuando somos tan débiles como para pecar o para caer bajo una dependencia. Al elegir algo que nos obliga o controla, en primer lugar debemos cambiarlo y darle brillo para poder mentirnos a nosotros mismos diciendo que, después de todo, está bien y es bueno. Esta distorsión no nos hace libres. Solo seremos libres en el Cielo para concentrarnos completamente en el Bien absoluto, nuestro Dios.

—¿Me podría dar un ejemplo de cómo un alma del purgatorio libró o protegió a alguien?

—Sí. Pero se trataba de otro tipo de ayuda.

Un joven estaba buscando una esposa buena y santa. Tenía a una chica en mente y la visitaba de vez en cuando. Cada vez que iba a su casa, había un hombre fuera, a un lado, que le decía: "No vayas allí, no serás feliz con ella". Las primeras veces lo ignoró y siguió visitándola. Pero luego, la tercera o cuarta vez se detuvo y miró más de cerca a ese hombre. Era su propio padre que había muerto varios años antes. Entonces sí que prestó atención y fue a buscar esposa a otra parte. En este caso le libró y protegió de futuros problemas.

También existe otro caso. Conocí a una chica que intentó repetidas veces entrar en un convento. Pero por diferentes razones siempre la rechazaban. Se acostumbró a sentarse en un bello lugar junto a un lago para poder alcanzar la paz con Dios. Un día se dirigía allí y de pronto escuchó una voz muy cercana que le dijo: "Detente, regresa". La ignoró y no se detuvo. Nuevamente la voz dijo: "¡Regresa!". Continuó andando hasta que sintió que dos manos tiraban de ella hacia atrás. Esta vez no siguió avanzando. Más tarde le contó a un psicólogo creyente lo que le había sucedido, y este le dijo: "Lo entiendo perfectamente, porque en el estado en que se encontraba, el agua podría haberla cautivado fácilmente y podría haberse caído o haberse arrojado a ella aún sin darse cuenta, y probablemente se hubiera ahogado".

Y aquí le cuento otra historia graciosa sobre la protección de bienes. Un muchacho que vive cerca de aquí, conocido como Hans, se despertó una noche al escuchar una voz que le decía que fuera al granero. Se dio la vuelta y la ignoró. Nuevamente: "Ve al granero". Quizá fue a la tercera cuando por fin obedeció. Salió y miró a su alrededor. Todo estaba en orden y pensó: "Qué extraño. ¿Qué debo hacer? Me sentaré y esperaré un poco". Al rato, vio cómo se abría la puerta y entraba un extraño. Hans permaneció callado y escondido. El extraño se dirigió directamente a la pocilga, se metió dentro y se llevó dos de los lechoncitos. Entonces lo comprendió todo. ¿Se da cuenta? Había sido la voz de su padre. Hans saltó y persiguió al hombre, y al hacerlo, logró que el ladrón soltara a los cerdos al escaparse por la puerta.

Ellas conocen exactamente nuestro mundo y nuestra situación en él, y por lo tanto nuestras peticiones deben ser tan variadas como lo es nuestra vida.

—Usted dice que siempre nos protegen de alguna manera, pero ¿nos protegen más cuando rezamos más a menudo por ellas?

—¡Oh, sí, mucho más! Uno podría decir que de esa forma tienen nuestra autorización. Cuando comenzamos a rezar por ellas la respuesta llegará muy rápido. Necesitan tanto de nuestra atención que harán lo imposible para que nos demos cuenta de que son ellas quienes nos están llamando. Cuando les pido una ayuda específica para algo, digo: "Ayudadme con esto o aquello y yo ofreceré una misa extra la próxima semana. Si no lo hacéis, no ofreceré la misa". Pensará que esto es intentar negociar con Dios o amenazarlo; pero yo no creo que sea así por la simple razón de que la oración no está sujeta a tiempo o espacio. Si la intención de hacerlo es honesta, entonces la intervención de las almas y el tiempo en que intervienen no puede medirse desde nuestro punto de vista con respecto al tiempo. Inténtelo, notará que las almas se pondrán en gran actividad.

—¿Pueden devolvernos los objetos que hemos perdido?

—Sí, también pueden, y tengo un muy buen ejemplo al respecto. Hace dos años una hermana religiosa muy piadosa de la Comunidad de las Bienaventuranzas, que vive permanentemente en Medjugorje, acompañó a Vicka, una de las videntes, a un viaje por Francia para dar unas conferencias. El viaje fue rápido y agitado, y mientras viajaban, la hermana Emmanuel –este es su nombre– llevaba un bolso de viaje con mucho dinero dentro. Habían reunido ese dinero para pagar el alquiler de las habitaciones de los lugares donde estaban programadas las charlas. Generalmente compartían la misma habitación, y una mañana temprano, un par de minutos antes de que tuvieran que partir a su próxima reunión, el bolso no aparecía. La hermana Emmanuel sabía perfectamente dónde lo había dejado el día anterior, pero por supuesto, no podían demorar la partida puesto que miles de personas estaban esperando para ver y oír a Vicka. Debieron partir entonces sin el bolso. Sin embargo, antes de salir la hermana Emmanuel le pidió a la dueña del lugar que revisara la habitación, y si fuera necesario toda la casa, puesto que era mucho dinero y ya estaba comprometido. El viaje continuó y el bolso no aparecía en ninguna parte de la casa. Vicka volvió a Alemania y la hermana Emmanuel regresó a Medjugorje todavía muy angustiada por la pérdida del bolso. Y como se sentía responsable, al llegar al pueblo le pidió a las almas del purgatorio: "Encontrad ese bolso por nosotras y ofreceré una novena de misas".

Al cabo de solo tres días llegó una carta a la secretaría parroquial proveniente de la dueña de la casa donde habían dormido esa noche en Francia. Decía: "Acabamos de encontrar el bolso, y todo el dinero se encuentra en él sin que falte nada. ¡Estaba en el mismo lugar en que nos dijo que lo había visto el día anterior!".

Esto no me sorprende lo más mínimo. Una novena de misas lleva a muchas almas al Cielo. Me lo contó la hermana Emmanuel cuando me visitó y me dejó una pregunta para hacérsela a un alma: "¿Fue un alma del purgatorio la que nos devolvió el bolso con el dinero perdido durante el viaje de Vicka a Francia?". Más o menos un mes más tarde recibí la respuesta: "Sí".

—Entonces, ¿es posible que el bolso haya ido flotando, por decirlo así, hasta ese preciso lugar?

—Para Dios todo es posible, pero yo diría que las almas del purgatorio le hablaron al ladrón en el subconsciente para que devolviera el bolso. Y fue esa presión en su conciencia lo que resultó intolerable al "buen ladrón". Pero si fue el ladrón quien volvió a entrar en la casa en secreto para devolver el bolso en el mismo lugar donde lo había encontrado o si tenía acceso libre a la casa, debo admitir que es realmente un misterio. No importa cómo ocurrió, las almas del purgatorio recibieron las nueve misas de la hermana Emmanuel y nunca se negarán a rezar y actuar por ella.

—¿Conoce algún caso similar de protección que sería significativo para un número mayor de gente?

—¿Para un número mayor de gente? Sí. Esto debería ser significativo para todo el mundo. Las almas me dijeron que ayudaron a apagar el incendio de la central nuclear de Chernobyl y recientemente me enteré de que ayudaron a acortar la guerra del Golfo. Lo hicieron porque había mucha gente que estaba rezando.

¡No existe nada en lo que no puedan intervenir por nosotros! Salvaron gran parte del pueblo vecino, arriba en la montaña, en 1954, un año terrible debido a las avalanchas. En todo este valle, perdieron la vida más de 75 personas a causa de los aludes. Blons fue casi destruida en su totalidad, pero allí arriba, en el pueblo de Fontanella, intervinieron las almas porque había una señora postrada en cama que durante treinta años ofreció todas sus oraciones y sufrimientos por el bien de la parroquia. Se podría decir entonces que fue ella la que realmente salvó todas esas casas y tantas vidas. Cuando los expertos observaron lo que había ocurrido a la mañana siguiente, notaron que algo muy poderoso, más poderoso que el propio alud, había detenido su recorrido.

Eso es lo que pueden hacer, así que es una gran pérdida si no les pedimos cada día su protección. Por favor, ¡nunca se olvide de ellas!

—Si nosotros podemos pedirles que nos protejan aquí, ¿podemos pedir a las almas del nivel más alto que vayan al nivel más bajo para proteger a las almas que se encuentran allí?

—No, eso no. La razón es que únicamente conocen y actúan por lo que se encuentra delante de ellas. Ellas buscan y anhelan la luz de Dios y se dirigen solamente hacia Él. Debemos pedir a san Miguel y a los demás ángeles que protejan y ayuden a las almas que se encuentran en los niveles más bajos del purgatorio.

—¿De qué otra forma nos pueden ayudar?

—Yo creo que su ayuda solo está limitada solamente por nuestra imaginación, siempre y cuando nuestra imaginación sea santa y buena. Nunca nos ayudarán a lograr algo que sea contrario a la voluntad de Dios. Y, por favor, no pierda la esperanza si en ocasiones la ayuda no resulta claramente evidente. No se olvide que para cada cosa que hacen deben pedirle permiso a Jesús a través de su Santísima Madre. Y como todos sabemos, el plan de Jesús para nosotros no siempre está de acuerdo con nuestros deseos, aun cuando estos sean buenos. Por otro lado, su trabajo pasa generalmente desapercibido porque la paz que nos llega por su protección es generalmente silenciosa e invisible.

Por ejemplo, usted se encuentra cruzando la calle con el semáforo en verde para los peatones. Mientras, un coche se dirige hacia el cruce pero lo que usted no sabe es que el conductor se ha quedado dormido. Puede ocurrir que un alma del purgatorio despierte al conductor rápidamente y de este modo se detenga sin que usted se dé cuenta de nada. Le han salvado la vida y sin embargo nunca lo sabrá. ¡Con tanta frecuencia trabajan por nosotros y no notamos nada!

—¿Podría contar otra historia que involucre, por así decirlo, ayuda en general en vez de protección espiritual o física?

—Esto sucedió en Francia. Una señora había prometido hacer una ofrenda durante la misa por las almas del purgatorio una vez al mes. Era una mujer humilde y piadosa que trabajaba de empleada doméstica en casas grandes. Sucedió que perdió su empleo y estuvo sin trabajo durante más tiempo del esperado. Ya casi se había quedado sin dinero y un día, cuando salía de misa, se dio cuenta de que todavía no había hecho la ofrenda de ese mes; al tener poco dinero, se le presentaba un verdadero problema. Si hacía la ofrenda se quedaría sin un céntimo en un par de días. Entonces dudó. Pero confió en Jesús y supo que Él no la abandonaría por estar con problemas de dinero. Se dirigió al sacerdote y, como siempre, hizo la ofrenda de una misa por las almas del purgatorio. Luego se fue a su casa. Mientras salía de la parroquia, un hombre de buen aspecto y bien vestido, alto, se dirigió a ella y le dijo que había escuchado que necesitaba trabajo. Ella asintió pero se preguntaba cómo podría haberse enterado. El hombre era amable pero convincente, y le dijo que fuera a determinada calle y que llamara a la tercera casa de la derecha. Así lo hizo, todavía un poco insegura. Encontró la casa y de inmediato le gustó lo que vio. Llamó a la puerta y le abrió una señora mayor, muy simpática, que la dejó entrar con alegría cuando supo que buscaba trabajo y que tenía experiencia como empleada doméstica. No les llevó mucho tiempo llegar a un acuerdo sobre el trabajo y ambas estaban muy contentas y aliviadas de haber encontrado una solución a sus necesidades. Sucedió entonces que mientras la recién llegada se paseaba por el amplio y elegante living, vio una fotografía enmarcada sobre la repisa de la chimenea. ¡Era el hombre que unos minutos antes había hablado con ella a la puerta de la iglesia! "Señora", preguntó, "¿quién es el hombre de esta fotografía?". "¡Oh!", dijo la señora mayor, "ese es mi hijo, Henri, que murió hace cuatro años".

—Si conocemos a alguien, por ejemplo, que de niño sufrió mucho a manos de sus padres o a causa de la sociedad, ¿podrá un alma del purgatorio protegerla de los constantes ataques que Satanás le hace a través de esas heridas todavía abiertas hasta que pueda reconocerlas y acudir a un sacerdote o a un especialista apropiado?

—Definitivamente. Y las almas también pueden guiar a ese hombre o mujer a la persona indicada. Conozco casos en que eso es precisamente lo que ocurrió y luego las almas del purgatorio me contaron que ellas habían sido las que habían intervenido y ayudado.

—¿Qué sucede si alguien les pide ayuda para algo no completamente bueno? Usted dijo anteriormente que no ayudaban en esos casos.

—¡No, no! Si alguien les pide ayuda con malas intenciones, nunca son ellas las que ayudan, si es que la persona recibe algún tipo de ayuda. Solamente Satanás ayudará a alguien con malas intenciones. Y recuerde que Satanás también puede simular las actividades de las almas del purgatorio.

—¿Conoce algún caso en el que un alma se haya aparecido a alguien que luego le haya pedido que lo ayudara con algo inapropiado?

—Bueno, sí. Una vez, durante un gran accidente automovilístico, tres almas se le aparecieron al conductor diciéndole: "Ahora vas a ayudarnos tú". Ellas lo habían mantenido en su lugar puesto que el coche había dado al menos una vuelta de campana, y el conductor pudo salir del coche por su propio pie y sin ningún rasguño. Cuando se dio cuenta de que habían sido ellas quienes le habían protegido de la muerte, quiso obtener más ayuda con los papeles del seguro, y asistió a algunas misas por ellas, pensando que también le ayudarían con esto. Pasado un tiempo, al no cobrar ni un céntimo por el coche siniestrado, aquella persona se dio cuenta de que las almas no le estaban ayudando en ese tema. Se enfadó y parecía no entender por qué no le habían prestado auxilio. Pero lo que había pasado era que no le había dicho toda la verdad a la compañía de seguros y había declarado algunas mentiras acerca del accidente. Su deshonestidad no le hizo ganar nada salvo más problemas.

19. EL LIMBO

—¿Qué les sucede a los niños que nacen muertos o son abortados? ¿A dónde van?

—Las almas del purgatorio me dicen que no van al Cielo, pero como son inocentes, tampoco van al purgatorio. Van a un lugar que se encuentra en el medio. Se le puede llamar limbo o a veces "Cielo de los niños". La palabra limbo proviene de "limbus", que es el espacio entre la zona impresa de una página y el borde del papel. Las almas de los niños que están allí no saben que existe algo mejor. No saben que no están en el Cielo, y nosotros tenemos la responsabilidad de hacerles llegar allí. Algo que no nos costará mucho porque nunca tuvieron la oportunidad de pecar. Lo podemos hacer con una ceremonia de "bautismo del no nacido" o con una misa de réquiem. También deberíamos dar un nombre a los niños que han nacido muertos o a los que se ha abortado, y se les debe aceptar dentro de la familia. Así entran en el Libro de la Vida.

Conocí a una enfermera que trabajaba en un hospital de Viena que siempre bautizaba a los niños nacidos muertos y a los abortados del hospital. Lo hacía dos veces al día; por la mañana para aquellos que habían muerto durante la noche y por la noche para aquellos que habían muerto durante el día. Cuando le llegó la hora de su muerte dijo en voz alta: "¡Oh, aquí vienen todos los niños, tantos niños!". El sacerdote que se encontraba a su lado le contestó: "Seguro, has bautizado a tantos. Ahora vienen ellos a ayudarte". Y estos niños le ayudaron en su camino.

—¿Y los niños en el limbo también se aparecen o se acercan a sus parientes aquí?

—Sí, lo hacen. Especialmente sus hermanos son conscientes, con frecuencia, de que ese otro hermano está a su lado, aun cuando no estuvieran al tanto de haber tenido un hermano que hubiera nacido muerto o hubiera sido abortado.

—He oído que algunos niños muy sensibles han visto con alguna frecuencia a sus hermanos nacidos muertos o abortados; y cuando esto sucede les ven crecer a medida que pasa el tiempo. ¿Esto no se contradice con lo que usted dice que las almas siempre se le aparecen con la misma edad que tenían al morir?

—No, no lo creo. Dios nos conoce más de lo que imaginamos y nos muestra las cosas del modo que podamos comprenderlas mejor. Así que, cuando los niños aparecen mayores, como lo ha descrito, solo quiere decir que Dios desea dejar bien claro a aquel niño sensible y amado quién es exactamente quien le visita. Los niños rezan mejor y con más libertad que los adultos y sus padres son más proclives a creerles a ellos que a otras personas, por eso no hay duda de que esa experiencia traerá resultados si como buenos padres se involucran y se encargan del asunto, ocupándose de todos sus hijos. Jesús dijo: "Dejad que los niños vengan a mí y no se lo impidáis". Y esto también lo dijo por todos los niños nacidos muertos o abortados.

—¿Qué opina del aborto?

—El aborto es la mayor guerra y el horror más grande de todos los tiempos. Satanás, aprovechándose de esta sociedad lisiada, ha logrado matar a muchos inocentes como si fueran un enjambre de mosquitos. ¡La reparación por este crimen será enorme! No deseo hablar más sobre este asunto.

—Si una mujer admite que su aborto fue un gran pecado, ¿qué debe hacer para estar segura de que Jesús lo ha borrado? ¿Puede contestar a esta pregunta o prefiere que cambiemos de tema?

—No, está bien.

La mujer debe inmediatamente confesarse con un sacerdote y pedirle perdón a Jesús con total sinceridad. Luego deberá hacer una penitencia profunda y de corazón para sentirse nuevamente en verdadera paz. Deberá también dar un nombre al niño para que este se sepa aceptado y amado en la familia a la que pertenece y para que ingrese en el Libro de la Vida. Debe pedirle perdón a su hijo y, por último, debe bautizarlo y mandar celebrar una misa en su nombre como ya expliqué. Si todo esto se hace con un corazón humilde y arrepentido, entonces será suficiente.

—Tras hacer todo esto, ¿queda algún efecto pendiente?

—Sin tener en cuenta que la madre nunca olvidará lo que ha hecho, las almas del purgatorio me han dicho que la madre verá en el Cielo el lugar vacío donde habría estado su hijo tras haber vivido una vida completa. Pero porque el Cielo es el Cielo no existirá ningún dolor de ningún tipo al respecto.

—¿Se castigarán todos los abortos de la misma manera?

—No, porque en la actualidad sucede con frecuencia que las adolescentes son forzadas por sus padres o por la sociedad a realizar un aborto. En esos casos, la mayor parte de la responsabilidad es de los adultos que las llevan a esta situación. Los médicos que se lucran del aborto, y los medios de comunicación y los gobiernos que reducen la conciencia de la sociedad serán penados severamente. También las industrias médicas y cosméticas que utilizan derivados del feto para desarrollar otros productos descubrirán la enormidad de sus pecados. Debemos rezar mucho por todos ellos.

—Muchas mujeres de EE.UU., y del resto de Occidente y también, supongo, de Oriente, dicen que pueden hacer lo que quieran con su cuerpo y con lo que llevan dentro. ¿Qué les diría?

—¡¿Cómo se atreven a hacer a un niño indefenso lo que nunca permitirían que se les hiciera a ellas mismas cuando llegue el momento de estar tan indefensas como para defenderse?! ¡Qué rápido actúan para denunciar a un vecino cuando una rama de su árbol se cae y daña parte de su propiedad! Pero cuando quitan una vida es su derecho, y nadie se atreve a intentar interceder por esa vida. Son personas muy pobres que necesitan de nuestra oración diaria para liberarse de su egoísmo, arrogancia y confusión.

20. EL OCULTISMO

—¿Qué puede decirme acerca del ocultismo?

—La palabra "oculto" significa "escondido" o "en la oscuridad", y se da este término a todas las prácticas que, reconocidas como tales o no, están en comunión con Satanás. En la actualidad existen demasiadas como para que una persona pueda enumerarlas minuciosamente, y en cada parte del mundo existen diferentes prácticas que, por supuesto, poseen nombres totalmente distintos. Satanás es el artista experto del engaño y el disfraz.

Pero lo más destructivo en la actualidad es el mal causado por el gran número de personas que maldicen a otros y envían hechizos y maleficios sobre ellos. La magia negra en todas sus formas está creciendo desenfrenadamente hoy en día como nunca antes.

—¿Cuál es el efecto sobre los que son objetivos de esa clase de agresiones espirituales?

—Pueden por lo menos causar confusión y temor y también pueden llevar a la depresión, opresión, agonía, confusión, al divorcio, al odio, a la posesión demoníaca o a una lenta agonía si no están bien protegidas con su vida bien vivida y si no cuenta con la protección de los ángeles y de las almas del purgatorio.

—Y para las personas que practican el ocultismo, ¿cuál será el efecto sobre ellas si no se detienen inmediatamente?

—Los efectos de estos contactos, ya sean conscientes, por ignorancia, activos o pasivos, con quienes practican el ocultismo recaerán sobre ellos y también afectarán a las generaciones siguientes. Los efectos de estos pecados siempre seguirán su curso a menos que esa persona involucrada invoque activa y persistentemente a Jesús, a María y al arcángel san Miguel para que intercedan y detengan la continuación de los ataques.

—¿Qué deberían hacer quienes han participado activamente en semejantes prácticas y desean dejar de hacerlo ahora que ha dicho esto?

—Primero, deben dejar esa práctica inmediatamente y no ver a nadie que hayan conocido por medio de estas prácticas, y deben hacerlo sin decírselo a nadie. Deben quemar todos los materiales que hayan reunido. Deben dejarlos de lado en silencio y buscar seguridad entre los cristianos. Una vez ahí, encontrar un sacerdote experimentado o un laico que posea experiencia en estos asuntos. Es muy importante mantener el tema en silencio porque si se lo dicen a alguien, las noticias de la posible conversión probablemente lleguen con facilidad a la jerarquía del sistema en el que han estado, y si eso es así, pueden sufrir ataques. En todos esos antros existen brujas o magos que pueden atacar con la ayuda de los demonios que tienen bajo su control, y es muy probable que lo hagan,

—María, ¡esto parece extremista!

—Satanás es extremista y no se detendrá por nada para lastimar y desacreditar a aquellos que se hayan librado de sus garras. ¡Deben dejarlo todo e irse en silencio!

—¿Conoce algún caso en que alguien haya intentado dejar esas prácticas malignas y haya sido dañada por no hacerlo en silencio?

—Sí, he escuchado alguno. Una vez me dieron un nombre para que averiguara si esa persona estaba viva, y más adelante, si la habían asesinado o no. Las respuestas que recibí de las almas confirmaron que había sido asesinada debido a su conversión. Lamentablemente no había escuchado lo que le habían aconsejado de no regresar a su entorno anterior pues intuían que sus anteriores conocidos tenían mucho que ocultar y no estarían contentos con su repentina y profunda conversión. El no hacer caso a este consejo le costó la vida; pero por otro lado, logramos enviarle muy rápido y ahora se encuentra en el Cielo con Jesús.

—¿De qué otra forma pueden dañarnos las brujas y magos?

—¡Hay infinidad de formas! Las brujas y magos pueden causar divorcios. Pueden enviar enfermedades a las personas o quemar hogares sin dejar rastro alguno del motivo. Pueden aterrorizar a las personas durante la noche. Si hay energía suficiente, por ejemplo, un grupo de convocados puede matar sin salir siquiera de sus hogares. Un sacerdote en ... fue asesinado por ellos hace poco, y encima de todo fueron tan perversos de hacerlo en ¡Nochebuena! Pueden escuchar conversaciones a grandes distancias sin ningún medio electrónico y luego calumniar a aquellos que han escuchado. Pueden causar accidentes automovilísticos y cosas parecidas. Y todo esto pueden hacerlo a cualquier distancia. Sí, todo lo que necesitan es un nombre, una dirección, una foto o algo como alguna prenda de la persona para proceder con su maleficio. Sin embargo, le corresponde a Dios permitir los resultados negativos provenientes de la magia negra. Los buenos cristianos no deben preocuparse por estas cosas si son humildes y se encuentran en estado de gracia y en oración, pues entonces la protección que reciben es mucho más fuerte que cualquier cosa que los demonios puedan hacer.

—¿Existen las misas negras?

—Sí, y hay en la actualidad más que antes en la historia. En esas misas se tortura a Jesús practicando cosas horrendas en Hostias consagradas, en niños inocentes y en pequeños. Hay niños concebidos que nacen sin ningún certificado de nacimiento para poder así practicar con ellos toda clase de atrocidades. En las misas negras también se sacrifican vírgenes, se organizan orgías, se bebe sangre y se comen partes del cuerpo humano para obtener el poder que se les promete si lo hacen. ¡Satanás no se detiene ante nada! Muchas de estas organizaciones, cuando sus miembros han alcanzado cierto nivel, les dicen que no pueden irse nunca. Eso es mentira. Uno siempre puede dejarlo. Jesús perdona hasta a las personas que han dirigido misas negras.

—¿Dónde tienden a concentrarse las brujas en la sociedad?

—Depende, pero con frecuencia entre los niños en los colegios. También en los hospitales, donde la sangre y las drogas son fáciles de adquirir. Y dentro de iglesias y grupos de oración para causar divisiones; entre la policía y las profesiones relacionadas con la justicia para tener infiltrados dentro de estos sistemas que puedan distraer su atención de la actividad de otros. Están muy bien organizados, y actúan en todos los niveles de la sociedad. Frecuentemente se esconden detrás de trajes de negocios y uniformes de trabajo totalmente normales. Todos buscan alcanzar el mayor poder posible.

—Si alguien sospecha de una bruja, ¿existe alguna característica particular que nos ayude a confirmarlo?

—Solo pueden prosperar si se les presta atención y harán lo que sea para obtener el control sobre otros. Generalmente les falta espontaneidad debido a que cada movimiento que realizan está planeado de antemano para engañar a alguien, y cuando están en las iglesias demostrarán una devoción exagerada y hasta falsa. Fanfarronearán acerca de sus conocimientos y habilidades religiosas y espirituales y generalmente utilizarán un nombre falso.

Pero, por favor, nunca dé a conocer sus sospechas y manténgalas totalmente en secreto, porque su recelo podría llegarle a estas personas y, además, si lo da a conocer, los demonios pueden advertirle a sus seguidores que usted sabe lo que está sucediendo. Continúe en silencio y rece por esas personas todos los días. Solo la oración los librará, mientras que nuestras palabras respecto a su obrar solamente nos lastimarán.

—En Estados Unidos, al menos, existe un debate en la actualidad entre quienes, por un lado, sostienen que cada vez proliferan más los ritos satánicos y otros que piensan que estas historias son solo invenciones inculcadas en las cabezas de los más susceptibles ¿Qué opina al respecto?

—El abuso satánico de los niños está aumentando, sin lugar a dudas, de un modo desenfrenado. Consideraría con cuidado si aquellos que dicen que se trata de invenciones no están obteniendo algo ellos mismos. ¿Por qué no podrían estar representando ellos, de alguna manera, a quienes realizan estos abusos? Lo que obtienen al acusar a los que intentan ayudar, ¿no es si no más poder mientras que al mismo tiempo hacen que las víctimas piensen que están locas? Si dicen tantas tonterías y mentiras, deben estar ganando algo.

—¿Por qué hay personas que eligen dañar a los demás y eligen obtener cada vez más y más poder?

—Siempre comienzan siendo ellos mismos los abusados en primer lugar, y luego buscan cada vez más una mayor venganza y un mayor control sobre otros. El camino hacia la santidad y el camino hacia el infierno son, en ambos casos, progresiones lentas y constantes. Todos los niños nacen inocentes, pero no todos los niños nacen libres de abusos ni todos viven en paz. El camino al infierno puede comenzar perfectamente antes de que el niño nazca. Si los padres se pelean, se drogan, practican el ocultismo, ven películas de terror, van a las discotecas o simplemente se sientan frente al televisor durante todo el día y toda la noche, el niño que va a nacer recibe, inconscientemente, todo lo que ellos ven, oyen o en lo que participan, y queda profundamente afectado por todo ello.

No es un "cuento de viejas" que las mujeres embarazadas no deben mirar una imagen fea. Cuando se decía esto hace años, nos referíamos, por supuesto, solo a los cuadros y probablemente a las fotografías; ¡así que imagínese lo que le sucede a los niños pequeños expuestos hoy en día hora tras hora a terribles películas de terror! ¡En la actualidad, aun sin saberlo, mucha gente peca terriblemente en sus hijos antes de que nazcan incluso!

—Usted dice que el niño lo recibe todo de ambos padres. ¿También del padre?

—¡Por supuesto! La madre puede estar en su casa con el pequeño embrión en su interior mientras que el padre puede encontrarse en la guerra del golfo Pérsico, y el niño experimenta todo lo que él hace. Así que el sufrimiento y la reparación por aquella guerra ya ha comenzado en el hogar a muchas millas de distancia. Y, por ejemplo, si el padre peca terriblemente teniendo sexo fuera del matrimonio durante esos nueve meses, el niño llevará fácilmente una herida en el subconsciente que probablemente resulte en ofrecer resistencia hacia el sexo opuesto y hasta podría inclinarse a la homosexualidad. Por eso, muchos homosexuales piensan en conciencia que han nacido así. Su ira, su dolor, su frustración y su falta de realización son una reparación por los pecados de sus padres. Satanás hace que la gente se ponga enferma, y esta enfermedad, estas heridas, solamente pueden curarse con mucha oración y especialmente con la ayuda de san Miguel, que es el ángel más fuerte para pelear contra las tentaciones de Satanás.

—¿Se te ha aparecido alguna vez un alma que durante su vida haya participado en una misa negra?

—Aún no me ha pasado, pero por favor no presuponga que en todos los casos ya están perdidas. He conocido personas que participaron en misas negras pero luego lo dejaron y cambiaron sus vidas por completo. Y entonces, por supuesto, no están perdidas.

—Entonces, ¿no existe ningún abismo del cual Jesús no nos saque o no pueda sacarnos?

—Correcto. Si lo dejamos actuar, Dios siempre podrá vencer a Satanás. Siempre podremos ser buenos y hacer buenas obras, aun en los últimos momentos de nuestras vidas. ¡La misericordia de Dios es enorme!

—María, ¿pueden las almas perdidas hacerle daño a las personas vivas?

—Sí, las almas perdidas pueden atacar a las personas en esta tierra y en especial a sus propias familias. Y sucede en muchas ocasiones actualmente. Algunos dicen que el infierno se encuentra ahora casi vacío porque el ejército de Satanás se encuentra recorriendo todo el mundo. Yo trabajo, rezo y peregrino con frecuencia con un exorcista que en varias ocasiones ha detenido a almas perdidas empeñadas en atacar a sus descendientes. Esta es una clara explicación de por qué existen familias enteras de delincuentes, que ciertamente existen. Un abuelo perdido, con todo el odio que lleva en su interior, probablemente guíe a su nieto a un mismo estilo de vida. Solo un exorcista poderoso podrá detener que se prolongue esta cadena. La cárcel no la detendrá; la pena de muerte tampoco. Al contrario, probablemente, así solo se asegura que la cadena continúe en la mayoría de las ocasiones.

—De las prácticas ocultas, ¿cuál es la más peligrosa?

—La masonería. La masonería conduce al divorcio y al suicidio, pero también a otras prácticas ocultas llevan a lo mismo. Sin embargo, el principal objetivo de los masones es destruir a la Iglesia.

Las almas del purgatorio me han dicho que los masones fueron quienes asesinaron a nuestro Papa, Juan Pablo I. Y cuando falleció un cardenal, que había tenido un cargo muy importante, una mujer con dones espirituales de Corintia quiso rezar por él. La mujer rezaba, pero había algo que la obstaculizaba. Lo intentó reiteradamente, pero simplemente no lograba rezar. Un día el mismo cardenal se le apareció con un aspecto fiero y le dijo: "No puedes rezar por mí porque estoy perdido debido a la masonería. Y cargo con Papas en mi conciencia". Entonces junto a su director espiritual, y fue él quien vino a contármelo, llevaron el caso al Vaticano y a sus autoridades más importantes. Una de ellas, que reconoció haber estado en el lecho de muerte de ese cardenal y había sido testigo de sus gritos desgarradores, dijo que no quería morir de esa manera y fue a confesarse con el actual Santo Padre.

—Así que dice que los masones asesinaron al papa Juan Pablo I. ¿Han sido asesinados otros Papas u otras personas importantes en la Iglesia?

—Sí.

—¿Y usted cree a esta mujer de Corintia y a su director espiritual?

—Sin lugar a dudas.

—¿Puede decirme, María, cómo se las arregla en general con Satanás?

—Cuando me molesta, y se trata generalmente de cosas pequeñas, simplemente hago lo siguiente. Hace poco estaba sentada aquí rezando el rosario pero por alguna razón tuve que salir del salón. Colgué el rosario en la silla de esta manera y salí. Cuando regresé unos minutos más tarde, el rosario se encontraba sobre la mesa y lleno de nudos imposibles de desatar. Entonces le dije severamente a Satanás: "¡Estúpido idiota! ¡Desata este rosario o te quitaré diez almas!". El rosario se desató solo ante mis ojos y continué rezando con él. Si sucede algo que descubro que ha sido realizado por Satanás, solo le exijo en el nombre de Jesús que se retire y siempre lo hace.

—¿Se le ocurre algo más que nos ayudaría a fortalecer la protección contra el demonio en estos días?

—Sí. Durante las últimas décadas han desaparecido prácticamente los exorcismos, si es que no han sido totalmente suprimidos del rito bautismal. Eso es también un gran error y deja las puertas abiertas para que el mal afecte al niño con más facilidad. Su omisión ha provocado en estos tiempos el relajamiento de muchos sacerdotes. Se deben conservar las oraciones de exorcismo en su totalidad, para una protección completa.

También debería reinstaurarse la oración a san Miguel, que solía rezarse al final de cada misa. Esta omisión debilita también drásticamente la protección de las personas cuando se van de la parroquia. Les ruego a los sacerdotes que tengan coraje y confíen en san Miguel, y que retomen esta oración para obtener una mayor protección para sus feligreses.

21. EL INFIERNO Y SATANÁS

—María, ¿por qué existe Satanás?

—Dios quiso probar a sus ángeles, y cuando lo hizo, algunos de ellos guiados por Lucifer (otro de sus nombres) dijeron "no" a Dios con orgullo. Lucifer era el más hermoso y el más inteligente de todos los ángeles y quería hacer las cosas a su modo y no al de Dios.

—¿Existe realmente el infierno?

—Sí, el infierno existe.

—¿Qué actitud del corazón puede llevarnos a perder definitivamente nuestra alma?

—La negación testaruda, arrogante y orgullosa a aceptar las gracias y el amor que se nos da, y seguir así hasta el último momento. Y me refiero no solo al amor de Dios sino también al amor de los demás.

—¿Qué consecuencias sufrirá quien participe activamente en las prácticas de ocultismo de las que hemos hablado? ¿Qué severo castigo les espera después de la muerte?

—Todo depende. Existe una gran diferencia entre los que saben que todo eso viene de Satanás y los que lo hacen por ingenuidad, ignorancia o inmadurez. Si alguien hace algo conscientemente y a sabiendas las consecuencias serán enormes; pero si lo hace solo por ignorancia, el castigo será menos severo. En cualquier caso, esa persona debería confesarse rápidamente y contar su falta de forma específica. Cuanto más profundamente involucrada esté más experimentado deberá ser el sacerdote. Pero me temo que en la actualidad hay muchos sacerdotes que no tienen conocimientos acerca de tales asuntos, y algunos hasta pueden estar implicados en lo oculto. Las consecuencias para ellos en particular serán atroces, porque tienen una mayor responsabilidad.

—¿Alguna vez le ha engañado Satanás haciéndose pasar por un alma del purgatorio?

—Sí, lo ha hecho. El sacerdote que me dirige siempre decía: "Acepta a todas las almas, aun cuando sea necesario mucho sufrimiento. El Señor siempre te dará la fuerza para ello. Nunca rechaces a un alma". Pero una vez vino una y me dijo que no aceptara a la que vendría después. Entonces le pregunté: "¿Por qué no?". "Te pedirá tantos sufrimientos que no podrás soportarlo". "Entonces, ¿por qué el Señor permite que venga a mí?". Y me contestó muy severamente: "¡Dios quiere probar si eres obediente o no!". Esto me confundió y me preocupó. Como hago cada vez que algo me preocupa, le recé al Espíritu Santo para que intercediera. Y entonces me di cuenta de que el alma que tenía delante podía ser la maligna. Tiré agua bendita y le ordené: "Si eres Satanás, te ordeno en el nombre de Cristo que te vayas". Y desapareció.

—¿Se le ha aparecido en otras ocasiones disfrazado?

—Sí, constantemente, y siempre para confundir las cosas. Una vez se apareció como un sacerdote, otra como la madre superiora del convento de Hall. En ambos casos intentó decirme que me retractara de mi voto a nuestra Madre. Fue especialmente dura la Semana Santa anterior a la Pascua de 1954. Durante esa semana casi logró convencerme de que estaba en el infierno, con llamas y explosiones en mi habitación. Luego, un día de diciembre de ese mismo año sentí quemaduras y un espantoso temor al infierno en total soledad, pero noté que no había almas alrededor. Y repentinamente todo desapareció.

Una vez ocurrió lo siguiente. Los días en que hay funeral en nuestra parroquia a las nueve, podemos comulgar a las siete. Esa mañana en particular llegué a las siete menos cuarto y era la única presente. De pronto, entró el párroco con prisa, olvidándose de hacer la genuflexión ante el sagrario, y se acercó a mí para decirme: "Hoy no podrás recibir la santa Comunión". Y salió corriendo de lo parroquia, otra vez sin hacer la genuflexión y cerrando la puerta violentamente detrás de él. Esto no era propio de él y me pregunté qué estaba pasando. A las siete menos tres minutos entró nuevamente e hizo lo genuflexión como siempre suele hacer cada vez que se dirige hacia la sacristía. Le observé pensando que no iría allí pues yo, que era la única en la parroquia ese día, no podía comulgar. No había nadie más, así que me levanté y me dirigí también a la sacristía, llamé a la puerta y entré: "¿Por qué no puedo recibir la Comunión hoy, padre?", le pregunté. "¿Quién te ha dicho eso?". "Usted mismo me lo ha dicho hace solo diez minutos, cuando entró la primera vez". "Por supuesto quo hoy puedes recibir la santa Comunión. No he entrado en la parroquia sino en este momento. No te preocupes, Satanás está jugando contigo otra vez".

—¿Y qué más puede intentar contra usted?

—¡Oh, lo que quiera! Una vez fui a impartir una serie de conferencias con 40 grados de fiebre pero sabía que no podía habérmela contagiado en ningún lado. Simplemente no hice caso de la fiebre y cuando la charla estaba a punto de comenzar me sentí tan bien como siempre.

—¿Hasta dónde llega el poder del diablo y hasta qué punto estamos protegidos de él por nuestra buena conducta y por nuestro ángel de la guarda?

—Esa protección es muy poderosa. Sin ella Satanás nos mataría a todos muy rápidamente. Déjeme contarle lo que le sucedió a un sacerdote muy santo en un monasterio cerca de aquí, en Bludenz. Probablemente pensará que las almas ayudaron para resolver este delito. Era el más anciano del lugar y también el superior del monasterio. Rezaba tanto y hacia tanto bien que debía sufrir con paciencia los celos y burlas de los sacerdotes más jóvenes y menos piadosos.

Una noche, dos de los jóvenes se dirigían a sus habitaciones cuando vieron luz en el sótano de uno de los edificios principales. Como ya era muy tarde, esta luz les sorprendió y fueron a ver quién estaba allí abajo. Bajaron al sótano y para su espanto encontraron a este querido sacerdote muerto, con el cuello colgando del pomo de la puerta. Tenía las piernas estiradas, como si estuviera sentado, pero se hallaba a unos centímetros del suelo. Llamaron a la policía y durante semanas revisaron todo el monasterio. El hombre era tan santo que nadie podía pensar en un suicidio. Interrogaron a todos los sacerdotes porque se sabía que se burlaban constantemente de él por su proximidad a Dios. No se llegó a ningún resultado tras la larga investigación y toda esa zona quedó desconcertada por este crimen.

Entonces me contaron esta triste historia y acepté preguntar a un alma del purgatorio por este sacerdote. Como había tanta gente rezando por él, y todo el monasterio se encontraba en estado de shock debido a lo sucedido, recibí una respuesta al poco tiempo. Fue la siguiente: "Nuestra Madre se le apareció al sacerdote y le preguntó si aceptaría que Satanás tuviera el poder de matarle. Le explicó que si así lo hacía, salvaría a muchas almas que se habían vendido a Satanás. El sacerdote aceptó".

Con esta respuesta me dirigí al monasterio donde estaban todos reunidos, incluso la policía. Leí en voz alta la respuesta. En el silencio que se generó a continuación, un sacerdote al fondo del salón suspiró profundamente y le pregunté qué ocurría. Se acercó con lágrimas en los ojos y sacó un papel del bolsillo. Explicó que lo había encontrado en el bolsillo del sacerdote la noche en que él y el otro compañero lo encontraron muerto. Lo desdobló y lo mostró a todos los presentes; era la letra del anciano sacerdote y nos lo leyó. Decía: "Nuestra Madre se me apareció y me preguntó si aceptaría que Satanás tuviera el poder de matarme y si así ocurría salvaría a muchas almas que se habían vendido a Satanás. Yo acepto".

—¡¿Así que entonces aceptó dar su vida por personas a las que no conocía y que se habían involucrado en prácticas de ocultismo?!

—Exactamente.

—¿Cuándo ocurrió esta historia? ¿Podría decirme el nombre de este hombre extraordinario?

—Por supuesto. Esto sucedió a fines de los 80, y su nombre era padre Joseph Kalosans. Un hombre tan bueno y valiente como este es verdaderamente un intercesor muy poderoso para nosotros.

—¿Qué es lo que atrae la gente en la actualidad hacia el ocultismo?

—Hay un medio muy atractivo, y aparentemente inocente al principio, que ayuda a ello. La televisión hoy en día tiene una gran responsabilidad de que esto sea así. Se ha convertido en una suerte de altar, en el 95 por ciento de los hogares de occidente. La televisión bombardea a los niños constantemente tentándolos con dinero, materialismo, sexo, violencia y poder. Y, con frecuencia, entre estos programas, se presentan prácticas ocultas en forma de juegos y de diversión inofensiva, donde se ofrecen grandes promesas. La música actual también es un vehículo para el comienzo del proceso hacia el ocultismo.

Los padres que permiten a sus hijos sentarse frente a la televisión todo el día y toda la noche entregan de esa forma a sus hijos a Satanás rápida y eficientemente. Pero no me malinterpreten, no toda la televisión es mala; pero se vuelve mala si los padres no la controlan estrictamente.

—¿Tiene usted televisión?

—No, no tengo; jamás querría tenerla. ¡Ya veo demasiadas cosas reales! (risas). Y todas las noticias importantes me llegan por medio del diario local, la radio, mis numerosos invitados o mis pocos vecinos.

—¿Hay algún pecado que Jesús no perdone?

—Sí, hay uno. Es blasfemar contra el Espíritu Santo. Jesús no perdonará ese pecado. Porque, por supuesto, supone decirle "no" a Él, decirle reiteradamente "no" a su luz, amor, misericordia y perdón durante todo el camino hasta el final. Con la misericordia infinita de Dios, las personas siempre pueden salir de esto si lo desean, pero deben desearlo. Nadie más puede hacerlo, nadie lo hará por ellos. Deben desearlo. Dios no manipula nuestra voluntad. Las almas me contaron que todos tenemos la misma oportunidad al morir de decir "sí" en el último momento. Ya se trate de una enfermedad lenta y prolongada o una bala que nos atraviese el cerebro, todos obtienen los mismos dos o tres minutos para decirle "sí" a Dios. Y solamente si mantenemos el "no" durante ese momento nos perderemos y deberemos sufrir en el infierno eternamente. Dios no nos forzará a cambiar nuestro "no", y Satanás nunca podrá cambiar nuestro "sí". Esta es otra razón por la cual nunca debemos juzgar a alguien o presuponer dónde ha terminado. Nunca sabemos exactamente lo que sucede entre el alma y Dios en esos momentos, a pesar de que podemos presenciar cierta paz o la ausencia de paz en el lecho de muerte.

¡Oh, recuerdo ahora un caso que demuestra la necesidad de esta precaución!

Una vez, un sacerdote abusó horriblemente de un muchacho joven. Esta horrible herida hizo que este chico huyera de todos los sacerdotes y de la Iglesia. Muchos de los que estaban a su alrededor intentaron intervenir y ayudarle mientras crecía pero fue inútil, se mantuvo cada vez más alejado y atacaba constantemente a la Iglesia y a todo lo que tuviera que ver con ella. Con el tiempo, este joven enfermó gravemente y murió insultando a la iglesia hasta el final. Un hombre bondadoso y piadoso que conocía toda la historia llevó el caso del muchacho a Teresa Neumann que también podía averiguar a dónde iban las almas.

Se enteró de que el chico se había salvado pero todavía seguía en el purgatorio. La respuesta le sorprendió a quien había preguntado por él, principalmente porque el muchacho había muerto maldiciendo a la Iglesia hasta el último momento. La explicación fue la siguiente. A pesar de que Satanás había bloqueado su camino hacia la verdad cuando era un muchacho muy sensible e influenciable, siempre había continuado buscando silenciosamente al verdadero Dios; y debido a que siempre había conservado esta necesidad en su corazón, la misericordia de Dios lo guio hasta Él. Una vez más, este ejemplo es una prueba poderosa de la misericordia de Dios y es prueba de que nunca debemos anticipar nuestras conclusiones, incluso sí hubiéramos oído o visto por nosotros mismos algo que aparentemente apuntaba a otra dirección.

—María, ¿existe alguna forma de saber si alguien está perdido? ¿Las almas del purgatorio alguna vez dicen que un alma está perdida?

—No, nunca lo dicen porque solamente son conscientes de lo que está delante de ellas. Poro con respecto a la primera parte de la pregunta sí, uno puede llegar a esa conclusión con mucha experiencia y con mucho criterio. Si una familia sufre muchas divisiones y grandes ataques y estamos seguros de que se debe a un alma en particular, un sacerdote exorcista autorizado tendría que realizar un exorcismo sobre esa alma y la persona allí presente que parezca estar bajo los efectos de un ataque particularmente drástico. Si luego se estableciera la paz, creo que podríamos llegar a la conclusión de que esa alma se encuentra perdida. También conozco a un hombre que puede sentir la presencia de las almas cuando todavía se encuentran en el purgatorio. Entonces, si ese hombre nos dice que no hay allí ningún alma, y sabemos además que una familia se encuentra evidentemente bajo terribles ataques y que, como consecuencia, se ha alejado de Dios, de la Iglesia y de toda oración, esto hombre podría decir que el ancestro de esa familia está perdido. Por lo tanto, es necesaria la más poderosa de todas las oraciones pata librar a sus descendientes de su alcance. Generalmente, estas familias han vuelto a la paz y a una vida de oración una vez que se cuidan estas cosas.

—¿Qué podría decirme de Satanás y la actividad que desarrolla en la actualidad?

—Nunca antes había sido tan fuerte y tan activo como hoy en día.

—¿Y por qué piensa que esto es así?

—El siglo XX no puede compararse a ningún otro siglo en cuanto a apostasía, asesinatos, codicia por dinero y poder, odio, falta de misericordia y de oración. ¡Ha sido su siglo! El que haya estado tan activo se debe también a que Satanás sabe que un gran evento está por ocurrir que servirá para la conversión de la humanidad. Sabe que su juego pronto se debilitará notablemente y él siempre da su grito más fuerte antes de ser derrotado.

—Dígame, ¿cómo puede estar Dios, cómo podemos estar nosotros felices en el Cielo mientras hay almas de nuestros seres queridos, y amados también por Dios, que se encuentran perdidas en el infierno para siempre?

—En el Cielo todo, pero todo, se concentra en Dios, y tales cosas simplemente no se encuentran cerca de nosotros. En el Cielo todo es felicidad pura, pura alabanza y belleza pura. No hay nada más que eso y tales angustias, preocupaciones o pérdidas no tienen lugar. La presencia de Dios es tan poderosa en el Cielo que todo lo demás se queda atrás del todo.

—Cuando las almas se pierden, ¿qué sucede con sus ángeles custodios?

—En el caso de los ángeles custodios, al igual que los ángeles de las almas del purgatorio, regresan al Cielo y solo reciben una vez una tarea semejante de Dios.

—Usted ha dicho que tanto en el Cielo como en el purgatorio hay muchos niveles diferentes. ¿Entonces el infierno también tiene distintos niveles?

—Sí, los tiene. Posee un número infinito de niveles. El peor es el más profundo.

—María, usted debe resultarle insoportable a Satanás. ¿Es así?

—Supongo que es así. Me encuentro bajo sus ataques constantemente. Lo peor que me sucedió fue perder la casa de mi familia, de cuatrocientos años de antigüedad. La destruyó un incendio el 10 de junio de 1986, una obra de Satanás sin lugar a dudas. Ocurrió de la siguiente manera. Yo me encontraba abajo a las 12:30 porque me habían traído la comida para las gallinas. Escuché pasos en el piso de arriba y alguien que saltaba. En el momento en que llegué ya estaba todo en llamas. Los bomberos simplemente no pudieron detener el fuego. Las paredes no se consumieron, pero todo lo demás desapareció. Solo una habitación no se quemó, y al entrar en ella vi que las mejores cosas que había allí, mantelería y cosas de ese tipo, habían desaparecido también, robadas. La policía no creyó necesario intentar recuperarlas, y las almas del purgatorio me dijeron que no me preocupara; que todo iba a ser reemplazado. Y exactamente eso es lo que ocurrió. Mis parientes y amigos hicieron una colecta tras el incendio y construyeron esta casa para mí. Todo lo que se encuentra aquí me lo regalaron. A otra señora en Italia, que también ve a las almas, le pasó exactamente lo mismo; con las mismas pérdidas y las mismas promesas y resultados.

Solo después me di cuenta de que me habían advertido de ello ciertas personas que me habían dicho que mi casa se quemaría y, por otro lado, un alma también me había predicho que el incendio no sería culpa mía; pero creo que todavía no estaba preparada para escuchar eso y no me había tomado en serio las advertencias.

Satanás está muy frustrado conmigo. Durante un exorcismo, creo que fue en Frankfurt, el sacerdote que estaba presente le preguntó a la voz que salía del hombre poseído: "¿También atacas a María Simma en Vorarlberg?". La voz contestó: "No, porque cuando lo intento, pierdo demasiadas almas".

—Mmm... ¿Qué más le hizo?

—Bueno...

—¿Qué sucede, María?

—Una vez hubo un plan serio para asesinarme.

—¡¿Cómo?! ¿Podría contarme más sobre eso?

—Habían programado que diera una serie de conferencias durante un fin de semana en el norte de Alemania en la primavera de 1974 y se suponía que partiría, como de costumbre, un viernes. Pero unas noches antes, un alma se me apareció y me dijo: "No haga este viaje". Esto me sorprendió mucho porque años atrás me habían dicho que aceptara todas las invitaciones que se me hicieran.

Primero pensé que se trataba de una huelga de trenes, así que estuve atenta a la radio y los trenes funcionaban normalmente. Hablé con el sacerdote que me dijo que si las almas me decían que no fuera debía confiar en ellas porque seguramente tenían una buena razón. Envié una carta por correo urgente a quien organizaba las charlas y les transmití que las almas me habían dicho que me quedara en casa durante ese fin de semana.

Dos días más tarde, otra alma se me apareció y me dijo que se había estado organizando un asesinato. Debería haber sucedido en Colonia, porque el viaje, desde aquí, en Bludenz, hasta llegar a Colonia, iba a ser en un tren con coches cama, y en Colonia debía cambiar de tren a altas horas de la madrugada. Recordé por viajes anteriores que en aquella estación hay pasillos largos y oscuros que hubiera tenido que recorrer y que siempre consideré peligrosos. También había enviado con anticipación una carta a los organizadores informándoles en qué tren y a qué hora podían esperarme. La carta, sin embargo, nunca les llegó y cayó en manos equivocadas. El día que debería haber tenido mi primera charla, vino un alma y me dijo que habían sido tres los involucrados en este plan y que se habían enterado del motivo por el cual no había viajado.

Verá, las charlas no se cancelaron, simplemente me reemplazaron por casetes para que la gente no quedara tan desilusionada. Por lo tanto, todo transcurrió como se había planeado anteriormente y las tres personas que planeaban atentar contra mi vida asistieron de todas formas a la conferencia como oyentes, y debido a esto dos de ellos se convirtieron. También descubrí que habían logrado llevar a cabo asesinatos anteriores que nunca se resolvieron. ¿No son geniales las almas? Salvaron una vida y convirtieron a dos personas perdidas sin haber nombrado, juzgado o acusado jamás a alguien de algo. Ese es nuestro deber cristiano.

—Si Dios perdona a los asesinos, ¿cuáles son, entonces, los pecados que nos hacen estar más tiempo en el purgatorio?

—Todos los pecados pueden ser perdonados excepto blasfemar contra el Espíritu Santo, pero los pecados que nos retienen un mayor tiempo sufriendo en el purgatorio son los pecados contra el amor: la hostilidad, la dureza de corazón y el divorcio. También la ausencia de una fe activa, cuando uno simplemente no desea creer y actúa en contra. Y la inmoralidad. En el pasado, la falta de fe era lo que requería más sufrimiento en el purgatorio, pero en la actualidad es la inmoralidad.

—Cuando una casa está, por decirlo así, embrujada ¿cómo sabemos si se trata de las almas del purgatorio o de algo demoníaco?

—Si se puede verificar que de alguna forma el hecho está relacionado con alguien que vivió allí anteriormente, se trata de un alma del purgatorio pidiendo oraciones. Sin embargo, si es algo realmente malo, violento, oscuro o incluso de mal olor, debe hacerse un exorcismo a ese lugar o en ese lugar. En ambos casos debe llevarse agua bendita para espantar a cualquier demonio. Si el fenómeno aún continúa se trata seguramente de un alma del purgatorio que necesita una misa, oraciones y buenas obras para avanzar en su camino.

—¿Puede Satanás atacarnos en el momento de la muerte?

—Sí, en algunos casos lo hace, pero también recibimos la gracia para resistirlo. Si un hombre no desea dejarlo entrar, entonces Satanás no puede hacer nada.

—¿Es entonces un pecado la a desesperanza?

—Sí, puede serlo, si alguien no tiene esperanza o confianza en absoluto. Verá, Dios siempre desea darnos esperanza, pero aceptarla queda de nuestra parte.

—Al principio, usted me dijo que las almas de los niveles más altos del purgatorio no pueden ser atacadas nunca más por Satanás. Sin embargo, aun los más santos de los que se encuentran con nosotros continúan siendo tentados hasta el momento de su muerte. ¿Podría explicar esto con más detalle?

—Una vez que la luz borra las manchas del pecado en las almas que se encuentran en el purgatorio, debido a su sufrimiento y a nuestras buenas obras por ellas, las tinieblas no pueden volver nunca más. La luz siempre vence sobre toda oscuridad en el purgatorio, mientras que aquí en la tierra la luz también puede ser derrotada por la oscuridad. Satanás hace uso de las manchas más pequeñas con el fin de que caigamos nuevamente en la oscuridad. El tamaño de las manchas está en relación con las gracias que recibimos de Dios, y los santos por supuesto han recibido inmensas gracias.

—Satanás parece tan poderoso a veces que hay quien podría preguntarse qué diferencia hay entre Satanás y Dios.

—Comprendo. Cada uno de nosotros puede elegir en cada momento ser un representante de Satanás o un representante de Dios. Debemos llamar y alcanzar a Dios en todo lo que hacemos. Y podemos hacer mucho para asegurarnos de que Satanás no nos alcance. Dios conoce nuestros pensamientos, Satanás no, excepto aquellos que él mismo puso en nuestras mentes. El diablo consigue mucho de su poder al escuchar nuestras palabras y observar nuestros actos; luego ataca aquellas debilidades que ha descubierto en base a lo que ha escuchado y observado. El silencio siempre nos hace bien. Uno de los deseos de Dios es que nos mantengamos siempre conscientes de nuestra condición de pecadores y, por lo tanto, permanezcamos humildes y en silencio. Y sucede que cuando nos damos cuenta de la grandeza del silencio rápidamente comenzamos a escuchar a Dios. El silencio a solas con Dios es una excelente oración.

Solo la confesión impide a Satanás el conocimiento de nuestros pecados. Si durante un exorcismo una de las personas presentes tiene pecados no confesados, aquellas voces generalmente lo acusarán y lo harán correctamente, para vergüenza de todos. Sin embargo, si la persona se encuentra en estado de gracia, los demonios nunca podrán decir nada. Es correcto decir que somos nosotros quienes le damos derechos a Satanás. Dios es humilde, silencioso y bueno. Satanás es orgulloso, ruidoso y cruel. Tenemos que recordar siempre que fuimos hechos a imagen de Dios; por eso, consciente y constantemente debemos luchar para ser lo que Él quiere que seamos, junto a Él.

Una de las grandes mentiras de la época en la que vivimos es que Satanás no existe. Incluso hay sacerdotes que lo sostienen todavía, y otros dicen que las posesiones en la Biblia son solo enfermedades del cuerpo o de la mente, hoy en día reconocidas. Entonces se pueden estudiar, analizar, nombrar y controlar esos síntomas y ¡bingo! ¿ya no son obra de Satanás? ¡Qué ingenuos, superficiales, estúpidos y arrogantes pueden llegar a ser! Satanás se ríe tontamente, y nuevamente se llenan las camas de los hospitales. Llevemos sacerdotes santos, laicos santos y expertos, y observaremos simplemente cómo se libran de esos síntomas mil veces estudiados. Satanás gana cuando divide. Dios nos guía hacia la unidad en paz y libertad.

—María, ¿cuáles son las principales vías de entrada de Satanás en la sociedad occidental que pueden ser prácticamente desconocidas para muchos?

—Satanás se encuentra en todas partes hoy en día: en la Iglesia, en el derecho, en la medicina, en la ciencia, en los medios de comunicación y en el arte. Pero existe un lugar desde el que maneja la mayor parte del show: los bancos. Es la codicia de esta sociedad occidental lo que lo ha permitido y el único lo suficientemente poderoso para parar esto es Dios.

—Anteriormente me dijo que los animales también necesitan de nuestras oraciones. ¿Hay algún animal al que Satanás odie más que a otro?

—Sí, a los perros, pues ellos son, como ya hemos dicho antes, "los mejores amigos del hombre" desde siempre. Pero Satanás odia a toda criatura que se encuentre cerca de nuestro corazón. Es odio puro e intentará todo lo que pueda para separarnos de lo que nos dé calidez, apoyo o protección, y los animales, al igual que el resto de la creación, son un gran regalo de Dios.

—Si Satanás odia tanto que recemos, ¿cómo intenta que nos apartemos de la oración?

—Para mantenernos alejados de la oración utiliza nuestro orgullo. Una persona que nunca ha rezado y no sabe nada de la oración se sentirá insultada si alguien le dice: "Rezaré por ti". Son personas engañadas para creer que están bien y, por lo tanto, que no necesitan de la oración de nadie. Esto es un engaño y una gran mentira. No existe ninguna persona en la Tierra que no tenga necesidad de la intercesión de los demás. La oración las acerca a Dios aun incluso sin que ellas mismas lo sepan. El poder de la oración es enorme, y rezar es el mejor gesto que podemos hacer por otra persona.

—Estamos los dos cansados, María. ¿Hay algo que pueda hacer por usted teniendo en cuenta que he venido en coche?

—Sí, yo también estoy cansada. Sería bueno salir fuera, hace sol. Pero no, creo que no necesito ayuda.

—¿Está segura? ¿Qué le parece ir a la tienda o a correos?

—Bueno, quizá. Tengo algo que devolver a la tienda. Le agradecería mucho si pudiéramos ir allí.

—Por supuesto, y yo dejaré todo esto por aquí hasta que continuemos mañana.

INTERVALO

Mientras María se pone su pesado abrigo, mi corazón y mi mente van a toda velocidad. Esta pequeña anciana es encantadora. Es muy humilde, pero habla con una claridad que no puede enturbiarse. Sufre en silencio, sin embargo en su interior siempre mantiene la alegría y el buen humor. Se agarra de mi brazo y descendemos los empinados escalones.

Una vez dentro del coche, María resulta tan pequeña que apenas puede ver por encima del salpicadero. Con el pañuelo ajustado alrededor de la cabeza, y con las manos descansando pacíficamente sobre su regazo, parece sentirse cómoda y completamente en paz a pesar de que todavía soy todo un extraño para ella. Vamos camino abajo, pasamos la iglesia y seguimos bajando por la calle principal, la tienda se encuentra unos cientos de metros más allá. Mientras caminamos por el parking, me siento un poco torpe pero no puedo resistir observar todos sus pasos por si habla con alguien a quien yo no pueda ver. Aparentemente no es así, aunque tiene muchos años de práctica para disimular ese tipo de visitas, al igual que lo hizo con aquella religiosa. Caminamos en silencio. Con los lugareños de la tienda, su dialecto particular de "Vorarlberger" se acentúa una vez más. Nadie la trata de forma diferente. Por lo tanto, si tiene razón en lo que cuenta, entonces es que está con la cabeza en su sitio. En ningún modo parece afectada o forzada, histérica o desconfiada, con pretensiones de querer controlarlo todo o con aires de superioridad moral. No pide nada y da su vida entera. Hasta ahora, mi cariño y respeto por ella no dejan espacio para dudar de su completa autenticidad, honestidad y sinceridad. No creo haber estado nunca antes con una encarnación más pura de las virtudes cristianas. Es tan cariñosa, y de alguna manera tan bondadosa e inocente como un niño, que me gustaría realmente secuestrarla y llevármela para que la vea todo el mundo. Al salir de la tienda, me agradece este pequeño gesto como si hubiésemos estado de vacaciones y se la ve realmente feliz de que me haya ocupado de eso. La llevo a su casa y acordamos vernos de nuevo a la mañana siguiente. Sale del coche y cuando se acerca a la puerta se da vuelta y por segunda vez dice en voz alta: "Vergelt's Gott und bis morgen" ("Gracias a Dios y hasta mañana").

Nos reuniremos nuevamente a las 9.30 horas de la mañana siguiente. Me voy en el coche y encuentro una habitación en la casa de una amiga de María, no demasiado lejos de su casa, algo más abajo de la parroquia.

Nuestra Señora de la Misericordia.

El lugar donde comenzaron las apariciones en Medjugorje
el 25 de junio de 1981.

La Misa Vespertina celebrada en Medjugorje el 25 junio de
1996 durante el 15° aniversario de las apariciones.

Cinco visionarios de Medjugorje hacia fines del junio de 1981:
Mirjana, Vicka, Ivanka, Jakov y Marija.

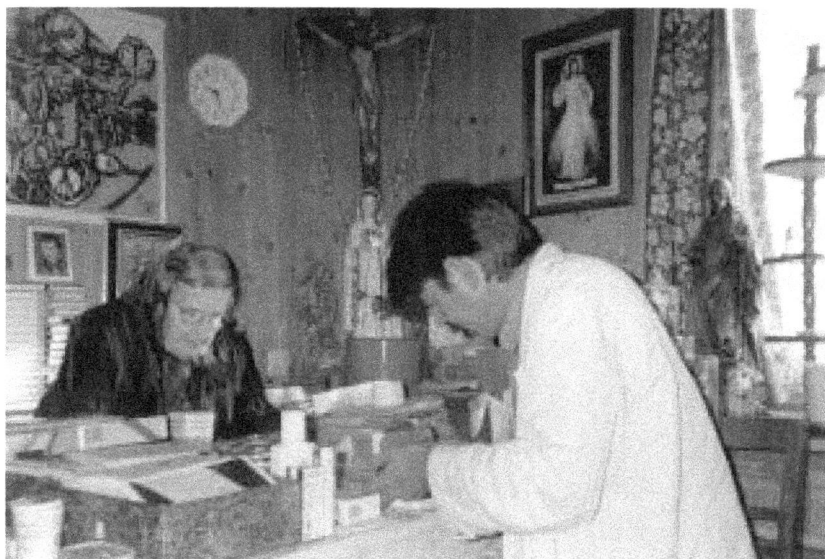

María Simma y el autor están trabajando, 1993.

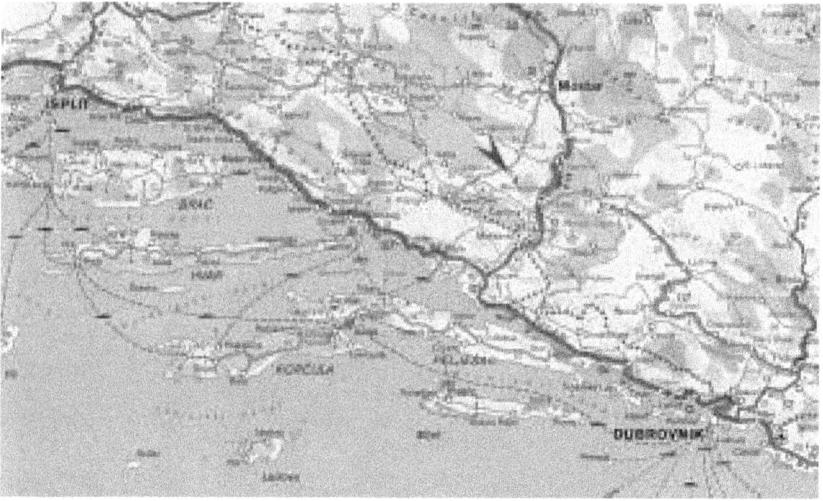

Un mapa de Medjugorje, Bosnia y Herzegovina y los alrededores.

22. LA ENFERMEDAD

—Buenos días, entre Nicky. ¿Qué tal la habitación en casa de la señora Schwarzmann? Somos amigas de prácticamente toda la vida y con frecuencia me ayuda a escribir las direcciones en los sobres. ¿Dijo qué tal se encontraba?

—La habitación es estupenda, María, mucho más cómoda que la de un hotel. Gracias, ha sido una buena idea alojarme allí. Dijo que se encontraba bien pero que tenía que tener cuidado pues su corazón no es tan fuerte como antes. Me pareció que estaba feliz. Continuemos. Hablando de debilidades físicas o de discapacidades, ¿le ha visitado algún alma de las que sabía, y ellas también, que hubieran tenido alguna discapacidad durante su vida?

—Sí, muchas. Cuando se me aparecieron estaban totalmente curadas. Desaparecen las sillas de ruedas, desaparecen las deformaciones y las cicatrices.

Una vez, sin embargo, un alma se me apareció con un gran bocio. Pero esto solo ocurrió para que su familia me creyera cuando les contara que su pariente se me había aparecido con determinadas instrucciones para ellos. Me preguntaron qué aspecto tenía y cuando les mencioné lo del bocio me creyeron y me escucharon.

Ahora recuerdo un alma que había sido muda durante su vida y que, por supuesto, habló perfectamente cuando se me apareció. Mostró mucha alegría de poder hablar, pero no pudo averiguar porque no podía hacerlo cuando vivía. Si durante su vida terrenal usaban sillas de ruedas, ahora ya no y caminan perfectamente. Toda imperfección, ya sea pequeña o importante, desaparece. Pero recuerde que yo solo veo a aquellas almas que se encuentran en el nivel más alto del purgatorio. Lo digo porque otros han visto sufrimientos y heridas en las almas, aunque no eran las mismas que padecían en vida. Son sufrimientos del alma y no del cuerpo, debido a que ya no poseen un cuerpo físico.

Creo que lo más cercano que he visto fue cuando se me apareció un sacerdote y tras decirme lo que necesitaba, me dio la oportunidad de preguntarle por qué tenía la mano derecha tan negra, sucia y dolorida.

Su respuesta fue: "Dígale a los sacerdotes que no dejen de bendecir a los fieles, a los hogares y a los objetos religiosos. Me negué en varias ocasiones a hacerlo y, por lo tanto, ahora debo sufrir en mi mano derecha".

—¿Es el SIDA un castigo de Dios?

—Sí, lo es, pero prefiero llamarlo reparación, y es por la inmoralidad de los hombres. Si esto escandaliza a alguien, diciendo que Dios entonces no es un Dios de amor, hay que afirmar que el castigo y la reparación son también por amor. Y en cuanto a los inocentes que ahora también sufren el SIDA, se debe a una reparación mayor y necesaria. La misericordia de Dios es infinita, pero su justicia también es total. Les digo que si supiéramos de su justicia ahora como lo sabremos en el Cielo, muchos de nosotros moriríamos bajo el peso de nuestros pecados.

—¿Cree que encontrarán una cura para el SIDA?

—Ya tenernos la cura, pero como no da dinero y no es muy popular, se continuará haciendo oídos sordos a la misma. La cura es Jesús y los diez mandamientos. No se nos dieron para controlarnos, sino solo para protegernos, fortalecernos y liberarnos.

—Eso es una cura preventiva. ¿Qué posibilidad hay de una curación de la enfermedad una vez ya contraída?

—Eso también ha sucedido en lugares con mucha oración.

—¿Dónde?

—He oído de un lugar en Italia, pero ahora no recuerdo el nombre, y también en Medjugorje. Lo importante, sin embargo, no es el lugar exacto, sino la calidad de la oración.

—Cuando los peregrinos acuden a esos lugares llevando grandes cargas, que ya han sido examinadas por médicos, psiquiatras y sacerdotes y parecen empeorar en lugar de mejorar, ¿puede ser que esto sea causado por algún alma del purgatorio de su pasado?

174

—Sí, puede ser; pero si así fuera, se trataría de las almas que se encuentran en los niveles inferiores del purgatorio. En estos casos, un buen exorcista podría detener las presiones de los difuntos hacia los vivos.

—María, ¿puede contarme algún caso en que la falta de perdón trajo una enfermedad?

—¡Oh, esa es la causa más común de las enfermedades! Sí, recuerdo un caso en Innsbruck donde una joven no podía perdonar a su padre. La situación era la siguiente. Mientras el padre estaba vivo nunca dio una alegría a sus hijos, y en el caso de esta joven, en una ocasión en la que surgió una buena oportunidad laboral el padre se negó a dejar que su hija la aceptara. Se trataba de un trabajo que incluía una buena formación, y al prohibirlo provocó que la muchacha no recibiera una buena educación en toda su vida. Y fue justamente esto lo que la joven nunca pudo perdonar a su padre. Poco tiempo después de la muerte del padre se le apareció –no solo una vez sino tres veces– rogándole que lo perdonara, pero su hija se negaba. Al tiempo la joven enfermó y durante su enfermedad comprendió que debía perdonarlo. Lo hizo y lo hizo muy profundamente, con todo su corazón. La enfermedad desapareció rápidamente.

Ahora no puedo recordar exactamente de qué enfermedad se trataba, pero se dio cuenta claramente de que se debía a su prolongada negativa a perdonar. No siempre podemos olvidar las cosas, pero debemos perdonar. La falta de perdón es la causa de las mayores cargas y limitaciones que nos provocamos a nosotros. Si nos acercamos a Dios seremos mucho más libres y felices. Y con el perdón llegaremos a comprender mejor lo que realmente ocurre. Eso también es una gracia enorme y muy importante.

Recuerdo otro caso. Se trataba de una mujer que sufría de una picazón desagradable en la piel desde hacía veinte años o más. Todo lo que la medicina moderna había podido hacer fue darle una crema muy costosa para reducir el malestar. Más tarde, durante una peregrinación, conoció a un hombre muy piadoso y muy experimentado que durante la cena se dirigió a ella y a su marido y simplemente les dijo: "Pidámosle a Jesús que nos cuente cuál es la causa de lo que tienes en las manos y en tu pierna derecha, desde la rodilla hacia abajo". En ese mismo momento, ese hombre tuvo una imagen interna de una mujer agachándose, con la rodilla derecha en tierra, y con sus manos abiertas hacia una niña. Esa niña era esta misma mujer en la infancia, y la mujer adulta de la visión era su madre. La madre había dejado de abrazar a sus hijos y especialmente a su hija, ahora adulta; y ella nunca la había perdonado por esto. Cuando lo explicó, el marido le dijo a su mujer: "Es verdad, nunca has perdonado a tu madre por eso". La mujer, con lágrimas en los ojos, admitió que efectivamente nunca la había perdonado, y durante dos o tres días puso esa intención en su oración y en misa. La enfermedad se redujo a una fracción pequeñísima de lo que había sido. Poco después la pareja regresó a su hogar. El hombre que había tenido la visión nunca supo realmente si aquella enfermedad llegó a desaparecer completamente o no, pero la picazón y el aspecto desagradable si lo hicieron casi de forma inmediata. No podemos pretender que el perdón total de una persona ocurra de la noche a la mañana, pero Jesús les demostró a los tres presentes esa noche dónde estaba el problema. Por lo tanto, la enfermedad se produjo para recordar de alguna manera al vivo el pecado de su antepasado. De este modo, el alma que estaba aún en el purgatorio se dio a conocer, y rogó que la perdonaran, ya que debido a ello no podía ir al Cielo. Ahora estoy segura de que esa alma, cuyo nombre nunca conocí, está en el Cielo y su hija está libre de esa situación dolorosa que le molestaba y que le costó mucho dinero durante varias décadas.

—María, dijo antes que Satanás envía enfermedades por medio de brujas con demonios bajo su control. ¿Cómo se da cuenta alguien de si su enfermedad está causada por ellos o por algún otro motivo?

—Rezando con él o por él. Si tiene otra causa, el exorcismo o la oración no darán resultado, pero cuando proviene de los demonios, sí lo da. En un principio la enfermedad no cederá, pero si perseveramos, finalmente desaparecerá. En los hospitales, el término "virus" debería ser una posible señal de advertencia al respecto. Con frecuencia, los doctores usan esta palabra cuando hay algo que no pueden explicar. En casos así, hay que llevar a un sacerdote, o a algún otro poderoso intercesor, y hay que pedir a los amigos y parientes que recen por la intercesión de Nuestra Señora y de san Miguel. El sacerdote también deberá llevar agua bendita para exorcismos o, mejor aún, aceite.

—¿Podría darme un ejemplo o dos de enfermedades enviadas de forma demoníaca?

—En este momento recuerdo tres casos. Uno fue una neumonía, otro leucemia y el tercero, una enfermedad corta pero de terribles dolores en la espalda.

Este último caso es el que más conozco, porque le sucedió a un amigo mío que se ofreció para trabajar durante varios meses junto a uno de los sacerdotes más respetados de Europa. Mi amigo sufría de una leve punzada en el nervio entre la tercera y cuarta vértebra. Al principio se trató con inyecciones de un relajante muscular que no lo aliviaron en absoluto y solo hizo que empeorara. En esos momentos, el dolor era terrible.

Entonces, mi amigo sospechó que esto podía ser demoníaco y llamó a dos sacerdotes. El primero vino pero dudó de su sospecha. Tras una larga e inútil discusión, el sacerdote aceptó rezar por él, aún sin creer. En el momento en que comenzó a rezar, los dolores explotaron y se irradiaron hacia el hombro, el brazo y el muslo derecho de mi amigo. Era como si un tenedor le estuviera destrozando los músculos y luego se detuviera para moler las articulaciones. El dolor se extendía hacia arriba y hacia abajo mientras el sacerdote rezaba, y pasados tres o cuatro minutos, cesó repentinamente. Sin embargo, mientras duró el dolor mi amigo casi perdió el conocimiento entre espasmos, gritos y alaridos. Cuando todo acabó, el sacerdote, con lágrimas en los ojos, reconoció que la sospecha había sido correcta. Seis horas más tarde, después de que mi amigo durmiera un poco, el segundo sacerdote, aquel para el que estaba trabajando, fue a verlo y también comenzó a rezar. Esta vez, la intensidad del dolor era solo un tercio de lo que había sido antes y luego cesó por completo. Después de permanecer cinco días en cama, mi amigo pudo levantarse y volver a su trabajo como antes.

Dos semanas más tarde vino aquí y contó su caso a un amigo mío exorcista, que rezó para que desapareciera la pequeña parte que seguía allí presente y descubrió que alguien de su ciudad le había mandado el dolor. Mi amigo no conocía a quien lo había hecho, pero como era un asistente leal y perseverante había sido suficiente para enfurecer a alguien.

—¿Necesitaba esa persona desconocida saber que existía un pequeño problema en su espalda?

—Ciertamente los demonios que se apoderaron de esta pobre persona sabían de ese problema; pero también, teniendo en cuenta lo conocido que era el sacerdote para el que trabajaba, mi amigo estuvo expuesto a una guerra espiritual muy grande.

—¿Las oraciones pueden ayudar desde lejos a alguien si no está abierto a que recen con él?

—Sí, por supuesto, y son demasiadas las personas, sacerdotes inclusive, que no tienen una fe tan fuerte como para creer que sea así, y por tanto no lo ponen en práctica. En la Biblia, Jesús curó al sirviente del centurión a distancia. Jesús le dijo al centurión: "Puedes irte; como has creído, se cumplirá lo que pides". Jesús sanó al sirviente gracias a la fe de su amo en Él, pero no fue la fe del amo la que realizó la curación. Es algo que suele preocupar a quienes piensan que su fe es demasiado débil para ayudar a nadie. Jesús nunca es débil para ayudar, pero frecuentemente debemos esperar porque su plan es distinto al nuestro.

Pero en los casos en que el afligido se encuentra a distancia, es muy útil tener la mayor información posible al rezar. Con frecuencia, hay que identificar y nombrar específicamente las influencias demoníacas sobre esa persona antes de que disminuyan y desaparezcan, y para ello debemos rezar mucho y hacer nuestra tarea con perseverancia, confiando en que Dios proveerá lo necesario.

—Cuando se acercan a usted personas alteradas e intranquilas, y toma nota de los nombres de sus parientes difuntos, ¿es testigo luego de la paz que reina en esas personas, en la familia o en su hogar después de las misas y las demás oraciones?

—Sí, casi siempre, pero depende, por supuesto, de si mantenemos o no el contacto. Muchas personas lo hacen durante mucho tiempo, y a pesar de que no soy psiquiatra ni médico, con todos esos nombres en mi mente puedo saber cuándo un niño alterado y preocupado se transforma rápidamente en un niño feliz, y esto sucede sin ningún tipo de terapia o fármaco. Me da mucha alegría ser testigo de estos cambios con tanta frecuencia. ¡Jesús y María no excluyen a nadie de su paz y felicidad!

—En la actualidad, en muchos campos de la medicina se utiliza la hipnosis como parte de la terapia o para saber qué ha ocurrido en el pasado que pueda tener algo que ver con la enfermedad en cuestión. ¿Le han dicho algo las almas acerca de la hipnosis?

—Las almas me han dicho que la hipnosis es peligrosa y es un pecado. Nadie debe manipular nuestro subconsciente, y en caso de que se practique, los testimonios que se obtienen no son dignos de confianza.

Algunas personas que creen en la farsa de la reencarnación basan sus creencias en los resultados de la hipnosis. Este es solo un caso en el que un pecado relativamente pequeño genera gran confusión.

—Cuando estamos muy enfermos y sufrimos grandes dolores, ¿qué les está permitido hacer, a los ojos de Dios, a los médicos que nos atienden?

—Un alma me dijo una vez que había tenido que sufrir muchísimo porque había sido médico y había acortado las vidas de algunos de sus pacientes con inyecciones para disminuir su sufrimiento. Los médicos nunca pueden matar a un paciente. Sí pueden, en cambio, suministrar fármacos para disminuir el dolor. Dios es solo quien da y quita la vida. De lo contrario, es un asesinato como cualquier otro.

—Cuando un médico le quita la vida a un paciente, ¿el alma del paciente debe sufrir en el purgatorio el tiempo que debería haber sufrido en la tierra o es el propio médico quien luego deberá cargar con ese sufrimiento?

—Lo sufrirá el propio médico, y si no cambia y detiene su actitud mediante la confesión, la penitencia y la reparación por voluntad propia, serán su familia y las generaciones siguientes las que sufran las consecuencias, que serán muy duras.

—¡Dios mío! ¿Conoce algún caso en que una generación posterior sufriera estas consecuencias, y de qué manera?

—Sí, lo conozco. El caso que recuerdo ahora tiene que ver con la nuera de un médico que con frecuencia practicaba la eutanasia a sus pacientes. Esta mujer había perdido muchos niños y, sin embargo, tanto ella como su esposo estaban completamente sanos, por lo que los médicos estaban sorprendidos por la cantidad de niños sin vida que había dado a luz. El problema de esta pareja, de una generación más joven, era parte de la reparación que Dios necesitaba por los pecados del médico que practicaba la eutanasia. Esa era la justicia de Dios.

—¡¿Esto quiere decir que tanto el que practica abortos como su familia sufrirán todo lo que los niños asesinados deberían haber sufrido a lo largo de toda su vida, si se les hubiera permitido vivirla tal y como Dios había planeado?

—Sí, a menos que detengan su actitud inmediatamente y reparen por ella.

—He oído decir que las ciudades de Sarajevo, Mostar y Vukovar eran, antes de la división de la antigua Yugoslavia, las ciudades del país donde con mayor facilidad se practicaban abortos. Con respecto a la justicia divina, ¿se debe a ello el que esas ciudades sufrieran el mayor daño durante la guerra de los Balcanes?

—¡Podría ser! En los lugares en los que se concentran pecados que atentan contra la vida, Dios inevitablemente aplicará su justicia. ¡Que este ejemplo sea una advertencia para todos los gobiernos, tribunales y médicos del Este y del Oeste!

23. LA MUERTE

—Usted ha hecho tanto por las almas del purgatorio que cuando muera seguramente la escoltarán hasta el Cielo varios miles de almas y no tendrá que...

—¡Oh, no! No puedo imaginarme ir al Cielo sin pasar por el purgatorio, porque cada error va sumando. Dios me ha dado a conocer tanto mediante mis contactos con las almas del purgatorio que mi responsabilidad es mucho mayor. Debemos sufrir en relación con nuestro conocimiento. Sin embargo, espero recibir un poco de ayuda en este aspecto (risas).

—¿Qué sucede con las personas que se suicidan? ¿La ha visitado alguna?

—Sí, me han visitado muchas. Lo que les sucede depende totalmente del motivo por el cual lo hicieron. Muchos han venido a preguntarme sobre ellas, pero hasta el momento solo se ha perdido una. En la mayoría de los casos los más culpables son quienes las difamaron, los que se negaron a ayudarlas o las acorralaron, y de este modo hicieron que perdieran la cabeza. En casos así, los más culpables son otras personas. Quienes se suicidan, sin embargo, lamentan lo que hicieron. A menudo, el suicidio es consecuencia de una enfermedad. Si uno trata a una persona saludable correctamente, difícilmente llegará a ese extremo.

—¿La han visitado almas que murieron por sobredosis de drogas? ¿Están perdidas?

—Me han visitado algunas; pero una vez más, lo que les sucede varía. En cuanto a los adictos crónicos, realmente no pueden hacer nada a menos que Dios intervenga con gran poder. En muchos casos los médicos dicen correctamente: "Fue la droga". Sin embargo, incluso así deben sufrir mucho. Las drogas fuertes son definitivamente satánicas y se debe rezar mucho contra esos demonios sin lugar a dudas. Muchos adictos se han curado, en la actualidad, sin pasar por esos horribles síntomas de abstinencia, y cuando sucede, se debe siempre a Nuestra Madre y a san Miguel, que expulsan a Satanás. Los traficantes de este veneno lamentarán profundamente sus acciones cuando tengan que repararlas y expiarlas, si no es que se han perdido por completo.

—¿Puede contarme el caso de alguien que se haya salvado al cambiar radicalmente su postura justo cuando le llegó el momento de la muerte inminente?

—Sí. Una vez vino a verme una persona con dos nombres de difuntos, el de un hombre y el de una mujer, para que averiguara qué les había sucedido. Cuando le pedí que me contara un poco acerca de sus vidas, se negó y me dijo que los había traído para averiguar si yo decía la verdad. Accedí y esperé hasta que un alma del purgatorio me diera las respuestas de ambos casos. Un mes después regresó. Me preguntó si ya tenía las respuestas y asentí. El hombre se encontraba en el purgatorio más profundo y todavía no podía ser liberado de ese lugar, mientras que la mujer se había ido directamente al Cielo sin pasar por el purgatorio. Le entregué el papel donde había escrito lo que me habían dicho, y se quedó impactado. Me acusó entonces de ser una farsante. Le pregunté por qué decía eso y le pedí que me contara más sobre esas dos personas. Según mi invitado, el hombre había sido el más piadoso de todos los sacerdotes de su zona. Siempre iba a misa media hora antes y luego se quedaba más tiempo que los demás. Y continuó halagándolo largo tiempo. Me contó también que la mujer había vivido una vida muy mala, y me enumeró muchos de los pecados graves que había cometido para convencerme. Cuando terminó, debo admitir que yo misma estaba un poco insegura, y acordé preguntar una vez más sobre esas personas, esta vez con alguna explicación. Probablemente –pensé– había escrito la respuesta incorrecta junto a los nombres y se habían mezclado. Así que esperamos más tiempo para obtener una segunda respuesta. Llegó y me dijeron lo mismo. ¡El hombre se encontraba en lo más profundo del purgatorio y la mujer se había ido directamente al Cielo!

La explicación es la siguiente: La mujer murió en primer lugar y lo hizo atropellada por un tren. No se trató de un suicidio, debió haber tropezado o resbalado. En el instante en que se dio cuenta de que su muerte era inevitable, le dijo a Dios: "Estoy de acuerdo en que me lleves, porque por lo menos así no podré insultarte más". Esta sola frase o pensamiento borró todo y se fue al Cielo sin pasar por el purgatorio. El sacerdote, al contrario, había sido todo lo que este hombre había dicho de él; sin embargo, nunca dejó de criticar a aquellos que no iban a misa tan temprano como él y hasta se había negado a enterrar a esta otra mujer en el cementerio por la mala reputación que tenía entre los feligreses. Sus constantes críticas y juicios, como por ejemplo sobre esta mujer, lo condujeron a lo más profundo del purgatorio. Esto nos muestra que nunca, pero nunca, debemos juzgar o sospechar aquello que creemos que sabemos. Mi visitante reconoció estas verdades, me perdonó con el corazón y se fue contento con las noticias que ansiosamente esperaban en el lugar de donde procedía.

—Al estar presente en la muerte de una persona, ¿existen señales que indiquen que se ha ido directamente al Cielo?

—Probablemente, pero estas no siempre nos lo revelan todo. Lo que es cierto, sin embargo, es que cuando una persona experimenta una muerte extremadamente terrible, con ira o violencia, es seguro que deberá sufrir mucho o que está totalmente perdida. También hay que tener cuidado con el otro extremo, porque hasta un gran santo –como yo y varios millones de personas llamaríamos así– como el padre Pío, que murió en paz y hasta feliz, también debió pasar un tiempo corto en el purgatorio. Las muertes en paz son hermosas y conducen a la belleza, y las muertes feas son horribles y conducen a un mayor sufrimiento; pero intentar ser más precisos es, como ya he dicho antes, algo arriesgado.

—¿Responde Dios de una manera especial cuando una persona da su vida por otra?

—Las almas del purgatorio me han dicho que morir por otro, ya sea en su lugar o al intentar rescatarlo, es siempre una muerte santa. Esto significa que dicho acto borrará mucho de lo que aún debía purificarse.

Aproximadamente hace veinte años conocí a un hombre joven que no tenía la fama de ser muy devoto. Lo conocía porque él y su familia eran mis vecinos. Sin embargo, una característica muy evidente y buena de su personalidad era que siempre insistía en ayudar a los demás. Un día muy frío de invierno, este hombre escuchó gritos de auxilio que provenían de afuera y salió a ver qué sucedía. Su madre intentó persuadirlo, pidiéndole que se quedara porque sabía que siempre se arriesgaba mucho. Ella prefería que acudiera otro en esa ocasión. Sin embargo, no pudo detenerlo y salió al rescate de quien gritaba. Mientras se encontraba afuera, una avalancha de nieve en polvo se le vino encima y se lo tragó. Le encontraron muerto al día siguiente. Otros jóvenes al enterarse dijeron: "No nos gustaría morir así". "¿Qué queréis decir con eso?", les pregunté. "Ya sabe todas las cosas que ha hecho". "Pensad lo que queráis, pero morir así, para salvar a alguien, descarta toda posibilidad de que se haya perdido. Siempre es una muerte santa". Solo dos días después este hombre se me apareció y me dijo que necesitaba únicamente tres misas para ser liberado. Expresé cierta sorpresa y me dijo: "Corno morí intentando salvar a otra persona, Dios se ocupó de todo lo demás". A lo que añadió: "Nunca podría haber experimentado una muerte tan feliz".

—Entonces debe existir alguna diferencia entre morir intentando salvar a alguien o morir a causa de una imprudencia.

—¡Oh, sí! Si una persona muere simplemente porque se puso en una situación de riego no significa que fuera su hora de morir. Si el accidente sucede sin culpa por parte del difunto, esto quiere decir que Dios lo llamó a su presencia. Sin embargo, cuando tiene la culpa, entonces esa misma persona fue quien lo provocó.

Conozco a un joven que murió en un accidente de moto por conducir por encima del límite de velocidad permitido. Me contó más adelante que si hubiera sido más cuidadoso, Dios le habría dado otros treinta años de vida. Cuando le pregunté si estaba listo para la eternidad, me dijo que no, pero que Dios da la oportunidad de arrepentirse a todo aquel que no lo desprecie. Y este joven estaba totalmente arrepentido.

—En el momento de morir, ¿el alma ve la luz de Dios con claridad y en su plenitud?

—No, no claramente pero lo suficiente como para que desee ir hacia ella. La claridad y plenitud que ve dependen de la condición del alma en ese momento.

—Cuando rezamos para que alguien experimente una muerte en paz, ¿ayudan nuestras oraciones a que efectivamente sea así?

—¿Acaso Dios es sordo? Ayuda aun si rezamos por una persona que tenemos en nuestro corazón y que murió tiempo atrás. Dios y la oración no están limitados o afectados por el tiempo. Dios está allí cincuenta años antes como cincuenta años después. Él hará por nosotros exactamente tanto como nosotros le confiemos.

—Pero si podemos rezar por alguien ya fallecido para que experimentara una muerte en paz, ¿no significa que podríamos salvar almas que ya están en el infierno?

—No, lo perdido está perdido; pero las gracias de dicha oración serán distribuidas en otros fugares para el mismo fin: permitir a alguien que experimente una muerte en paz.

—¿Salvaría Dios a alguien del infierno sabiendo que otro rezará por esa persona en el futuro?

—Debido a que el amor y la misericordia de Dios son infinitos, no veo ninguna razón por la cual no lo haría.

—¿Con qué grado de seriedad tenemos que tomarnos las últimas voluntades de una persona a punto de morir?

—Creo que debemos tomarlas muy seriamente, y hacer absolutamente lo mejor para respetarlas y que se cumplan, con tres condiciones. Y conforme a estas condiciones yo diría que los últimos deseos de una persona son sagrados. Esto es así porque en el proceso de la muerte Dios permite a las personas ver las cosas de manera diferente a cuando vivían, y de algún modo, tener el control de las cosas. Las condiciones son las siguientes: 1) La persona debe estar mentalmente sana en el momento de la muerte. 2) Su última voluntad no debe ser algo malo, visto de manera objetiva. 3) La persona murió relativamente en paz. Si se reúnen estas condiciones, ciertamente debemos cumplir su última voluntad.

—Si alguien ocultara la última voluntad de un difunto, ¿ese hecho –que con frecuencia es prácticamente un robo al difunto– es aún más grave que el mismo robo a una persona viva?

—Sí, es aún mucho más grave ante Dios porque el difunto ya no puede cambiar nada si sus deseos no se llevaran a cabo de forma correcta.

—¿Cuál es la mejor forma de prepararse cuando uno sabe que está a punto de morir?

—Rezando y entregándole todo a Dios. Abrirse a su bondad y confiar en Él completamente.

—¿Y cuál es la mejor forma de ayudar a una persona que se está muriendo?

—Rezar con ella, por supuesto, y decirle toda la verdad. Contarle lo que se pueda acerca de la luz de Dios y decirle que nunca, pero nunca nos dejará solos. Sugerir con mucho amor una confesión, si todavía no la ha hecho. Rezar con la Madre Santísima por esta persona y pedirle que acompañe a este hijo suyo en su camino. Nuestra Madre nunca rechazará una súplica.

—¿Es cierto lo que se dice que uno ve toda su vida como en una película cuando va a morir?

—Sí, de alguna manera. Las descripciones de este hecho varían muy poco. Un hombre suizo que conocí, que era muy poco creyente y solo pensaba que se nos enseñaban estas cosas para que viviéramos bien nuestra existencia, enfermó gravemente y entró en coma, experimentando la agonía, pero finalmente no murió. Nunca había creído en la eternidad. Cuando revivió me describió una escena en la que él se encontraba sentado en una habitación, y en la pared de enfrente estaba escrita toda su vida detalladamente. Entonces supo que existía la eternidad y se asustó. La pared desapareció lentamente y detrás de ella había una belleza indescriptible para la cual no tenía palabras. Luego revivió y despertó. Hoy por hoy ha cambiado totalmente su forma de vida.

Sería bueno que estudiáramos un poquito sobre el proceso de la muerte y qué sucede cuando nos dejamos guiar por la realidad cristiana, solo antes de partir de aquí. ¿Cuántas veces hemos oído de alguien que se convirtió al catolicismo en su lecho de muerte? ¿Cuántas veces hemos oído de un cristiano que renunció a su fe en el momento de morir? Les dejaré a ustedes las respuestas a estas dos preguntas.

La concepción y la muerte son los dos momentos más importantes de nuestra vida, cuando Dios está más cerca de nosotros; y en ambos casos es algo que se estudia poco. En vez de impedir la concepción y de utilizar medios inmorales para acelerar o detener la muerte, ¿por qué no amamos, protegemos y estudiamos esos momentos tan cuidadosamente como todos los demás momentos de nuestras vidas? Si la sociedad lo hiciera así, muchas grandes verdades se volverían indiscutiblemente claras con rapidez.

—En esta película de la vida que vemos ante la muerte, dice usted que se ven con gran claridad tanto las buenas obras como los pecados cometidos durante la vida. ¿Se incluyen también los pecados ya confesados, los pecados de los que nos hemos arrepentido de verdad y que hemos reparado con todo el corazón? Pregunto esto porque se dice que cuando nos confesamos, Jesús borra nuestros pecados y esto significa que se borran literalmente, a tal punto que ni Satanás los conoce. Entonces, si Jesús los ha borrado verdaderamente, ¿cómo, o mejor, por qué aparecen nuevamente los pecados ante la muerte?

—Primero, no todos ven dicha película; y cuando la ven, no se debe considerar como un ataque de Satanás. Los pecados confesados y reparados en su totalidad no aparecen, pero Dios lo hace para mostrarnos su justicia absoluta. Al ver ambos lados, el alma comprende entonces con total claridad y se asigna ella misma el nivel adecuado en el purgatorio.

—Sabiendo esto, hay quien diría que aquellos que acaban creyendo en los últimos momentos de su vida están en mejor disposición. ¿Lo están?

—Sí, hay miles de formas distintas de llegar a la santidad (risas). No, ahora en serio, ciertamente no están en mejor disposición porque desaprovecharon muchas oportunidades para hacer el bien. Por este motivo, el lugar destinado para ellos en el Cielo no estará al mismo nivel que el de aquellos que intentaron hacer la voluntad de Dios toda su vida.

—Probablemente no lo sepa, pero durante estos últimos años se están estudiando con más profundidad las llamadas experiencias próximas a la muerte, y se escribe más de ellas que anteriormente. Recuerdo en particular un libro. María, mi pregunta es la siguiente: cuando estas personas que han vuelto a la vida describen sus experiencias, ¿sus descripciones son siempre una prueba absoluta, ciento por ciento ciertas?

—No, ciertamente no. En estos casos uno debe ser comprensivo pero tampoco debe dejarse engañar y debe ser muy cuidadoso. Algunas de esas experiencias que se han difundido contienen descaradas falsedades. Al igual que con las apariciones o las locuciones interiores, estas experiencias deben ser probadas muy de cerca por individuos amables, piadosos, que tengan discernimiento y experiencia, pudiéndose incluir a médicos y teólogos creyentes. Cuando una de estas personas solo tiene a su alrededor médicos agnósticos, que no rezan, y que lógicamente acaban influyéndole pueden acabar difundiendo falsedades, incluso sin culpa alguna.

Tomemos mi propio caso. Solo porque algún psicólogo puede, a ciencia cierta, declarar que soy una persona equilibrada, honesta y no estoy mentalmente desequilibrada, no es suficiente para determinar si todo lo que he dicho es cierto. Las demás experiencias que no son puramente sobrenaturales también deben probarse largamente, como lo ha sido mí caso o el de los niños de Medjugorje.

—El libro en el que estoy pensando, que ha tenido un gran éxito en Estados Unidos, se dice que las almas eligen cuándo y a qué cuerpo venir. Por esta razón, el aborto no es algo tan malo, a pesar de que vaya contra el orden natural, pues solo significa que el alma quería ir a otro lugar. ¿Qué me dice de esto?

—¡Una tontería peligrosa! Esto se debe claramente a la influencia de Satanás. Debemos rezar para que esta persona sea lo suficientemente humilde como para permitir que él mismo y sus experiencias sean probadas, y no solo por médicos y psicólogos no creyentes, sino también por individuos piadosos y que tengan discernimiento, que sean expertos en las verdades espirituales cristianas, antes de que continúe divulgando las mentiras de Satanás a un número mayor de personas. Y el deber me dice que debo añadir que cada aborto que se practique como consecuencia de lo que ha escrito será responsabilidad, ante Dios, de quien lo haya hecho o de quien le haya asesorado.

24. FUNERALES Y TUMBAS

—¿Le han dicho algo las almas sobre los funerales?

—Sí, me han dicho que prefieren quedarse en su hogar durante un tiempo y no que las lleven a los fríos tanatorios de inmediato; allí no se ora por ellas. Necesitan las oraciones que se hacen cuando todavía están en su casa, y si se les lleva con rapidez normalmente se descuidan estas oraciones. También pueden observar su propio funeral, como ya mencioné anteriormente. Pueden saber quién está rezando por ellas y quién está allí únicamente por estar. Escuchan lo que decimos aquí sobre ellas. Las lágrimas no les ayudan nada, son necesarias para nuestro consuelo pero no para el de ellas. Los funerales deberían ser simples y llevarse a cabo con mucho amor en el corazón.

—¿Hay algo que no aprobarían de los funerales actuales?

—No les gusta escuchar que se digan falsedades sobre ellas, aun cuando la verdad no siempre sea atractiva. Los elogios deben ser honestos si es nuestro deseo ayudarlas en su viaje. La familia debería reconocer y confesar los pecados de esa alma y ofrecérselos en oración a Jesús. Y a las almas no les gustan los funerales pomposos.

No les gusta la cremación ni que sus restos se donen o vendan a la ciencia o a los hospitales. Es ridículo desparramar las cenizas desde aviones o tirarlas en el océano, y no le hace ningún bien a nadie. A las almas realmente les duele porque de ese modo los vivos las olvidan más fácilmente en lugar de ocuparse de ellas con oraciones y pequeños gestos de amor en forma constante. La iglesia permitió la cremación solo para lograr que hubiera menos sacrilegios. Fue más una decisión política que una decisión que sirva de ayuda.

No les gusta nada que no sea piadoso o que se las muestre bajo una luz distorsionada. Recordarlas en la presencia de Jesús es precisamente reunirlas nuevamente, intervenir en su lugar y hacer bien ante Dios, algo que no hicieron tan bien en su día.

Esto me recuerda a un alma que se me presentó una vez durante el día. Una tarde caminaba por el bosque de regreso a casa y vi venir a una señora muy anciana. Mi primer pensamiento fue: "¡Dios mío, qué vieja parece!". Caminaba hacia mí y se veía triste y como perdida. La saludé y le pregunté por qué estaba allí arriba a solas. Le dije que se estaba haciendo tarde. Me contestó: "Nadie se preocupa por mí. Nadie me invita a pasar a su casa y debo dormir en la calle". Pensé: "Debe tener las tuercas un poco flojas". Lo pensé un segundo y luego le ofrecí llevarla conmigo, sabiendo que si era una molestia no se quedaría por mucho tiempo. "Puede venir conmigo, pero mi casa es pequeña. Es todo lo que tengo pero es un techo y puedo darle de comer". Se alegró instantáneamente y dijo: "Eso era todo lo que necesitaba". Y desapareció.

Más tarde supe que ella, en algún momento de su vida, no había dejado entrar en su casa a alguien verdaderamente necesitado, y en consecuencia debía estar en el purgatorio hasta el día en que otra persona la dejara entrar. Ve usted, de esta forma compensé ese pecado y todo quedó reparado. Haberle ofrecido que viniera conmigo le sirvió de reparación por su descuido. Siempre es necesaria la reparación y si no lo hacemos voluntariamente, Dios se encargará de arreglarlo todo para que así sea.

—¿Le han mencionado las almas alguna otra práctica de los tanatorios actuales que piensen que no es correcta?

—Al elegir un tanatorio lo más seguro es escoger uno en el que sus trabajadores sean cristianos activos y que recen. Esto garantizará que nada no sagrado le ocurra a los restos terrenales de nuestros seres queridos.

—¿Y han dicho algo acerca de cómo cuidar la tumba tras el funeral?

—Sí, también me han hablado al respecto, y esto es muy importante. Las tumbas deben mantenerse humildemente y con amor; debería echarse agua bendita periódicamente y tener una vela bendecida siempre. Las almas del purgatorio lo necesitan y les gusta mucho. También pueden ven quiénes visitan sus tumbas; tales visitas las ayudan a ellas y a nosotros más de lo que pensamos.

Hoy en día existen algunos cementerios donde, por comodidad, la placa conmemorativa se encuentra a ras de suelo para que las cortadoras de césped puedan pasar fácilmente por encima. Esto es pereza y falta de amor por parte de los familiares, y esas almas deberán sufrir más tiempo que si la familia se ocupara ella misma de cuidar el lugar donde descansa.

Todo pequeño gesto las ayuda y ellas, a cambio, nos ayudan a nosotros, porque luego intervendrán cuando necesitemos protección o ayuda. ¡Hasta un gesto pequeño como limpiar las ventanas por amor a ellas les hace tanto bien!

—¿Y durante cuánto tiempo debemos cuidar las tumbas?

—Pienso que deberíamos hacerlo durante tres generaciones, por lo menos. Digo esto porque la Biblia dice que los pecados de los padres los expiamos durante tres o cuatro generaciones. Por eso, nuestras oraciones deberían trascender las generaciones y no dirigirlas simplemente a los que conocimos personalmente. Es muy bueno enseñar a los niños a tener interés en sus abuelos y tatarabuelos. ¡Esto hace tanto bien a todos! Les muestra un camino y una unidad. Creo que desorienta mucho el hecho de que en esta sociedad moderna muchas familias se preocupen únicamente por la búsqueda de más dinero, mejores oportunidades o una casa más grande. ¿Hasta qué punto sabemos que todos, en algún momento, deberemos volver al "hogar"? Satanás divide a las familias en todas direcciones, dentro de la misma generación y en las intermedias.

25. EL MATRIMONIO, LA FAMILIA Y LOS HIJOS

—En un matrimonio donde la mujer sufre mucho a manos de su marido, o viceversa, ¿está bien que uno deje al otro?

—Pueden hacerlo, pero ciertamente es mejor que no lo hagan. Deben ofrecérselo todo a Dios. Pero la línea que no se puede cruzar es la del maltrato físico, porque es Dios quien elige a los mártires, no nosotros.

—Desde una dimensión espiritual, ¿qué beneficios pueden obtener los que se casan por la iglesia o una pareja que ni siquiera se casa?

—Tanto la bendición de Dios que se recibe al casarse, como los votos matrimoniales, la misa de nupcias y el apoyo de todos los familiares… todo ello son gracias protectoras tan poderosas que la falta de alguna debilitará notablemente la fortaleza y la unidad de las parejas. Con la bendición de Dios y de la Iglesia, la relación se desarrolla de un modo mucho más sólido y, en consecuencia, más feliz que si no la hubiera.

También tienen lugar cosas similares a lo que veo cuando me visitan las benditas ánimas del purgatorio, y que podríamos llamar bilocación. O que un ángel tome la apariencia de uno de los esposos para darle un mensaje al otro. Él o ella verán o escucharán al otro y así recibirán palabras de protección o ayuda. Esto sucede con frecuencia y debe verse corno un don maravilloso de Dios a una pareja santa. Ciertamente, no sucede cuando se vive juntos en pecado. En esos casos la protección espiritual que tienen es mucho menor. Yo les aconsejaría a esas personas que se alejen del pecado cuanto antes y regresen a la protección de Dios.

También es común que un cónyuge fallecido se acerque para acompañar al que aún vive en el momento de la muerte. ¡Qué gran felicidad será para ambos! El amor verdadero, generoso y bendito nunca, nunca muere. Sin embargo, esto sucede únicamente cuando Dios ha bendecido ese matrimonio y siempre está cerca de ellos en la oración y en sus actos de amor generoso.

—¿Qué han dicho las almas del purgatorio sobre el divorcio?

—Han dicho que es uno de los mayores pecados contra Dios. Es algo que hace daño a todos y, por supuesto, sobre todo a los inocentes. Es nada más y nada menos que un asesinato espiritual, emocional y mental cometido contra el mayor don que Dios nos ha dado: la capacidad de participar en la creación de la vida y de sus frutos, nuestros hijos. Ningún hijo de una familia divorciada crecerá tan plenamente como Dios lo había planeado. En este siglo, millones de veces más que antes, Satanás irrumpe dentro de las familias y dentro de los vientres de las mujeres, corrompiendo y destruyendo en pedazos los lazos sagrados que mantienen a las familias dentro del plan de Dios, corrompiendo y destruyendo en pedazos a los niños que Dios les ha dado. Para reparar por estos dos pecados es lo que las almas del purgatorio anuncian que llegará pronto y que causará una gran conmoción.

Y en países como los Estados Unidos, donde más del 50 por ciento de los matrimonios se rompen, Dios pronto hará algo para que esto cambie rápidamente. Se pondrá del lado de los humildes, de los inocentes, de quienes rezan y aman y castigará al resto por sus interminables ofensas contra el amor. Las empresas, las organizaciones, los abogados, las iglesias, los médicos y psicólogos que mienten, confunden, conspiran, se enriquecen y, de este modo, distorsionan la verdad con el fin de continuar con la más terrible de las guerras, ¡pronto experimentarán la cólera de Dios como nunca antes se ha conocido! ¡Dios, ten piedad de aquellos que saben lo que están haciendo! Y nosotros tenemos el deber de informar a los que no lo saben qué es lo que están haciendo.

—¿Le han dicho algo las benditas ánimas del purgatorio sobre los procesos de nulidad de los matrimonios?

—Sí, me han dicho que la Iglesia está otorgando demasiadas anulaciones. Son temas que deben examinarse en profundidad. Me temo que sea verdad, hasta cierto punto, que aquellos con buenas conexiones y con dinero tienen un mayor acceso a las anulaciones, y difícilmente esto puede ser voluntad de Dios. Por supuesto que hay casos en los que se da coacción, o hay limitaciones emocionales u otras situaciones que invalidan realmente el matrimonio desde su inicio, pero son cuestiones serias que deben tratarse con mucho amor pero también rigurosamente.

—María, ¿qué más podrían comunicar las benditas ánimas del purgatorio a sus familias?

—Pueden pedirle a un miembro de su familia que haga algo bueno que ella, durante su vida, no hizo o hizo mal. Y si siguen sus indicaciones, sus familiares le ayudarán a continuar su camino al Cielo. Pueden advertirles para que eviten esto o aquello. Protegen a sus familias, las guían y les trasmiten amor y seguridad de muchas maneras distintas.

—¿Hay algo que las benditas ánimas del purgatorio no mencionarán nunca a sus familias?

—No dirán ni harán nada negativo, ni nada que suponga una crítica o un juicio de valor. Siempre se tratará de algo positivo, de ayuda, de protección y, por tanto, reparador.

—¿Hay familias a las que las visiten sus parientes difuntos condenados en el infierno, pero sin que la familia sea atacada o acosada por ellos?

—Sí, las hay. Pero estas almas no piden nada por ellas porque se encuentran fuera de toda ayuda y de toda gracia. En esos casos solamente les recuerdan a sus familiares su propia condición y la existencia del infierno.

—¿Le han dicho algo las benditas ánimas del purgatorio sobre el movimiento feminista?

—No, no en esos términos, excepto que ninguna mujer debería estar alrededor del altar. En la sociedad actual es bueno que compitan con los hombres en condiciones de igualdad. Que tengan sus propias carreras pero siempre y cuando la familia no quede ignorada y relegada. También en este tema, tanto las mujeres como los hombres cometen muchos pecados graves en la actualidad. Cuando se descuida a los hijos o al marido o la mujer, se deberá sufrir mucho por ello luego. Definitivamente este es uno de los pecados más serios y que divide mucho.

—¿Le han dicho algo las benditas ánimas del purgatorio sobre lo que se suele hacer con los abuelos en las sociedades occidentales? Me refiero a no tenerlos en casa y llevaros a residencias de ancianos, donde con frecuencia se les trata como un número más o, peor aún, donde en algunos logares les drogan para que queden inconscientes y mueran pronto.

—No específicamente, pero ¿hace falta que nos aclaren algo sobre pecados tan grandes como los que cuenta? ¡Son unos pecados enormes! ¡Con qué frecuencia son los abuelos quienes enseñan a rezar a los niños y en cuántas familias son los abuelos quienes unen a las diversas generaciones, debido a que están allí para compartir la sabiduría adquirida a lo largo de tantos años de experiencia! Echarlos de casa solo puede ser una obra de Satanás.

—María, ¿cree que es un pecado que una madre no amamante a su hijo, o que no lo abrace?

—Si se encuentra físicamente en condiciones de amamantar y prefiere no hacerlo por algún motivo egoísta, sí lo es. Y cuando no se abraza a los hijos, estos quedan paralizados emocionalmente al crecer; por lo tanto, por supuesto que también es un pecado.

—¿Qué es mejor, ser pobre con muchos hijos o rico con solamente uno o dos hijos?

—No debemos interferir en los planes de Dios con respecto a los hijos; y Él siempre enviará muchos a quienes entren dentro de sus planes. Conozco a mucha más gente plenamente feliz entre los pobres que entre los ricos, y conozco muchos casos de los dos tipos. Además, los ricos están más lastrados con los efectos de los pecados de sus ancestros. Viene a mí en busca de ayuda por este motivo más gente adinerada que pobre… Y esto no se debe a que a los pobres no tengan posibilidad de venir, pues también lo hacen.

—Sin embargo, casi todos los gobiernos de todo el mundo, como se demostró en las reuniones sobre población de El Cairo, hablan de la temible amenaza de la superpoblación. ¿Qué dice usted al respecto?

—¡Son tonterías y equivocaciones, fruto del egoísmo y montadas en su totalidad por los mismos bancos! De los seis mil millones de habitantes de la Tierra en la actualidad, aproximadamente alrededor de un tercio se está muriendo de hambre, pero eso se debe únicamente a la avaricia de unos pocos. Existen estadísticas que prueban que el mundo podría alimentar a cincuenta mil millones de personas o más si se distribuyeran con justicia la energía y la comida. La avaricia de Occidente es algo que disgusta mucho a Dios, y estoy segura de que Él hará algo al respecto.

¿De quién son los niños que consumen noventa veces más que los niños de la India? ¿Y quiénes son los que se preocupan tanto por la superpoblación? La respuesta a estas dos preguntas es la misma: Occidente y sus bancos. La avaricia y un temor infundado a la pobreza hacen que mucha gente crea falsedades tan grandes y que las difunda y actúe en esa línea.

—¿A qué edad debería poder dejar una madre a su hijo durante un periodo largo de tiempo a alguien que no sea de la familia?

—Esto depende, por supuesto, de las circunstancias exactas de cada familia; pero como norma general, es un pecado hacerlo antes de los cuatro años. Las heridas que se reciben antes de esas edad son las más difíciles de curar porque se encuentran en lo más profundo del subconsciente.

—¿Le han dicho algo las almas sobre el castigo físico a los hijos?

—Sí, lo han hecho, y por este asunto me atacó la revista alemana Der Spiegel hace un par de años. Ellos decían que yo estaba a favor de pegar a los hijos. Mentira. Las benditas ánimas del purgatorio han dicho que un cachete puede ser necesario con los hijos muy testarudos y desobedientes. Una pequeña bofetada no es perjudicial y el niño lo olvidará rápidamente, pero lo que sí recordará durante largo tiempo, porque queda archivado en su subconsciente, es la consecuencia que conlleva ser testarudo. Por supuesto, esto debe hacerse con moderación, pero si uno no lo hace y espera a que el hijo sea mayor, ya será muy tarde, y los padres sufrirán por culpa de sus hijos. Sin embargo, cuando un hijo mayor tiene en su subconsciente la memoria del cachete que le dieron cuando tenía solo dos, tres o cuatro años, una sola mirada del padre bastará para que actúe correctamente. Muchos padres en la actualidad ya han aprendido los frutos que ha dado su excesiva tolerancia. La violencia física en el hogar es un gran pecado contra el amor que debería reinar en la familia, pero una disciplina física aplicada con cuidado es una necesidad permitida por Dios en las edades y los momentos adecuados.

—¿El mismo pecado cometido contra un niño pesa mucho más que si fuera contra un adulto?

—Sí, ciertamente es así. Los pecados contra los niños, si no se reparan rápidamente y de manera adecuada, serán repetidos por el niño como algo aceptable y normal. Esto se debe a que el modelo que suponen los padres es algo muy poderoso y profundamente arraigado en los hijos. Un divorcio o un acto de violencia en el hogar, o que sean testigos de algo deshonesto, o de una infidelidad, o de insultos y calumnias, da igual de lo que se trate, podrá fácilmente causar reacciones idénticas entre sus descendientes. Ser padre es mucho más importante de lo que la sociedad moderna cree. Se delegan fácilmente estas responsabilidades a quienes se llaman profesionales, pero que no poseen los vínculos otorgados por Dios como los poseen sus padres; y estos profesionales cometen errores como lo hacen todos los seres humanos.

—¿Los niños con discapacidades mentales pasan algún tiempo en el purgatorio?

—Sí, así es, pero por supuesto que su purgatorio es más leve que el de los niños sanos. Todo depende de lo que ese niño pudo entender.

—¿Cuáles son los pecados más graves que pueden cometer los niños, por ejemplo, entre los seis y los doce años?

—La desobediencia y la falta de educación hacia sus padres son los dos más graves.

—Muchos padres dicen que las familias cristianas son demasiado autoritarias con sus hijos. ¿Qué responde usted a este comentario?

—Los padres no deben ser nunca autoritarios, porque así lo que hacen es perder la autoridad, el afecto y el apoyo de sus hijos. Existen muchos padres autoritarios con sus hijos y no son cristianos, por tanto ese comentario no es realmente válido. Los padres que sean cristianos no deben ser autoritarios sino tener sobre todo autoridad. Y las normas que se consideren necesarias en el hogar deberían ponerse desde muy temprano, cuando los hijos son pequeños. Más tarde, los padres deberían enseñar las verdades sobre Dios a sus hijos con mucho amor, y ellos deberían conocerlas antes. Ser siempre negativo, diciendo "no hagas esto", "no hagas aquello", no es manera de ser cristiano. Los padres deben destacar constantemente lo positivo, lo que hay que hacer, y respaldarlo de inmediato con pruebas que ellos puedan comprender. Hay que decirles que de esas acciones saldrá el bien. Los padres deberían imitar la misericordia que Dios tiene con ellos y mostrar siempre esa misma misericordia y bondad a sus hijos.

—Todos sabemos las obligaciones que tenemos dentro de la familia, sin la cual la sociedad no tiene ninguna posibilidad, pero ¿por qué tenemos también la obligación de ayudar a los de fuera de la propia familia?

—El término familia es relativo. Todos estamos relacionados de alguna manera, no importa lo que los científicos puedan decir en contra. Todos somos una familia y solo una familia.

Sobre esto, un alma del purgatorio me dijo que quien no hace todo lo que puede para el bien de los demás no tiene derecho a la vida. En nuestra búsqueda de la justicia de Dios, creo que las cosas son más claras cuando miramos dentro de la unidad familiar, como normalmente la definimos. Así, tenemos la responsabilidad y la capacidad de ayudar tanto a nuestros tatarabuelos como a nuestros tataranietos. En el caso de los tatarabuelos debemos rezar y continuar haciendo buenas obras, y en el caso de los tataranietos podemos y debemos disponernos a vivir una vida llena de paz, fructífera, saludable y llena de felicidad.

—¿Qué respuesta le daría a esos padres cristianos que con buena intención dicen que a los hijos se les debería permitir elegir la religión que quieran cuando sean mayores?

—Les diría que al pensar así están permitiendo que Satanás y esta sociedad secularizada aleje a sus hijos de la verdad absoluta sobre nuestro Dios amado. ¿Qué buen padre podría permitir que sus hijos elijan entre una comida sana nutritiva y una que les debilita lentamente, y que acabaría envenenándolos y matándolos? ¿Qué padre permitiría voluntariamente que sus hijos vivan sin amor y sin cariño? Los padres que dicen o hacen esto nunca, pero nunca, han rezado o no se han preocupado de hacer crecer su propia bondad. Con todo esto, se está ignorando a Dios, lo que le hace sufrir mucho.

—Usted ha dicho que hay niños en el purgatorio. ¿También se le han aparecido?

—Sí, también se me han aparecido niños. Los hay de todas las edades, a partir de los cuatro años. Como sabe, los niños tienen una conciencia más fina que la mayoría de los adultos. Tan pronto como conocen la diferencia entre el bien y el mal, asumen su responsabilidad. Generalmente se enseña que la línea se encuentra en la edad de la razón. Están equivocados, en realidad es la edad de la conciencia.

Es muy importante, por ejemplo, que si un niño está muy enfermo y en probable peligro de muerte y solicita a un sacerdote para confesarse, respetar su solicitud y llevarla a cabo. Sé que no suele ser así y es un serio error de los adultos responsables de ese niño. Conocí a un niño de cuatro años y medio que insistía en confesarse de un pecado. Y tenía muy claro el mal que había cometido.

—Me parece que usted tiene un especial amor y cariño por los niños. Digo esto porque he oído que da clase a los niños pequeños aquí en su pueblo.

—Sí, tengo a muchos niños alrededor desde hace mucho tiempo; les enseño el catecismo.

—¿Qué más han dicho las benditas ánimas del purgatorio sobre lo que debe haber y no debe haber en las escuelas?

—Han dicho que no debería impartirse educación sexual en las escuelas. Son los padres los que deberían tratar estos temas con sus hijos una vez que comienzan a hacer preguntas. Es algo que debería quedar bajo el criterio y el cuidado de los padres porque los hijos aprenden el verdadero amor, el que permanece, solo de sus padres. Hoy en día se ha delegado demasiado en manos de diversos organismos públicos a quienes no les corresponde enseñar cuestiones espirituales, en las que el amor y el sexo son facetas importantes. Los profesores no creyentes deben mantenerse al margen de la santidad de la unidad familiar.

En este asunto, la televisión hace mucho daño hoy en día. Muestran el amor como un simple producto para consumir y desechar. ¡Esto es una gran distorsión, por tanto un pecado grave contra el verdadero amor y contra Dios mismo!

—¿Se le han aparecido almas que practicaron desviaciones sexuales?

—Sí, y deben sufrir mucho.

—¿Qué deberían hacer los padres para formar la conciencia de sus hijos?

—El buen ejemplo es lo más importante. Luego, rezar mucho por ellos y con ellos. Bendecirlos a menudo, eso vale mucho. Y luego darles una buena educación. Lo más importante es lo que reciben antes de ir al colegio. Jesús nos dijo que dejemos que se acerquen los niños a Él y que no se lo impidamos.

—Usted dice que la han visitado algunos niños del purgatorio. ¿Podría contarme acerca de uno o dos de estos casos?

—Una niña de once años se presentó una vez y me dijo que había apagado una vela en un cementerio y que se había llevado un poco de cera para jugar. Ella sabía que no debía hacer eso, y por lo tanto estuvo en el purgatorio durante un tiempo. Me pidió que encendiera dos velas benditas y que soportara lo que fuera necesario para su liberación.

Otra vez, una niña mucho más pequeña vino a mí porque en Navidad le habían regalado, a ella y su hermana melliza, una muñeca con carrito a cada una, y su madre les había dicho que las cuidaran mucho. A esta niña en concreto se le había roto la suya, y para que no la pillaran cambió en secreto su muñeca con la de su hermana que estaba bien. Esto es lo que tenía que reparar en el purgatorio; pero, por supuesto, yo recé y la ayudé en su camino. Otro caso, pero aquí hay más mensaje que simplemente que los niños van también al purgatorio. Había dos familias que vivían una justo al lado de la otra. Una tenía dinero, la otra era relativamente pobre. Un día, la niña pequeña de la familia adinerada le dijo a su madre que quería regalar toda su ropa y todos sus preciosos juguetes a la vecina pobre. Su madre obviamente se sorprendió y le preguntó por qué quería hacer tal cosa. La respuesta de su hija fue que de esa forma podría ir siempre allí a jugar con la otra pequeña. Su madre respondió que la otra niña también podía venir a su casa a jugar. "No, no", insistió, "debo hacerlo, lo haré". Los padres hicieron todo lo posible para que cambiara de opinión, pero no tuvieron ningún éxito. Finalmente le dijeron: "Está bien, ve y hazlo, pero no esperes que volvamos a comprarte otra vez toda la ropa y los juguetes". "Bueno, no hay problema", dijo la niña, y entregó a su vecina sus juguetes y su ropa.

Dos días después, la niña salió corriendo por la puerta de casa sin mirar y murió atropellada por un automóvil. Sus padres, que estaban sufriendo terriblemente, vinieron a mí para preguntar por qué había sucedido eso. Accedí a preguntarle a las benditas ánimas del purgatorio al respecto y pronto me llegó la respuesta; fue la siguiente: "El sufrimiento por la muerte de su hija les ha garantizado que uno de sus hijos no acabaría definitivamente perdido". Por tanto, la muerte de la niña fue una reparación por adelantado por algo que Dios había visto que sucedería. Dios es un Dios que nos ama mucho, y ahora ambos niños, y no solo uno de ellos, estarán pronto con Él.

—Con respecto a la niña que robó la cera del cementerio, he notado que le pidió que usted encendiera dos velas benditas por la que ella

202

había apagado. ¿Es esto un ejemplo de lo que se entiende por reparación extra?

—Sí, exactamente.

—Anteriormente, dijo que los niños están más cerca de Dios y esto se debe a su inocencia. ¿Sucede también que los niños reciben gracias especiales por su buen comportamiento, provocado por el ejemplo de sus padres?

—Sí y muy a menudo. Sé de niños que querían ir a misa todos los días y de niños a quienes les gustaba por decisión propia escuchar historias de la Biblia. Son gracias especiales. Algunas podrían considerarse algo extremas al principio, pero los padres nunca deben interferir en tales cosas y deben permitir que crezca la unión entre Dios y sus hijos, ya que es parte del plan de Dios para con ellos. He oído hablar de niños que querían arrodillarse sobre el suelo lleno de grava y rezar durante largos períodos de tiempo. Los padres deberán sufrir mucho si intentan o logran detener este comportamiento de sus hijos. Dios les habla a los niños con más claridad porque sus almas están, como usted dice, más limpias, más claras y más inocentes que las nuestras.

—Por favor, cuénteme alguna experiencia de su infancia que la hizo especialmente feliz o que le influyó mucho.

—Con gusto. Uno de los momentos de mayor felicidad fue cuando tenía quince años. Eso fue en 1930, más o menos.

Uno de mis hermanos y yo estábamos trabajando en una granja en Baviera. Cuando solicitamos el trabajo, el granjero nos prometió que siempre podríamos ir a misa el domingo; pero al poco tiempo comprendí que esta promesa era solo válida para mi hermano, no para mí. La mayoría de los domingos por la mañana la mujer del granjero enfermaba misteriosamente e insistía en que yo me quedara en la casa cuidándola en lugar de permitirme ir a la iglesia con mi hermano. Se acercaba la fiesta de Pentecostés y una vez más me pregunté qué iba a hacer la mujer del granjero. El sábado por la tarde se encontraba perfectamente, totalmente sana, y entonces supuse que al día siguiente podría asistir a misa, tenía grandes expectativas. Pero a las nueve en punto del domingo volvió a enfermar de un misterioso dolor de cabeza o algo así. ¡Y me dijo claramente que debía quedarme una vez más con ella porque no podía dejarla sola estando enferma! ¡Yo estaba destrozada! Alrededor de la una de la tarde se le pasó el dolor de cabeza y me dijo que me podía ir. Salí corriendo y me dirigí hacia un edificio en construcción, donde en la parte de atrás había un banco con una vista majestuosa. Allí lloré llena de desesperación por no haber podido ir una vez más a la santa misa que yo amaba tanto; y ¡justamente esa fiesta! De repente, me rodeó una nube de palomas blancas que se posaron despacito alrededor de mí sobre el césped. ¡Estaban por todas partes! En la hierba, sobre mi falda, todas alrededor de mí. ¡Por todas partes!

—Ha dicho una nube, María, ¿cuántas eran? ¿Cincuenta? ¿Cien?

—¡Oh! ¡Por lo menos cien! ¡Al ver semejante belleza no las conté, pero estaban realmente por todas partes! ¡Y se quedaron al menos una hora! Mis lágrimas se convirtieron en lágrimas de alegría y estaba envuelta en tal felicidad que desapareció toda mi angustia. Luego se fueron. Se lo conté a mi hermano pero a nadie más. A lo largo de las siguientes semanas mi hermano indagó entre los granjeros vecinos si había palomas o pichones blancos en esa zona y la respuesta fue siempre la misma: no había ni palomas ni pichones.

No creo que ninguna otra experiencia de mi infancia me haya tocado tan profundamente como esta. ¡Fue pura belleza!

—¡Vaya! Veo que efectivamente le dejó una marca profunda; pero permítame continuar. ¿Es cierto que muchas de las apariciones oficiales han sido a niños?

—Sí, así es. Los niños están muy abiertos a la existencia de Dios y de todo su Reino. Su inocencia, su humildad natural, su dependencia, su sensibilidad y su confianza les permite experimentar las cosas de una manera muy distinta y más refinada que a los adultos. Debemos proteger esa pureza y permitirles ser niños durante todo el tiempo que sea posible. Cuando el mundo actual los introduce demasiado temprano en esta sociedad grosera, arrogante y arreligiosa, pierden gran parte de su belleza y no la recuperan nunca más. Conozco a muchos niños que, de hecho, han visto ángeles y yo no dudo de ellos ni un minuto. ¡Dios regala tanto a los más pequeños entre nosotros! Ese es justamente el motivo por el cual nuestra Madre, en Medjugorje, comienza todos sus mensajes con un "Queridos niños". Ella quiere que seamos pequeños de corazón para que Dios pueda darnos más gracias y dones.

26. TRABAJO Y DINERO

—En la guerra entre ricos y pobres de la que nos ha hablado, el tema del trabajo, o con más frecuencia la falta de trabajo, es un concepto muy discutido. Permítame hacerle unas pocas preguntas simples sobre el trabajo y el dinero. ¿O prefiere primero decir algo acerca de estos temas?

—La guerra más grande en la actualidad, después de la guerra contra los niños inocentes y la estructura familiar, es entre los ricos y los pobres. Los masones están detrás de este movimiento con el objetivo de crear una moneda mundial y un gobierno mundial, el denominado Nuevo Orden Mundial y la Nueva Era. Este gobierno mundial dedicará todas sus energías a destruir la Iglesia. Hasta la horrorosa guerra de los Balcanes, en este preciso momento, está siendo financiada por los masones, y no debería sorprendernos a estas alturas por qué escogió nuestra Madre aparecerse allí aproximadamente diez años antes de que nadie supiera que estallaría esta guerra, como finalmente sucedió.

El Banco Mundial, las Naciones Unidas, la Unión Europea y la Cruz Roja Internacional también están detrás de todo esto, y a pesar de todas las apariencias no están trabajando por el bien del mundo. Además, detrás de todo ello se encuentra la red de bancos dirigidos por los masones y otras sociedades secretas sobre las cuales la gran mayoría de la población no sabe prácticamente nada. La codicia y el miedo de las personas a la pobreza permiten que se entreguen al diablo los fondos con los cuales intentará —pero al final fracasará— aplastar a la Iglesia, y de esta forma a Dios. Será en ese preciso momento cuando nuestra Señora y sus seguidores obtendrán la victoria, aún si las cosas no lo parecen hasta el último momento.

—Ha mencionado en varias ocasiones la codicia de Occidente en la actualidad, y ha dicho que Dios establecerá una severa reparación a Occidente por este motivo. ¿Quiere decir que los lugares donde se concentra la codicia, donde proliferan esos bancos de los que habla, sufrirán más que las áreas en las que se vive humildemente?

—Sí, creo que así será.

—¿Entonces usted recomienda a las personas que se vayan de esos lugares y busquen entornos más humildes?

—Lo que yo recomiendo es que se vuelva a Dios y a la oración; Dios desea que seamos humildes para que Él pueda ayudarnos. Así, al hacer oración nos inspirará qué hacer.

—El modo de vida de los ricos les lleva a beneficiarse siempre de su riqueza; con frecuencia se le llama vivir de las rentas, gastando solo de los intereses de su dinero. Así muchos viven hoy de la especulación, de los cambios de interés de la divisas, etc. ¿Son estas actividades o estilos de vida parte de la voluntad de Dios?

—¡Por supuesto que no! Dios desea que los ricos compartan lo que tienen con los pobres y que hagan buenas obras para ellos, y no que se sienten sobre su riqueza. Las personas que se dedican a esas actividades deberán hacer mucho para adaptarse durante los próximos años y debemos rezar para que el Espíritu Santo los ilumine lo más pronto posible.

—Y las personas que ya se han dado cuenta de que este sistema no proviene de Dios, ¿qué les recomendaría que hicieran con los fondos que han acumulado si ahora desearan utilizarlos de acuerdo a la voluntad de Dios?

—¡Que hagan cosas buenas con ellos ahora porque luego no los tendrán y no harán ningún bien a nadie!

—¿Es cierta la idea de un anticristo?

—Sí, lamentablemente lo es. Algunos videntes, que no son los de Medjugorje, dicen que el anticristo vive ya en la actualidad. Vendrá como un gran mago financiero, tendrá un carisma muy poderoso y también será considerado un gran sanador y un taumaturgo, hacedor de milagros. Un gran número de personas quedarán encantadas con él cuando, de hecho, su poder será la mayor manifestación de Satanás que se ha visto nunca. Debemos rezar sin cesar para no ser engañados por el diablo y su ilimitado talento para disfrazarse de lo que quiera para complacer su arrogancia.

—Cuando alguien presta dinero, ¿puede luego exigir el pago de los intereses?

—De acuerdo a Dios, no. Deberíamos prestarlo por amor al prójimo y no para enriquecernos. Solo debemos ganar dinero con nuestro trabajo.

—Usted dice que vendrá un tiempo de paz, pero solo después de que ocurra algo muy grande para la conversión de la humanidad. ¿Esta época de paz incluirá también una completa redistribución de las riquezas?

—Sí, así es.

—Usted también dice que junto a este gran acontecimiento se dará un colapso financiero mundial antes de poder disfrutar la época de paz. ¿Cómo podríamos prepararnos del modo más fácil para estos dos cambios, que serán, si lo he entendido correctamente, enormes?

—¡Sí, serán enormes! ¡Las personas deben volver a Dios ahora y entregarse completamente a Él! Si lo hacen, los cambios que van a llegar serán más fáciles de soportar para todos nosotros.

—¿Ha oído hablar de la organización de la Iglesia llamado Prelatura del Opus Dei, en la que parte de la vocación de cada miembro es la santificación del trabajo ordinario? Y si es así, ¿sabe si es buena y, como usted dice, proviene de Dios?

—Sí, la conozco, y proviene de Dios.

—Si es pecado exigir intereses, ¿lo es también comprar algo, generalmente algo grande, a crédito?

—Si uno tiene verdadera necesidad, entonces no lo es, pero quien presta el dinero también deberá ver esa necesidad real con amor, en lugar de enriquecerse gracias a ella.

—¿Nos enseña la Iglesia, en la actualidad, el uso adecuado y moral del dinero?

—Varios Papas, desde el comienzo de la Iglesia, han hablado del valor del trabajo y han condenado el uso continuo de los intereses. En la actualidad no es mucho lo que se enseña sobre del uso del dinero. El

Santo Padre actual haría mucho bien al mundo si escribiera una encíclica sobre ello.

—Y una última pregunta: ¿Le ayudan de algún modo las almas en su trabajo diario?

—Sí, lo hacen, pero solo en lo que las atañe de algún modo. Por ejemplo, cuando necesito la hoja concreta para escribir la respuesta que ellas me dan, todo lo que debo hacer es sacar una hoja de la pila y siempre es la indicada. Me ayudan a ayudarlas, pero eso es todo.

27. APARICIONES MARIANAS

—¿La madre de Jesús, la Virgen María, se aparece realmente? Ha hablado de Medjugorje en varias ocasiones. Por favor cuénteme un poco más al respecto.

—¡Oh, sí! María se aparece a determinadas personas y en Medjugorje, en Herzegovina, se aparece diariamente a un grupo de jóvenes en la actualidad. He estado ya tres veces allí, pero no fui para saber si eran ciertas o no. Al poco tiempo que comenzaran las apariciones, en junio de 1981, le pregunté a una bendita ánima del purgatorio si eran ciertas, y la respuesta fue "sí". Y también son reales los casos de san Damiano, Kibeho, el padre Gobbi y otros más pequeños alrededor del mundo.

Con Medjugorje existe solo un gran peligro: que el mundo lo ignore. Pero hay muchos otros casos de mensajes "de arriba" sobre los que las benditas ánimas del purgatorio me han dicho "cuidado" o simplemente "no".

—"No" es fácil entender. ¿Puede decirme algún caso o dos que no sean reales? ¿Y cómo interpreta "cuidado"?

—No diré nombres, pero sé de casos aquí en Europa que son totalmente satánicos. Justo aquí en Suiza hay dos casos: uno en la Suiza alemana con un grupo de seguidores relativamente pequeño; y otro en la Suiza francesa, con numerosísimos seguidores por todo el mundo. Hay un caso muy confuso en Australia, un farsante en Inglaterra, uno en Sudamérica y muchos verdaderamente malignos en Estados Unidos, aunque también existen casos reales en esos lugares. ¡Debemos rezar mucho por estas falsas apariciones! "Cuidado" puede deberse a varias razones pero quiere decir que existe o ha existido alguna interferencia cercana a la persona involucrada. Por eso uno debe tener muchísimo cuidado. Podría tratarse de alguien que no se cuida espiritualmente o que decide no tener un buen director espiritual que sepa discernir. Si se dieran errores teológicos, si se produjera cualquier pérdida de libertad mental, emocional o física o un esfuerzo para atraer demasiada atención sobre el instrumento mismo, uno debe tener mucho cuidado e irse inmediatamente. También, si se pide o si se acepta dinero debería ser una advertencia clara de que hay algo raro. Otra posible señal es si el "vidente" deja de cuidar de su propia familia de alguna manera. Hay muchas señales a las que podemos estar atentos.

Y, por favor, no hay que olvidar que Satanás conoce la verdad y la usará para atraer a los incautos. Cuando discernimos sobre algún caso o nos dicen "cuidado", entonces es mejor ignorarlo todo antes que arriesgarse a ser engañados. Satanás puede falsificar lo que quiera, hasta los estigmas o las curaciones de cualquier tipo. Debemos rezar por tantos engaños como hay en el mundo actualmente y también por quienes rechazan a alguien que les guíe espiritualmente o que rechazan ser probadas o la obediencia total a la Iglesia en estos asuntos.

—Si un seguidor de uno de estos casos falsos se le acercara, ¿le advertiría de ese hecho?

—Las almas me dijeron que si una persona me preguntara, entonces debería decirle que "las almas me han dicho '¡no!' a tal o cual fenómeno". Y es exactamente lo que sucedió hace unos meses con uno de los casos suizos que está muy extendido.

—Para ser sincero, no es difícil para mí imaginar a quién se refiere. Pero dígame, ¿por qué puede una persona hacer tal cosa? ¿O es algo inconsciente?

—Consciente o inconscientemente, a causa de ciertas flaquezas, probablemente orgullo, Satanás logra que lo hagan. Y por cómo esta persona actuó, parece muy claro y evidente que lo que quería era causar división y alejar a la gente de Medjugorje. Una amigo mío exorcista, al que me he referido antes, también ha podido confirmármelo.

—Comprendo que no desee mencionar nombres de personas vivas que están engañando a otros de este modo, pero ¿quiere nombrar a alguien ya fallecido del que las almas del purgatorio le hayan dicho "cuidado"?

—Las benditas ánimas del purgatorio me dijeron "cuidado" cuando les pregunté sobre los escritos de María Valtorta. Pero lo que puede haber ocurrido es que sus escritos hayan sido manipulados tras su muerte. El diablo siempre anda cerca para enredarlo todo y este "cuidado" no debería preocuparnos sobre la propia Valtorta.

—¿Ha dicho algo la Virgen María sobre las almas del purgatorio a través de los videntes de Medjugorje?

—Sí, ha hablado varias veces del purgatorio. Muy pronto dio a los niños dos testimonios extensos y otros más cortos al respecto, en forma privada, y luego en 1986 y en 1987 hubo un mensaje más largo para todo el mundo y otro más en el que mencionaba brevemente la necesidad de las misas para las almas.

—¿Y esos mensajes confirman lo que usted dice?

—Sí, así es.

—Dijo antes que las almas tienden a congregarse en lugares de mucha oración o en lugares sagrados. ¿Sabe si se ha aparecido algún alma del purgatorio en Medjugorje?

—Sí, se han aparecido. Nuestra Señora confirmó algunas de esas apariciones a los videntes, pero los mensajes que provenían de ellas eran privados, para los familiares involucrados. Pero me contaron un caso que tuvo lugar en un restaurante cercano un poco después de que Nuestra Madre comenzara a aparecerse en Medjugorje.

En la ciudad cercana más grande, en la que se encontraban los comunistas y la policía –quienes, por supuesto, se burlaban o, aún peor, intentaban aterrorizar a los habitantes de Medjugorje–, aún existe un restaurante que frecuentan únicamente los hombres de la ciudad. Todas las mesas están pegadas a lo largo de las paredes, excepto una, que está en el centro y que siempre es la última en ocuparse. Un día, alrededor de la hora del almuerzo, el restaurante estaba prácticamente lleno y algunos de los hombres hablaban mal sobre las apariciones y sobre los habitantes de Medjugorje, que al fin y al cabo se encuentra a solo tres o cuatro millas de distancia. De repente, algunos de esos hombres levantaron las miradas al escuchar la voz de una mujer que les increpaba por opinar sobre asuntos sagrados. Estaba sentada en la mesa del centro, la mesa que normalmente siempre se encuentra vacía.

Tendría aproximadamente treinta años, atractiva y bien vestida. Nadie, ni siquiera el camarero la había visto entrar. ¡No había ni siquiera un vaso sobre la mesa! Al oír su reprimenda, los hombres se callaron inmediatamente. Y cuando volvieron a levantar la mirada, ya no había nadie en la mesa. ¡Nadie la había visto entrar o salir del lugar! Esta historia se extendió muy rápidamente por toda la ciudad. Seguramente era un alma enviada por Nuestra Señora para aclarar un poco las cosas. Reitero, es cierto que las almas se aparecen con mayor frecuencia alrededor de lugares sagrados.

—Anteriormente habló de la advertencia de Garabandal. ¿Podría contarme algo de ello? ¿Ha estado usted allí?

—Sí, he ido de peregrinaje varias veces. Garabandal es un pueblo de montaña en España donde Nuestra Madre se apareció a unos niños en los años 60. De allí proviene la siguiente advertencia, que esencialmente es esta: Llegará un momento en que cada persona de la tierra verá la condición de su propia alma y muchos morirán de espanto al verla. Es lo mismo que le sucede a cada uno durante el proceso de muerte, pero entonces les pasará a todos al mismo tiempo. "Vendrá a juzgar a los vivos y a los muertos".

—¿Debemos tener miedo de dichas advertencias?

—Únicamente si estamos muy lejos de Dios y llenos de pecado tendremos razones para tener miedo, pero si intentamos estar constantemente con Él no tenemos nada que temer. Dicho de manera sencilla, quienes rezan se salvarán. Y además, la misericordia de Dios está siempre antes que su justicia.

Una buena comparación sería la de una señal de tráfico al borde del camino. El hecho de que la veamos y la entendamos no significa que ya nos encontremos en medio de la curva pronunciada de la que nos está advirtiendo. Si tenemos la confianza de un niño en nuestro Dios amado, siempre estamos y estaremos en las manos más seguras.

—¿De qué otras maneras podría estar advirtiéndonos Dios en estos años?

—Los desastres son advertencias, tanto los provocados por la naturaleza como los que son a causa de los hombres, por ejemplo, terremotos, hambrunas y plagas diversas, de las cuales el SIDA no es la última. No hay nadie que pueda negar que esto esté pasando. ¡Está pasando con una sorprendente regularidad! Pero para lo que muy pocos de nosotros estamos preparados es para un colapso económico total, algo que pondrá a los orgullosos y poderosos literalmente de rodillas.

—Ayer dijo que habrá un último día. ¿No nos estarán diciendo estas advertencias, entonces, que quizá el último día sea inminente?

—No, no tiene que ser así necesariamente. Creo que Dios se revelará claramente muy, pero que muy, pronto porque nos hemos alejado demasiado de Él. Pero decir que el fin del mundo es inminente sería un error, basándome en lo que las benditas ánimas del purgatorio me han dicho. Recuerde que me han dicho que pronto las cosas irán mejor otra vez, y nada de eso implica que la batalla final o el fin del mundo esté cerca. Pero habrá un gran cambio, uno podría llamarlo purificación. No debemos olvidar nunca que la misericordia de Dios es infinita.

—En los primeros días de las apariciones de Fátima, las dos niñas, Lucia y Jacinta, le preguntaron a Nuestra Señora si irían al Cielo. Ella respondió que sí. Luego hicieron la misma pregunta en nombre del niño, Francisco, que apenas tenía siete años. La respuesta fue: "Sólo si reza muchos rosarios". María, ¿cómo puede ser esto verdad si tan solo tenía siete años?

—Sí, es verdad. Todo es relativo a lo que nos enseñan a cada uno, incluso con solo siete años. Por esta respuesta debemos suponer que se le enseñó a rezar mucho más que, diríamos, a uno de los niños de hoy en día. Estoy segura de que si lo investigara se daría cuenta de que fue así. Pedírselo a uno de los niños de la sociedad secularizada actual sería muy duro, y Nuestra Madre no es dura. En Medjugorje, Nuestra Madre les preguntó a los niños desde el principio cómo y cuánto rezaban y adaptó sus peticiones a las respuestas que le dieron. Esto fue un gesto maternal y gentil.

—También en Fátima una de las niñas preguntó a la Virgen acerca del paradero de una de sus amigas de dieciséis años, creo, que había muerto hacía poco tiempo. Nuestra Madre le respondió que se encontraba en el purgatorio y que permanecería allí hasta el final de los tiempos. ¿Cómo puede ser que una niña de dieciséis años haya hecho lo suficiente para ganarse eso?

—¡Oh, sí, es posible! Esa chica podría haber sido extremadamente testaruda o desobediente. Podría haber bloqueado muchas gracias y eso sería suficiente para merecer el purgatorio hasta el final de los tiempos.

—Algunas personas se cuestionan las apariciones de Medjugorje porque estas continúan desde hace más de diecisiete años. ¿Cree que es una razón válida para preocuparse?

—No, en absoluto. Los tiempos actuales son muy distintos a los de Lourdes, La Salette o Fátima. Estos son los tiempos profetizados en La Salette y Fátima, pero a mucho de lo que se dijo allí no se le dio buena publicidad. Actualmente, los niños de Medjugorje necesitan esta guía constante aunque sea solo para protegerlos de manera que no caigan en las innumerables tentaciones de este mundo. También en los mensajes de Nuestra Señora en Medjugorje dice que después de esas apariciones no volverá a haber más en nuestros tiempos, por lo que este argumento no tiene fundamento. Mucho acerca de Medjugorje son primicias, pero ¿cómo podemos atrevemos a desafiar el permiso que Jesús le otorga al deseo de su santa Madre de estar con nosotros así por un largo tiempo? ¡Solo hay que mirar cómo está el mundo! Debemos aceptar mucha ayuda si no queremos que la humanidad y todo desaparezca de la tierra.

—¿Se le han aparecido almas que murieron en la terrible guerra de la antigua república de Yugoslavia? Si es así ¿no le dijeron si lamentaban no haber vivido los mensajes de Nuestra Madre cuando aún estaban vivos?

—Sí, tres soldados croatas fallecidos se me aparecieron, y uno de ellos confirmó que Medjugorje es de Dios. Pero eso fue lo único que dijo.

—¿Ha mencionado alguna vez Nuestra Señora esa guerra en las advertencias al mundo dadas a los videntes de Medjugorje?

—Las advertencias son secretas, pero a la vidente Vicka se le preguntó justamente eso. Contestó que no, que no se la mencionó como parte de las advertencias. La que había preguntado dijo: "Si esta guerra indescriptiblemente horrorosa no es parte de las advertencias, entonces, ¿qué cosas tan temibles contendrán las advertencias?". A lo que respondió Vicka: "Acaba de contestar usted misma a su pregunta". Y sobre este mismo asunto, otras dos videntes, Marija y Mirjana, también hicieron comentarios. Marija dijo: "Esta guerra es una cruz para nosotros los croatas y una advertencia para vosotros". Mientras que Mirjana dijo que todo lo que necesitamos saber está en el Apocalipsis.

Sin embargo, nunca nunca debemos inquietarnos, porque el miedo viene solo de Satanás. Si intentamos de verdad vivir con Dios todos los días, Él nos protegerá de todo lo que esté por venir. Las personas que rezan estarán a salvo, pero las que no serán sorprendidas con la guardia baja y estarán desprotegidas. Es así de sencillo; y debemos confiar en Dios y en su Madre con la confianza de los niños pequeños.

—Debe haber sido muy peligroso viajar a Medjugorje durante estos últimos años, ¿verdad?

—Sí, el diablo hace todo lo posible para que pensemos que es así. Sin embargo, hasta hoy esta guerra satánica no ha llegado a impedir los viajes. Quien se sienta llamada a acudir, no debe dejarse llevar por lo que dice la prensa, que es mentirosa y que confunde las cosas. No se debe confiar en las agencias de seguros o en lo que dicen los gobiernos; deben confiar en Nuestra Madre, en sus ángeles y en las almas del purgatorio para que los ayuden a vivir una peregrinación llena de gracia.

—Además de ser un lugar donde se dice que pueden estar teniendo lugar apariciones de la Virgen María diariamente, ¿qué es Medjugorje para usted y en qué se convertirá para quienes lo visitan?

—Las benditas ánimas del purgatorio dicen que efectivamente están teniendo lugar apariciones de María. ¡No dicen que "creen" que pueden estar teniendo lugar! Pero a su pregunta, digo esto para aquellos que se sienten motivados a ir. En primer lugar, Medjugorje es una escuela de oración, y si uno participa aunque sea solo un poquito, pronto se convierte en una escuela de amor. En Medjugorje, Nuestra Madre nos conduce de un mundo sin Dios y sin amor a un mundo lleno de Dios, y por tanto, lleno de amor como nunca antes lo hemos visto.

—¿Cuál es la opinión del Santo Padre acerca de Medjugorje?

—Ha hablado en favor de Medjugorje con frecuencia en estos años, pero hay gente de las altas esferas de la Iglesia que quieren ocultarlo a los fieles. Recientemente les ha dicho tanto a los representantes gubernamentales de Croacia como a los eclesiásticos que desea ir a Medjugorje en su próxima visita. También se ha reunido en privado con varios de los videntes.

—Los protestantes se quejan de que los católicos prestan demasiada atención a María. ¿Qué opina de esto?

—La devoción a la Virgen nunca puede ser excesiva, siempre que sea equilibrada y no caigan en la adoración reservada a Dios. Fue san Luis de Montfort quien dijo que la verdadera devoción a Nuestra Señora incluye tener en cuenta a las benditas ánimas del purgatorio y obrar a favor de ellas.

28. SUFRIMIENTO Y REPARACIÓN

—Si le pidiéramos a Jesús pasar nuestro purgatorio aquí en la tierra, ¿accedería a nuestra petición?

—No debería decir que siempre, pero a menudo sí. Sucede.

Conozco el caso de un sacerdote y una señora que se encontraban en el mismo hospital. Ambos estaban muy enfermos, pero así y todo podían levantarse y charlar. Salían fuera a menudo y llegaron a conocerse bastante bien. La señora, que no era mayor, le dijo al sacerdote que le había pedido a Jesús exactamente eso; poder sufrir lo suficiente aquí para poder ir al Cielo directamente. A lo que el sacerdote le respondió: "Yo no me atrevería pedir algo así. Sería como demasiado audaz". "No", replicó la mujer, "si se lo pido a mi Jesús, confío en que Él me concederá este deseo".

Una hermana religiosa del hospital conocía a ambos y había oído varias veces lo que había dicho esa mujer. Entonces, sucedió que esta señora más joven murió primero, y al poco tiempo falleció también el sacerdote. Poco después, se le apareció el sacerdote a la religiosa y le dijo que si hubiera tenido tanta confianza y hubiera sido tan devoto como la mujer, él también se hubiera ido directo al Cielo sin pasar por el purgatorio.

—¿Se castigan a ciudades o naciones enteras o, como usted prefiere decirlo, Dios les pide reparación por sus pecados pasados?

—Sí, así es.

—Entonces, sí todas las personas de Occidente confesaran sus pecados y continuaran rezando y reparando, y haciendo buenas obras por sus familiares difuntos, ¿disminuiría drásticamente la reparación que usted dice que Dios va a enviarnos pronto? ¿Lo he entendido correctamente?

—Sí, es así de cierto y de sencillo. Que recen y se confiesen, y luego que recen también por sus familiares difuntos y que ofrezcan buenas obras por ellos. Entonces Dios disminuirá la reparación que tiene planeada y que vendrá sin que nadie tenga antes ningún conocimiento previo.

—Cuando se le presenta el alma de algún sacerdote, ¿qué sucede María al no tener familia que haga sufragios por ellas al morir?

—Me tienen a mí. Cuentan con buenos amigos, y yo soy uno de ellos.

—¿Aún aquellos que no la han conocido personalmente?

—¡Por supuesto! Haré por ellos lo que sea necesario.

—¿También aceptaría algún sufrimiento?

—Mmm…

—María, ¿desea hablar sobre esto?

—Jesús nunca nos da más de lo que podamos soportar.

Hace ya mucho tiempo, se apareció un sacerdote y me dijo que si aceptaba tres horas de sufrimiento le evitaría veinte años de purgatorio. Acepté porque mi confesor me había aconsejado asumir todo lo que se me pidiese, y siempre lo hago. Pronto sentí un dolor que abarcaba de tal manera cada milímetro de mi cuerpo que me quedé inmóvil y sin darme cuenta de dónde estaba. Pero tenía una gran alegría en mi corazón, porque sabía claramente lo que esto significaría para el sacerdote. Sin embargo, después de un tiempo, pensé que debían de haber pasado tres días en lugar de tres horas. Y de la misma manera repentina como había llegado se fue el dolor y me di cuenta de que, por supuesto, no me había movido de donde estaba en todo ese tiempo. Cuando miré el reloj comprobé que habían sido tres horas exactas hasta el último minuto.

En otras ocasiones se trata de un dolor localizado. Una vez, por ejemplo, comenzó a dolerme el brazo derecho durante un largo tiempo y no importaba lo que hiciera o cómo lo pusiera, seguía doliéndome. Resultó ser por un alma que había administrado mal el testamento de otra persona y, por supuesto, eso conllevaba el brazo y la mano con la que escribía y trabajaba.

Cuando aceptamos nuestros sufrimientos por amor de Dios todo es posible; y entonces, producen los mejores frutos. El sufrimiento, en otras palabras, la cruz sin amor, pesa demasiado; pero el amor sin cruz no existe.

—¿Le dicen cuánto tiempo durará?

—No, nunca, salvo esa vez. Esa es la peor parte: no saber cuánto tiempo va a durar, pero aquella vez fueron tres horas.

—¿Esto tiene lugar de manera regular o sucede más durante ciertos tiempos?

—Siempre acepto lo que me piden, pero durante Cuaresma, por ejemplo, me hacen saber de su presencia de una manera muy intensa a través de sufrimientos que acepto por ellas. En otras ocasiones, cada vez que lo solicitan.

—¿Sigue aceptando estos sufrimientos en estos días, con tanta frecuencia como en los primeros años?

—No, ahora son menos que antes porque últimamente he viajado mucho más para dar conferencias que al principio y esto también ayuda mucho a las almas.

—Cuando era joven, ¿pensó alguna vez que viajaría por las ciudades de Europa dando conferencias en amplios salones llenos de gente?

—¡Nunca! Me hubiera reído mucho y me hubiera asustado de solo pensarlo. Pero Dios me da ahora la fuerza y el coraje para hacerlo y estoy convencida de que producen muchos buenos frutos, y le estoy muy agradecida por esto.

—¿Ha sentido la angustia y el miedo como el que sufrió Jesús en Getsemaní?

—No, hasta el momento eso no me ha sucedido.

—Esta equivalencia, tres horas por veinte años, como ha dicho, ¿es siempre la misma o a veces difiere?

—Es totalmente diferente en cada caso. Eso se debe a que existen infinitos niveles de purgatorio. Una bendita ánima del purgatorio me dijo que diez años de purgatorio leve son mucho más fáciles de soportar que dos días del más profundo. Además, no debemos pensar que un alma ha de subir lentamente por los niveles de uno en uno para finalmente llegar al más alto. Pueden ir desde el más profundo directamente al Cielo.

—¿Cree que los sufrimientos que ha aceptado voluntariamente son similares a los del purgatorio?

—Sí, creo que sí. Una vez que desaparecen los dolores, en mi cuerpo no queda ninguna cicatriz ni secuela. Eso significa entonces que se producen enteramente en el ama, y eso me hace pensar que son muy similares.

—Si vemos a alguien con muchos dolores, ¿podemos intervenir y ofrecer a Dios nosotros ese dolor por ellos?

—Sí, pero no cuenta tanto como cuando es la misma persona que sufre quien lo ofrece.

—Y si se trata del propio dolor, y uno lo hace bien durante un tiempo pero luego pierde la paciencia, y más tarde lo ofrece al Cielo, ¿tiene esto valor?

—Sí, pero no tanto como haciéndolo en todo momento hasta que desaparezca.

—Si una persona ofrece todos sus sufrimientos futuros a Dios sabiendo que cuando lleguen puede encontrarse debilitado ¿tiene esto el mismo valor que hacerlo mientras los sufre?

—Sí. Dios acepta nuestra sinceridad cuando se la ofrecemos a Él.

—Si alguien sufre y no se lo ofrece a Dios, ¿se pierde el valor del sufrimiento?

—Sí, se pierde, si se trata de que esa alma llegue al Cielo más rápido; pero si ese sufrimiento es para reparar algo del pasado, como suele ocurrir con más frecuencia, entonces sí sirve, por supuesto. Con nuestra ayuda o sin ella, Dios lo permite. Él es puro amor y sabe perfectamente qué es lo mejor para nosotros.

—¿Qué más puede decir del dolor?

—En segundo lugar, después de la vida y del tiempo que tenemos para hacer el bien, el dolor es el regalo más grande de Dios. Mientras sufrimos aquí recibimos las gracias para hacer buenas obras; pero una vez que nos encontramos en el purgatorio eso se acaba para siempre. El sufrimiento es siempre reparador, y debemos confiar en el señor que lo permite para nuestro bien y para su gloria.

Existe una gracia enorme asociada al sufrimiento que me gustaría resaltar. Cuando sufrimos, se da el encuentro de las personas y de los corazones. Al sufrir, el otro viene a ser el más importante y sin el sufrimiento la mayoría tiende a pensar primero en sí mismo. Es uno de los grandes problemas de Occidente y con la reparación con que pronto Dios le pedirá cuentas, las personas se encontrarán de nuevo unas a otras en el dolor. Esto será bueno y hará aflorar lo mejor de cada uno, mientras que ahora piensan solo en una casa nueva o en un coche más grande. Será un proceso de purificación, y lo que en un principio podría considerarse un desastre terminará siendo una gracia y un inmenso don de Dios.

—Cuando el sufrimiento viene de Satanás, ¿debemos comportarnos de forma diferente que cuando viene de Dios?

—Todo sufrimiento viene de Dios, aún si permite que suframos a manos del diablo. Sin embargo, si reconocemos que viene de él, es nuestro deber llevar a esa persona a un exorcista. Cuando el dolor venga directamente de Dios, el exorcista no podrá hacer nada. Algunas personas dicen: "¡Espero que Dios no me ame demasiado!". Sé de una madre que le dijo a un hijo que estaba preparándose para el sacerdocio: "Dile a Dios que puede hacer lo que quiera contigo". A lo que él respondió: "¡Oh, no! Entonces me pedirá demasiado". No es cierto, podemos estar seguros de que Dios nunca nos pide más de lo que podemos ofrecerle.

—Como hay muchos tipos de personas, y como no se puede subestimar lo que cada uno pueda llegar a pensar, hay quien podría decidirse a pedir a Dios sufrimientos extraordinarios. ¿Sugeriría que se hiciera algo así?

—No, de ninguna manera. Quien vive en el mundo y tiene otras personas bajo su responsabilidad no debe hacerlo porque de un modo u otro ya le llegarán esos sufrimientos. Pedir voluntariamente sufrimientos extraordinarios es para aquellas personas que llevan una vida de clausura, que solamente son responsables de sí mismas y siempre tienen ayuda a su alrededor. Ellas pueden pedirlo pero el resto no debería hacerlo. En mi caso, yo nunca lo he pedido, pero lo acepté por las almas del purgatorio. Y elegí no tener una familia para poder ofrecer toda mi vida a ellas. Por eso, mi caso es diferente al de la mayoría de las personas.

—Ya sea de los vivos o de los difuntos, ¿existe algún asunto o algún pecado por el cual ha tenido que sufrir más? Y si lo hay, ¿cuál es?

—De ambos, entre los vivos y las almas del purgatorio, ese asunto sería ciertamente la Comunión en la mano.

—¿Ha pensado alguna vez en no hablar de este tema con tanta frecuencia?

—No. Es el deber que me ha dado Dios: contar a los demás sobre el purgatorio y también es mi obligación incluir sinceramente todo lo que las benditas ánimas del purgatorio me han dicho acerca de la situación de la Iglesia. ¡¿Cómo podría dejar pasar estas cosas solamente por comodidad cuando la situación de la Iglesia, tal y como me han dicho las almas tan frecuentemente, es la peor desde sus comienzos?! ¡Entonces no sería verdaderamente amiga de las almas!

Recientemente, me invitaron de una parroquia a dar una charla y cuando el párroco me llamó, me dijo que había un único tema que no quería que se tratara. Cuando le pregunté cuál era, respondió: "La Comunión en la mano". Les pregunté a las almas qué debía hacer y ellas me dijeron: "Sin incluir toda la verdad no habrá ninguna conferencia". Y esto mismo le dije al párroco.

De igual manera no autorizaré ningún libro o artículo sobre mí si aquellos que lo publican eligen obviar el tema de la Comunión en la mano.

—Por lo que veo en su salón y por las veces que ha sonado su teléfono, parece que debe recibir muchas cartas y muchas pero muchas llamadas telefónicas. ¿Alguna vez ha contado cuántas cartas o cuántas llamadas telefónicas recibe al día?

—No, pero el otro día el jefe de la oficina de correos se reía porque recibí 73 cartas. Y el párroco, el padre Bischof, me dijo recientemente que la compañía telefónica había comentado que recibo más llamadas que el número de emergencias de Feldkirch.

—Además del jefe de correos, María, ¿quién es su mejor amigo aquí en la tierra? (risas)

—¡Es, por supuesto, mi director espiritual!

—¿Y quién es su segundo mejor amigo?

—Cualquier persona que sea honesta y que diga las cosas como realmente son.

—María, aunque lo lamento mucho, me he quedado sin más preguntas que hacer. Gracias a Dios y gracias de corazón también a usted por haberme permitido molestarle tanto durante estos dos días. Pero antes de irme, ¿podría contarme solo un incidente más en el cual las almas ayudaron a alguien e hicieron algo inusual poniendo énfasis en su gran necesidad?

—No me ha molestado, fue un placer responder a sus muchas preguntas tan inteligentes. También yo agradezco a Dios y a usted por ellas. Y con respecto a lo que pide, déjeme pensar un minuto. Espíritu Santo, por favor ilumíname. Ah, sí.

Recientemente, dos hermanas de un pueblo cercano vinieron a verme para preguntarme qué necesitaba su padre difunto para ir al Cielo. Como siempre, yo estaba contenta de tomar la hoja con su nombre, además del año de su nacimiento y el de su muerte. Luego, una de las hermanas dijo con voz severa que si la respuesta que recibían tenía que ver de alguna forma con dinero ellas no participarían. Les dije que eso era asunto suyo, no mío, pero que si querían una respuesta yo estaría muy contenta de conseguirla. Y se fueron a su casa.

Pasaron dos semanas y recibí, por medio de otra alma, una respuesta sobre este nombre. Les hice saber a las hermanas que ya tenía la respuesta para que vinieran a buscarla. Vinieron, y la respuesta decía que su padre necesitaba que se celebraran siete misas para poder ser enviado al Cielo. Partieron sin decir nada, tras dar las gracias cortésmente. Tiempo después, vino a visitarme otra mujer de ese mismo pueblo por un asunto totalmente distinto, pero sucedió que era vecina de aquellas dos hermanas. Tras conversar de sus cosas, le pregunté qué era de estas dos mujeres. Respondió: "¡Oh, les está yendo muy bien ahora! Estaba precisamente con ellas cuando discutían por la carta que usted les envió preguntándoles por qué permitían que su buen padre siguiera sufriendo. Estaban impresionadas por lo que estaban leyendo. ¡¿Cómo era posible que usted supiera que todavía no habían celebrado las misas por su padre?! Después de recibir la carta, corrieron a la parroquia para hacer que se celebraran".

Yo no dije nada y la mujer siguió su camino. ¿Puede creérselo, Nicky? Yo nunca escribí ninguna carta.

—¡Dios mío! ¡Es asombroso!

—¡Sí! Las almas son una maravilla. Aconsejo a todos que comiencen a rezar por ellas y no pasará mucho tiempo sin que las almas se involucren y comiencen a socorrer a sus amigos de formas que les dejarán asombrados.

—María, como conclusión, ¿qué le gustaría decir al mundo si le dieran la oportunidad?

—Solamente que, como ya he dicho antes, las almas del purgatorio me han comentado que la Iglesia se encuentra en el peor estado de su historia. Pero también me han informado de que la situación mejorará y que tengamos esperanza; vendrán tiempos pacíficos. Antes de esto, sin embargo, habrá una gran tormenta, sobre la cual Nuestra Madre no desea que nos preocupemos, ni que pensemos en ella o andemos con suposiciones.

Dios siempre cuida a sus hijos. Esta gran tormenta incluirá las profecías de La Salette, que anuncian que algo que nunca antes hemos visto se acerca a nosotros, aquellas de Fátima y también incluirá la advertencia de Garabandal y los secretos guardados por los "niños" de Medjugorje.

Para terminar, me gustaría contarles lo que Nuestra Santísima Madre y la Madre de Jesús nos recomienda al respecto. Orar, y pronto, por la paz del mundo, para que lleguen a todos nuestros hermanos y hermanas el amor y el perdón de Dios, que son inconmensurables.

—Me parece que debe haber una enorme cantidad de personas que le piden que rece por ellas: si es así, ¿qué hace por ellas? No creo que pueda rezar un rosario completo o asistir a una santa misa por cada uno de estas personas. ¿Hay alguna oración en especial que ofrece por ellos?

—Sí, hay una. Las almas me sugirieron que rezara lo siguiente por ellos: "Gloría, Alabanza, Gratitud y Adoración al Padre, al Hijo y al Espíritu Santo, como era en un principio, ahora y siempre, y por los siglos de los siglos. Amén".

—María, ¿qué ha sido exactamente lo que ha aprendido a lo largo de todas estas décadas de experiencias verdaderamente extraordinarias?

—¡He aprendido a amar a Dios con toda mi alma!

LOS SUFRIMIENTOS DE MARÍA SIMMA

La única persona a la que se permitió entrar en la habitación de María durante sus grandes sufrimientos místicos fue su querido amigo, y director espiritual desde 1938 hasta 1978, el padre Alfons Matt. Únicamente sus palabras describen el sufrimiento de María, que también pueden encontrarse en el anterior libro sobre María del año 1968:

"El sufrimiento dependía de los pecados que necesitaban reparación".

"Era como si todos sus miembros se desgarraran. Con gran peso el alma presionaba contra ella una y otra vez; desde todas direcciones se le clavaban puñales con muchísima fuerza. En otra ocasión, fue como si le fueran clavando a martillazos hierro que cuando encontraba algo de resistencia, se separaba y se extendía por todo su cuerpo".

"Más y más almas le pedían ayuda. La reparación por el aborto y por la inmoralidad consistía en terribles dolores en el torso y en terribles nauseas".

"Luego sucedió como si se encontrara tumbada durante horas en medio de grandes bloques de hielo; el frío le llegaba hasta la médula de los huesos. Esta era la reparación por la apatía y la frialdad religiosa".

"Incluso cuando resultaba muy duro para María, ella siempre lo aceptaba todo libremente. Con frecuencia era tan intenso que no lo habría soportado únicamente de modo natural".

Padre Alfons Matt
Flecken
Sonntag
Vorarlberg
Austria, 1968.

EXHORTACIONES Y ADVERTENCIAS DICTADAS A MARÍA SIMMA POR LAS BENDITAS ÁNIMAS DEL PURGATORIO SOBRE EL AMOR A DIOS Y EL AMOR A NUESTRO RÓJIMO

A pesar de que en la Iglesia se habla actualmente mucho y se recomienda amar al prójimo y a nuestros hermanos, es algo que tiene muy poca acogida y aplicación porque rara vez se explica que el verdadero amor al prójimo solo puede nacer del amor a Dios.

Quien ama verdaderamente a Dios, por amor a Dios ama también a su prójimo. Aún si en ocasiones se debe reprender con dureza, esto proviene del amor de Dios. Deseamos recibir amor pero pocas veces pensamos en darlo. Amar a los demás partiendo del amor a Dios da los mejores frutos. De ahí brota la fuerza para realizar grandes sacrificios, porque al sacrificarse, el amor verdadero y bendito se manifiesta por sí mismo. Por ello, una frase para recordar: ¡El amor sin cruz está vacío; la cruz sin amor pesa demasiado! Pero quien desea enseñar el amor a Dios y el amor al prójimo debe él mismo amar mucho a Dios y a su prójimo. Las palabras convencen, pero los ejemplos enseñan lo esencial.

Debo decir con pesar que en la Iglesia hay muchos sacerdotes, de lo que nos quejamos con frecuencia, que predican muy bien acerca del amor al prójimo. ¡Ponen tanto énfasis! ¡Estaría muy bien, si lo cimentaran en el amor a Dios y si ellos mismos lo demostraran dando buen ejemplo! ¿Dónde está el amor a Dios y al prójimo cuando un sacerdote distribuye la Sagrada Comunión a los fieles mientras están de pie, y en su mano, a pesar de que muchos desearían arrodillarse, como debe ser ante la presencia de Dios Todopoderoso? ¡¿Y dónde está cuando pasan por alto a algunas personas que se arrodillan para recibir la Sagrada Comunión e incluso cuando en el día de su Primera Comunión se ordena a los niños que la reciban de pie y en la mano, mientras sus padres y abuelos sufren por ello?! Sí. ¿Dónde está todo ese amor a Dios y al prójimo? ¿Cuánto tiempo pasará para que comprendan qué ciegos están y cuánto se equivocan en lo que concierne al amor a Dios y al prójimo?

228

Usted misma, a través de sus propias experiencias, sabe precisamente que por recibir la Sagrada Comunión de pie y en la mano se generan muchos más conflictos, discordias y hasta peleas dentro de las familias de buen corazón. ¡Pensemos en serio sobre ello! ¿Esta aflicción y falta de respeto provienen de Dios o de Satanás? ¡Sí, recibir la Sagrada Comunión de pie y en la mano es obra de Satanás, y de esto existen muchas pruebas! Quien no pueda entenderlo ha sido tocado por la ceguera.

Otra excusa es que por amor al prójimo no deberíamos oponernos. ¡No! No debe hacerse por amor al prójimo algo que se opone al amor a Dios. No podemos darle más importancia al amor al prójimo hasta el punto de llevarnos a faltar a Dios. ¡El Papa también está en contra de la comunión en la mano y solicita el uso de la patena cuando recibimos la Sagrada Comunión! ¿Dónde está la obediencia? Muchos obispos acusan a otros por no seguir al Papa. Pero, ¿estos primeros lo obedecen? Cuando se trató el tema, los obispos norteamericanos dijeron al principio: "No permitimos la Comunión en la mano porque el Papa no lo desea". Si los demás se hubiesen conducido de igual manera, los frutos que la Iglesia hubiese producido serían muy distintos. ¿Por qué buscamos remover la paja del ojo ajeno si ni siquiera vemos la viga en nuestro propio ojo?

También escuchamos con frecuencia este razonamiento: "¡Sí, pero lo importante es la disposición interior!". Precisamente por esta razón hay que hacer desaparecer esta práctica porque no conduce a una buena disposición interior. También escuchamos: "¡Mientras no se permitía distribuir la Comunión en la mano nunca había dudado de la presencia de Jesús en la Sagrada Eucaristía! ¡Pero ahora las dudas surgen por todas partes!". Y hay teólogos que dicen: "Dejé el seminario porque mi conciencia no me permitía distribuir la Sagrada Comunión en la mano". Y otros afirman: "¡Ya no recibo la Sagrada Comunión porque se me recrimina no querer recibirla en la mano!". ¿Todo esto nos lleva a una buena disposición interna? ¡No! Lo importante es esta disposición, por eso evitemos la Comunión en la mano. Usted misma sabe que se oye decir con frecuencia: "¡Ya no siento la calidez de la Iglesia!". Deberían buscar en profundidad la causa de esta afirmación y ver dónde se está fallando. Usted tiene toda la razón cuando dice: "Mientras no se prohíba en la Iglesia la distribución de la Comunión en la mano, no mejorará la falta de fe". ¡Cuántas buenas personas no se acercan a la Comunión porque se espera que la reciban en la mano y de pie o porque la distribuyen personas no consagradas, cuando no existe una razón válida para que así lo hagan! ¡Por cada Comunión que no se reciba por este motivo, habrá un responsable! Únicamente en casos de gran necesidad un obispo puede permitir otra forma de comulgar que la tradicional. El que todo vaya más rápido no implica gran necesidad, y no es razón suficiente para permitir otra forma de comulgar que la tradicional. Los obispos deben considerar las situaciones con mayor seriedad para determinar cuándo existe o no una necesidad.

Debería reinstaurarse en los seminarios reglas estrictas, debería fomentarse el espíritu de penitencia y de un mayor sacrificio de oración. Entonces habría muchos más candidatos y muchos menos abandonos, y de este modo no sería necesario incorporar más laicos para que ayuden a distribuir la Sagrada Comunión. Sí, la disposición interior es importante. Satanás es un zorro astuto. ¿No se da cuenta de que esto es parte de la astucia del maligno enemigo? ¿Que por comulgar en la mano ocurren los sacrilegios más horrorosos y se roban y venden con mayor frecuencia Hostias consagradas para las llamadas misas negras, por grandes sumas de dinero? Sí, piense seriamente hasta qué profundidad hemos caído, hasta dónde hemos ido con esta modernización dentro de la Iglesia. ¡Dios no permite que se lo modernice y tampoco los Diez Mandamientos permiten ser modernizados, porque rigen hoy de la misma manera que en la antigüedad! Que la educación sexual se enseñe fuera del colegio. ¡Eso es responsabilidad de los padres y no de los profesores! ¡Sí, hay que volver a ofrecer oraciones y volver a un espíritu de penitencia! ¡Solo así puede mejorar la fe! Mientras no se prohíba rotundamente la Comunión en la mano y de pie en la Iglesia católica, los fieles no tendrán una fe más profunda, porque la reverencia frente a la Sagrada Eucaristía se debilita muchísimo por este motivo. Cuando no se muestra reverencia frente a lo más sagrado de lo sagrado, entonces también se debilita el amor a Dios y el amor al prójimo.

SOBRE LA COBARDÍA

¡Por cobardía, muchas personas cargan hoy con el peso de una culpa! Muchos se dan cuenta de que se encuentran en el camino equivocado, pero entonces interviene la astucia del demonio con: "Pero no puedo cambiar". Un obispo dijo una vez: "¡Hasta aquí he llegado!", con respecto a distribuir la Comunión en la mano. Entonces, ¿por qué es tan cobarde de no prohibirla en su diócesis donde tiene el derecho y el deber de hacerlo? Probablemente otros obispos también lo harían si él lo hiciera, y si así fuera, harían mucho bien. Sí, aún se debe rezar y hacer muchos sacrificios por los obispos y sacerdotes para que adquieren coraje; ¡ese también es un acto de amor a Dios y al prójimo! No se queje de los obispos y sacerdotes que se han alejado del camino. ¡Quejarse no los hará mejores! En cambio, ¡por medio de la oración y el sacrificio sí puede salvarlos! Y uno puede también advertirles, recordarles y pedirles que hagan esto o aquello mejor. Sí, uno tiene el deber de hacerlo. Pero, una vez más, esto solo se permite si se hace con amor y bondad y no de forma cruel. Con amor y bondad se logran muchas cosas. Debemos pedirles a los obispos y sacerdotes, con cariño, que le recen mucho al Espíritu Santo. Así seguramente regresarán al camino recto. ¡Que Dios con su inmenso amor les dé este don!

Sí, si todos se ocuparan continuamente de alimentar el amor a Dios y al prójimo, ¡qué hermosa sería la vida aquí en la tierra! Hay que empezar por lo pequeño, como un saludo amable o una mirada comprensiva. En especial los funcionarios podrían alcanzar mucho bien si contestaran de forma más cariñosa y amable. No lleva más tiempo, solo más amor y más bondad, y probablemente fuerza de voluntad. Obtendríamos así muchos bienes y valdría la pena el esfuerzo. Si actuamos así, seremos más felices y lograremos más paz, porque la alegría que uno da vuelve al propio corazón. No son las grandes estrellas quienes ayudan al mundo, sino las almas cariñosas que llaman muy poco la atención y brindan, de este modo, mucho más amor y más ayuda por sus oraciones. Aquellos que con paciencia y por amor a Dios sufren en sótanos y áticos resuelven muchos más problemas religiosos y sociales que los más cultos reunidos en importantes congresos.

No juzguen a su prójimo, júzguense a ustedes mismos. Este es el comienzo de la paz mundial. ¡Si el corazón estuviera libre de toda desconfianza, toda antipatía, todo desprecio o enfado, libre de críticas, no habría lugar en el mundo para la falta de paz, la discordia, la animosidad y la injusticia! Tampoco habría guerras. Si el amor y la bondad reinaran en nuestros pensamientos, palabras y, especialmente, en nuestros actos, entonces la vida sería hermosa en cualquier parte del mundo. ¡Si alguien comenzara a vivir de esta manera hoy, le traería muchas bendiciones! ¡Brinden amor y bondad en donde puedan, pero que todo sea fruto del amor a Dios, el amor sincero y bendito! Si todos comenzaran a hacerlo hoy mejorarían y renovarían el mundo de manera más rápida y segura. El amor, la oración y el sacrificio salvan al mundo. Ayuden en esta tarea lo que más puedan. Y para ello, recen con frecuencia la siguiente oración, que está llena de bendiciones:

* * *

¡SEÑOR, PERDONA A TODOS LOS QUE ME HICIERON ALGUNA VEZ ALGUNA INJUSTICIA, A QUIENES ME HAN CALUMNIADO, PARA QUE ASÍ YO TAMBIÉN PUEDA RECIBIR TU PERDÓN POR TODOS MIS PECADOS!

¡SEÑOR, CONCÉDEME TU AMOR, PARA QUE ASÍ PUEDA AMAR A MI PRÓJIMO CON TU AMOR A PESAR DE TODOS MIS PECADOS!

¡SEÑOR, HAZME OBJETO DE TU AMOR, PARA QUE PUEDA AMAR A LOS DEMÁS CON TU AMOR!

CONCÉDEME LA FUERZA DE SOPORTAR CON PACIENCIA TODOS LOS SUFRIMIENTOS POR AMOR A TI, PORQUE SÉ QUE ASÍ PODRÉ SALVAR MUCHAS ALMAS, Y DE ESTE MODO TAMBIÉN SENTIRÉ EL SUFRIMIENTO EN FORMA MENOS SEVERA.

POR ESTA GRACIA TE REZO A TI, OH JESÚS, Y TAMBIÉN POR TODAS LAS ALMAS QUE SUFREN FÍSICA O MENTALMENTE; PARA QUE ASÍ MUCHAS DE ELLAS PUEDAN SALVARSE, ESPECIALMENTE POR LAS ALMAS DE LOS SACERDOTES, PARA QUE PRONTO EXISTA UN SOLO PASTOR Y UN SOLO REBAÑO.

* * *

Recen también para que los sacerdotes honren más a la Madre de Dios:

* * *

OH MARÍA, MADRE DE LOS CIELOS Y DE LA TIERRA, MADRE DE LOS SACERDOTES, ENVÍA AL ESPÍRITU SANTO A LOS SACERDOTES PARA QUE TE RECONOZCAN COMO NUESTRA MADRE, NUESTRA CORREDENTORA, NUESTRA MAYOR AYUDA EN EL SACERDOCIO.

* * *

Debemos volver a traer a María a nuestra vida diaria, así también podremos, con María, guiar a Dios a las personas descarriadas. ¡El camino más seguro a Dios es por medio de María hacia Jesús! Así, muchos sacerdotes aprenderán una vez más a ponerse de rodillas humildemente frente a Dios al recibir la Sagrada Comunión y en la santa misa. Es apropiado arrodillarse durante el "Yo, pecador", durante las oraciones de intercesión, durante el Sanctus y especialmente durante la Consagración; y también durante el Agnus Dei y en la bendición del sacerdote.

¡Sí, de esta forma muchos corazones se sentirán nuevamente felices y acogidos en la Iglesia! Por medio de la oración y el sacrificio lograrán lo necesario para salvar su alma, lo necesario para salvar las almas de los sacerdotes y también la de muchos otros. Rezad con confianza al Espíritu Santo la Oración completa de Pentecostés:

* * *

VEN, OH ESPÍRITU SANTO DE LA GLORIA DEL CIELO,

ENVÍANOS UN RAYO DE TU LUZ,

VEN PADRE DE LOS POBRES.

VEN, LUZ DE LOS CORAZONES,

VEN A DARNOS TUS SIETE DONES;

CONSOLADOR LLENO DE BONDAD Y CONSUELO EN LA SOLEDAD.

VEN, OH, AMIGO DE LAS ALMAS,

EN EL CANSANCIO ENVÍA TU DESCANSO,

EN EL CALOR, TRAE TU FRESCURA,

CONSUELA AL QUE LLORA SIN CONSUELO.

OH, TÚ, LUZ DE LA DICHA,

PENETRA CON TU SANTA LUZ EN NUESTRAS ALMAS

Y PREPARA NUESTROS CORAZONES PARA TI.

SIN TU AYUDA DIVINA,

NADA PUEDE HABER EN EL HOMBRE, NADA QUE SEA INOCENTE.

RENUEVA LO SEMBRADO, SANA LAS HERIDAS,

SACIA LA SEQUEDAD, SUAVIZA LAS DUREZAS

DERRITE LO QUE ESTÁ HELADO, ENDEREZA LO QUE ESTÁ TORCIDO.

ESPÍRITU SANTO, CONCEDE A TUS FIELES QUE CONFÍAN EN TI, LA GRACIA DE TUS SIETE DONES SAGRADOS.

PREMIA NUESTRA VIRTUD, SALVA NUESTRAS ALMAS, DANOS LA ETERNA ALEGRIA.

AMÉN.

* * *

Otra oración oportuna al Espíritu Santo:

* * *

ILUMÍNANOS, OH ESPÍRITU SANTO, Y DANOS LA GRACIA DE QUE AÚN EN EL ÚLTIMO MOMENTO, PUEDA DEJARSE DE LADO LA TERRIBLE SENTENCIA PLANEADA PARA LA HUMANIDAD.

SEÑOR, ¡HAZME UN INSTRUMENTO DE TU PAZ!

DONDE HAYA ODIO, PONGA YO AMOR.

DONDE HAYA HERIDAS, PONGA YO PERDÓN.

DONDE HAYA DISCORDIA, PONGA YO ESPERANZA.

DONDE HAYA DUDA, PONGA YO MI FE.

DONDE HAYA TINIEBLAS, PONGA YO MI LUZ.

DONDE HAYA TRISTEZA, PONGA YO ALEGRÍA.

SEÑOR, AYÚDAME A NO BUSCAR SER CONSOLADO, SINO CONSOLAR;

A NO BUSCAR SER COMPRENDIDO, SINO A COMPRENDER;

A NO QUERER SER AMADO, SINO A AMAR.

PORQUE AL DAR, SE NOS DARÁ;

AL PERDONAR, SEREMOS PERDONADOS;

Y AL MORIR, NACEMOS A LA VIDA ETERNA.

* * *

CONSEJOS SOBRE NUESTROS MAYORES AYUDANTES, LOS PODEROSOS ÁNGELES

En estos tiempos es muy necesario honrar más a los ángeles custodios y alimentar con confianza la comunicación con nuestro propio ángel de la guarda. Hay espíritus malignos que han entrado dentro de la Iglesia. ¡Ustedes solos no podrán contra las fuerzas malignas, y necesitan la protección de los ángeles ahora más que nunca! ¡Al invocarles con mayor confianza, ellos tendrán mayor poder para protegernos! Y puesto que del 70 al 80 por ciento de todos los accidentes son obra del demonio, hay que invocar a los ángeles custodios de los conductores antes de salir de viaje, también a los ángeles custodios de los pasajeros para que los protejan de todo percance y a los ángeles custodios de los conductores con los cuales se encontrarán. Si así se hiciera, habría menos de la mitad de los accidentes. Y con pesar debo decir que, en la actualidad, hay algunos sacerdotes que niegan la existencia de los ángeles. Y así muchos niños no oyen hablar de sus ángeles custodios en clase de religión. En estos casos, los padres deberían ocuparse de que sus hijos les recen diariamente y de contarles más sobre cuál es la función de los ángeles. Busquen buenos libros que hablen de ellos. Solo en la eternidad nos daremos cuenta de cuánta gratitud les debemos por cosas que nunca les hemos agradecido y comprenderemos cuánto más podrían habernos ayudado si no hubiéramos bloqueado la comunicación. ¡Antes de algún acontecimiento importante o si tenemos que ir a un juicio, recemos al Espíritu Santo y a nuestro ángel custodio para que nos ayuden a obrar correctamente!

Recemos de esta forma:

¡ESPÍRITU SANTO, CONCÉDEME LA FUERZA DE RESOLVER LAS COSAS CON VALENTÍA, CON VERDAD, CON AMOR Y SIN HERIR!

ESPÍRITU SANTO, MI ÁNGEL CUSTODIO Y ARCÁNGEL SAN MIGUEL, ALEJAD DE NOSOTROS LOS PODERES MALIGNOS.

ESPÍRITU SANTO. TÚ, ESPÍRITU DE LA VERDAD, CONCÉDENOS A TODOS LOS PRESENTES LA VALENTÍA Y LA FUERZA DE LA VERDAD, QUE LAS MENTIRAS Y LOS ENGAÑOS SE APARTEN POR MEDIO DEL PODER DE LOS ÁNGELES. AMÉN.

* * *

¡Sí, creed y confiad más en los santos ángeles!

SOBRE EL BUEN USO DEL TIEMPO

Solo una vez que lleguemos a la eternidad reconoceremos lo que hicimos con el tiempo durante nuestra vida, con los años, los días y las horas… ¡y lo que podríamos haber hecho! Allí también nos daremos cuenta de las oportunidades que dejamos pasar en la vida para hacer el bien. Una vez en la eternidad será demasiado tarde. ¡Qué no haría la gente para comenzar una nueva vida si supiera lo que es la eternidad! Y aquí hay más ideas que deberíamos recordar: Lo duradero no es eterno, pero lo eterno es duradero.

Este es un pensamiento verdadero e importante.

Recoge las rosas cuando florecen porque mañana no es hoy.

No dejes pasar las horas, porque este tiempo es pasajero.

Construimos muchos hogares sólidos y solo vivimos en ellos como huéspedes, pero construimos muy poco para ese lugar en donde viviremos eternamente.

Dios nos da el tiempo para mejorar nuestras almas. El hombre pasa por la vida una sola vez, no habrá una segunda oportunidad, como muchos enseñan hoy. ¡Esto es falso! ¡Dios nos da solo una oportunidad para vivir aquí en la tierra! Son las artimañas de Satanás las que nos hacen pensar que estuvimos antes aquí o que uno vuelve a la Tierra en otro cuerpo. ¡Es mentira!

¿Cuántas grandes cosas podría uno hacer si tuviera tiempo? ¿Cuántos tesoros podría uno ganar o perder? El tiempo es costoso y corto, no se puede volver atrás. ¡El cumplimiento de la voluntad de Dios debe ser la palabra clave de toda nuestra vida! ¿Por qué se sumerge el hombre en cosas limitadas por el tiempo? Porque piensa muy poco en la eternidad. Buscad en todo cumplir la voluntad de Dios. No nos inquietemos si nos equivocamos una y otra vez. Lo que importa es volver a levantarse y comenzar de nuevo. Errar es humano, levantarse de nuevo es una bienaventuranza, quedarse en el pecado es satánico. Reconozcamos con humildad que somos pecadores, pero nadie debe desesperarse si cae una y otra vez, porque Cristo murió en la cruz por nosotros para que podamos levantamos reiteradamente. La mayoría de nuestras caídas se deben a nuestras debilidades, a la superficialidad, a los descuidos; rara vez a la maldad. Por lo tanto, no debemos inquietarnos por nuestras propias culpas y aún menos por las de los demás. ¡No juzguemos a los demás! Quienes más juzgan a los demás son quienes más deben trabajar para mejorar ellos mismos. Una buena palabra puede curar, una palabra hiriente puede matar, por eso nunca hay que juzgar a los demás. ¡No dejemos que pasen los días sin una buena palabra o una buena obra! Uno debería cargar con el peso del otro. Solo así se cumple con la ley de Cristo. ¡Si tan solo nos propusiéramos no juzgar nunca al prójimo, sembrar paz donde hay conflicto, y solo decir lo bueno de él, no sus errores! Preocupémonos únicamente de ayudar a los demás de esta forma, nunca de lastimarlos; entonces ya no habría más guerras. Si actuáramos así, no habría en el purgatorio ni la mitad de las personas que hay y el infierno estaría vacío. Hagamos el bien a los demás mientras tenemos tiempo. Llegará el momento en que ya no podremos hacer el bien y solo cosecharemos lo que hemos sembrado. No hay que juzgar a los demás, tenemos que juzgarnos a nosotros mismos. Este es el comienzo de la paz en el mundo. Un buen cristiano ha de tener la firme decisión de cumplir la voluntad de Dios. Es amable y gentil con su prójimo. Siempre se dirige a Dios con humildad y sencillez. Se acostumbra a tolerar los errores ajenos y los propios. Uno debe trabajar en su interior para pasar de la mediocridad a la santidad. Muchas personas desean ser buenos cristianos, ¡pero luchar por la santidad les parece demasiado! ¡Y la Iglesia de Dios necesita de santos verdaderos y no de personas un poco santas! Si la fuerza de la ruina es más fuerte que la de la mediocridad, entonces, ¡¿cómo podría vencerse con mediocridad?!

Es muy importante ser leal en las cosas pequeñas, porque fortalecen la humildad y conducen a los grandes actos. En las cosas pequeñas es donde verdaderamente se ve lo grande. El cumplimiento estricto de los pequeños deberes no requiere de menor esfuerzo que los actos heroicos. Las cosas pequeñas añaden mucho más a la suma total del bien del hombre que las grandes acciones. Aquel que es fiel en lo pequeño también será fiel en lo grande. Aquel que es infiel en lo pequeño también será infiel en lo grande.

SOBRE LAS GRACIAS HACIA LA SANTIDAD

¡Valoremos más la gracia de ser santos! Ese fue el objetivo de todas las santas acciones de Dios. Esta gracia nos brinda su amistad y nos eleva. Nos hace similares a Dios. Nos brinda un amor de igual a igual. Ser hijos de Dios nos vincula a Él. ¡Nos hace compartir la dignidad de Cristo como Hijo y nos vincula a Dios! Nos concede la participación en la naturaleza divina. Como hijos de Dios, vivimos la misma santa y hermosa vida de Dios. La gracia de llegar a ser santos es, después de todo, la corriente viva de Dios que fluye de Él y por medio de nosotros a todos los demás. Somos parte de la naturaleza de Dios, de su naturaleza llena de misterio. ¡Los ojos de Dios por los que miramos es nuestra fe! Las manos de Dios con las que palpamos es nuestra esperanza. El corazón de Dios del que vivimos es nuestro amor. ¡En estas tres dimensiones se encuentra algo de la mirada sagrada de Dios, de su providencia y de su amor infinito! ¡Y por lo tanto, también son virtudes divinas! La gracia de Dios, que trajo tanta grandeza a los demás, también nos será dada a nosotros si no perdemos la confianza en ella. Pesemos en la santidad con frecuencia y recemos para que siempre podamos comprender mejor el inmenso tesoro que llevamos en nuestras almas, la gracia para poder ser santos.

SOBRE HABLAR EN EL MOMENTO INDICADO

Una expresión dice: "Hablar es plata, el silencio es oro". ¡Sí, pero hablar también puede volverse oro! En la actualidad, los cristianos guardan silencio con demasiada frecuencia. Cuánto bien podría hacerse y cuánto mal evitarse con buenas palabras. ¡No habría disminuido tanto la fe en la Iglesia si hubiésemos intercedido más decididamente contra la interminable modernización de la Iglesia! Sí, el miedo en la actualidad es muy grande. ¡De cuánta exigencia deberemos responder cuando vemos claramente que alguien se dirige al abismo y no le decimos nada, aunque podríamos hacerlo, sabiendo qué decir, pero no lo hacemos para no ser rechazados. ¡Qué responsabilidad! Hay que rezar especialmente por los sacerdotes y los obispos que por amores humanos causan tanto daño a la Iglesia. Muchos ven el abismo pero no se apartan para que no les hagan de menos. Con pesar debo decir que muchos sacerdotes y obispos caminan al abismo y se llevarán a muchos detrás con ellos. Pero no por demasiado tiempo más, porque Dios, con su poder, pondrá pronto todo en orden, si las personas no se apartan ellas mismas de antemano.

SOBRE LA REVERENCIA ANTE DIOS

¡Hemos de tener más reverencia antes Dios! Arrodillémonos con humildad, no permanezcamos de pie orgullosamente ante Dios! Permanecer de pie es algo que todos pueden hacer; pero doblar las rodillas con humildad es algo infinitamente mayor, ¡y no todos pueden hacerlo! Sí, hay incluso sacerdotes que prohíben a los fieles arrodillarse. No se debe obedecer a esos sacerdotes. ¡Por esta misma razón hay católicos que han abandonado la Iglesia y no asisten más a la santa misa ni participan de la sagrada Comunión! ¡Qué responsabilidad! Sí, debe volver a revivir el espíritu de sacrificio. E ir por la calle con ropas sacerdotales es también parte de la reverencia que se debe a Dios. Muchos sacerdotes podrían prestar su servicio donde se les necesitaba, pero como no vestían como tales no se los pudo encontrar. ¡Vuelvan a sus vestiduras sacerdotales y hábitos religiosos, y así los fieles tendrán de nuevo más respeto por los sacerdotes.

SOBRE EL VALOR INFINITO DE UNA SOLA MISA

¿Por qué no se usa más la expresión "sacrificio de la misa" en vez de "celebración eucarística" o simplemente "la fiesta de la misa"? Cristo se ofreció Él mismo en la cruz hasta el extremo, se ofreció a sí mismo en carne y hueso; y el sacrificio de la misa es, después de todo, la renovación de la entrega de Cristo en la cruz. ¡Es el mayor sacrificio! Se valora muy poco el sacrificio de la santa misa porque ha perdido su carácter de tal. Ofreciendo a Dios la misa, entregamos a Dios el sacrificio más valioso que podemos ofrecerle de manera que podemos darle nuestras propias necesidades y trabajos. Nada nos hace más felices que darnos por entero unidos al sacrificio de Cristo en la cruz.

Cristo ha convertido la cruz en un símbolo de fuerza, de amor y de fidelidad hasta la muerte. La cruz es el símbolo de fuerza interior, y cargar con la cruz es el camino para esa fuerza interior. ¡Hay sacerdotes que rara vez ofrecen una misa los días de entre semana, y hay tantas personas realmente sedientas de la misa diaria! ¿Es este comportamiento digno de un sacerdote? Con frecuencia se oye la queja de los creyentes: "Ya no sé si esta misa es válida por la forma en que este o aquel hombre la celebra". Es una duda legítima; pero, por favor, continúen asistiendo a misa y pidan a nuestro Señor Amadísimo con toda confianza que Él corrija todo lo que no es válido en ella. Él lo hará. Solo en los casos en que estemos seguros de que los sacerdotes no completan la consagración debemos dejar de participar. Si no podemos acudir a una misa bien celebrada, entonces participemos espiritualmente de la misa, de una que se ofrece en forma legítima. Con un buen misal, participemos de la misa allá donde estemos con todos los sacerdotes que en ese momento están celebrándola. ¡Siempre que no podamos asistir a misa deberíamos participar espiritualmente de este modo! Pero no está bien decir que la forma actual de la santa misa no es válida. ¡Si supiéramos lo valiosa que es una sola misa, entonces incluso en los días laborales las iglesias estarían, al menos, la mitad de llenas!

Ya no están disponibles los libros que explican el sacrificio de la misa del P. Martin von Cochem. ¡Han sido censurados! ¡Esta es una persecución de la santa misa desde el interior de la Iglesia! Pero igualmente, en la actualidad, hay un buen libro que sí se encuentra disponible: Celebremos la misa con el corazón (Celebrate Mass With The Heart), del sacerdote franciscano, P. Slavko Barbaric, OFM. ¿Y por qué tan pocos asisten a misa entre semana? Porque ya no son conscientes de su infinito valor. Tanto en las escuelas como durante las homilías se explica muy poco al respecto. Hay muchos que hacen grandes sacrificios por cosas terrenas que pronto desaparecerán, ¡pero los valores eternos se aprecian poco porque se sabe poco de ellos! Sí, hasta algunas órdenes religiosas han suprimido las misas los días de diario. Muchos religiosos se van de vacaciones y no asisten a misa los días de diario a pesar de poder hacerlo. ¡Cristo se ofrece por nosotros en cada misa pero muy pocos están presentes para que Él les dé estas gracias! ¡Se les ofrece un gran tesoro en la santa misa: las heridas de Jesús, su vida y su muerte, su preciosísima sangre! Los tesoros no deben permanecer ocultos; ¡hay que intentar alcanzarlos y hacerlos fructificar! Debemos tomar el tesoro de la preciosísima sangre y llevarla continuamente al Padre por medio de la santa misa como reparación de los propios pecados, como precio de la conversión y salvación de las almas y como petición de grandes gracias para las necesidades de la Iglesia y de todos los hombres. Sí, si conociéramos el valor de una sola misa lo ofreceríamos todo para recibir esta gracia. ¡Cada paso nuevo en la vida de gracia es un milagro del amor de Dios e implica una transformación de nuestras almas!

Con cada consagración, nuestra vida pasada se eleva a un nivel más alto de gracias y entonces vivimos esas gracias. Llevemos nuestros sufrimientos y oraciones, nuestras preocupaciones y trabajos; llevémoslo todo al sacrificio de la santa misa. Cuando muramos, todas las misas a las que hayamos asistido con sinceridad serán nuestras grandes intercesoras. Aun teniendo en cuenta la rigurosidad de la justicia de Dios y aun en el caso de que nuestros pecados fueran numerosos y pesados como una montaña, junto a la justicia de Dios en el sacrificio de la santa misa está Su infinita misericordia. ¡Todos los que creen que no tienen tiempo para ir a misa durante la semana deberían intentarlo, verían que de todos modos pueden cumplir con su trabajo! Siempre y cuando no dejen de lado sus deberes, que deben ir en primer lugar, deben hacer todo lo posible por asistir a la misa diaria.

Lo que no promete el Evangelio, tampoco debemos prometerlo nosotros, ¡y es una vida sin cruz! El Evangelio sin la cruz pertenece al Cielo, el sufrimiento sin el Evangelio pertenece al infierno, y el Evangelio con el sufrimiento pertenece aquí, a la tierra. Con la cruz del sufrimiento ayudamos al Señor a salvar almas. Si conociéramos el valor de una misa, lo daríamos todo para salvar al menos un alma. Por nuestra alma, el Hijo de Dios se hizo hombre y murió en la cruz, y por nuestras almas fundó la Iglesia. Si pudiéramos ver la belleza de un alma llena de gracias también nosotros desearíamos morir por una sola alma. San Francisco de Asís dijo: "Toma todo lo mío, oh Señor, ¡sólo déjame salvar almas!". Santa Gemma Galgani dijo: "¡Le pedí a Jesús que me diera cruces para que pudiera, por medio de mi sufrimiento, salvar almas para Él!". Escuchemos las vidas de los santos. De sus enseñanzas obtendremos sabiduría para comprender el valor de una sola alma. Sí, los santos forman parte de la vida de todas las personas, de los hogares de todas las personas de Dios. Han desaparecido de tantas parroquias. Los santos son grandes modelos, ellos eran personas como nosotros, eran nuestros guías en el camino y por eso pertenecen a todos los hogares de Dios, no fuera de ellos. Si seguimos sus pasos también podemos lograr lo mismo que ellos. Pero, ante todo, hemos de honrar a la Santísima Madre durante nuestras vidas. En la actualidad, muchos sacerdotes apartan a la Santísima Madre y hasta cuestionan su virginidad. ¡Un sacerdote que aparta a la Virgen María ya no es católico! Y por esta razón, muchos han dejado el sacerdocio. Nosotros saludamos a María en la letanía: "Tú, la Madre más digna de amor". Sí, Madre; ¡y no hermana! "Aquí tienes a tu madre", ¡es lo que Jesús dijo! Por medio de María hacia Jesús, este es el camino más seguro a Dios. ¡Es un gran legado que nos ha dado Jesús! ¡Esto se aplica a cada uno! Debería traer alegría y consuelo a todos en todas las situaciones de la vida. La palabra "Madre" renueva cada esfuerzo venido a menos. Es una palabra de seguridad. ¡Sí, ella es la Madre más digna de amor! Pensemos ahora en el cariño que demostró en su relación con Dios y con todos los hombres. También era amable y digna de amor en sus tareas diarias. Siempre amable. La amabilidad es una virtud que manifiesta el amor al prójimo de la forma más bella. Por ellos, también fue la servidora más humilde de Dios. Sí, todos los líderes de la Iglesia, todos los sacerdotes y obispos deben ser humildes para recuperar la confianza de los fieles. El reconocimiento humilde de la culpa recibe el perdón, la gracia y la misericordia. Amemos y practiquemos la humildad. Cuanto más humilde es el hombre ante Dios, más puede Dios hacer por él. Dios colocó sus gracias en sus cariñosas manos maternales. María, Madre de todas las gracias. Qué pensamiento más cariñoso y consolador. ¡Todas las gracias que se nos dieron tras la muerte de Cristo para la salvación pasaron por las manos de María! Sus manos gentiles y cariñosas acariciaron todas las gracias que alguna vez recibieron los hombres. Con qué reverencia debemos manejar y permanecer fieles a estas gracias. ¡María es la mediadora de todas las gracias! ¡Qué responsabilidad implica este hecho! Qué tristeza nos daría si alguna gracia que nos vino de sus manos, no fuera recibida por nosotros y debiera volver a las manos de María. Con frecuencia esto es lo que ocurre hoy en día. Con especial respeto, debemos pensar en cada una de las gracias para la santidad que nos fueron dadas en el santo Bautismo, y también en todas las demás gracias de esta nueva vida sobrenatural que nos llegaron por medio de María. ¡Así se convirtió María en nuestra verdadera Madre! Nos engendró de Dios como hijos de Dios, que es lo que somos. ¡Desde esta posición tan convincente, María merece, después de Dios, nuestro mayor honor, nuestro amor más profundo y nuestra mayor confianza! Ella es para nosotros el poder de la oración que siempre nos escucha y que nunca rechaza a nadie.

SOBRE LA ADORACIÓN AL SAGRADO CORAZÓN DE JESÚS

Jesús dice: "¡Aprended de mí, que soy manso y humilde de corazón!". ¡Sí, la adoración al Sagrado Corazón de Jesús también ha decaído en la Iglesia Católica! En la actualidad, los viernes del Sagrado Corazón de Jesús, fuente de innumerables gracias, son ignorados en muchas partes. ¡El Corazón de Jesús despreciado por sus criaturas! ¡El Corazón de la salvación olvidado por quienes salvó! El Sagrado Corazón de Jesús debe estar en el centro de la vida de la Iglesia. Es la fuente de vida de la que brotan verdades y gracias inagotables. Da vida y fortalece para que alcancemos la vida eterna. Por medio de este Corazón nuestra Iglesia es todo lo que es. Nosotros estamos aquí como hijos de la Iglesia en la proximidad del Corazón sagrado. Vivimos de Él y a duras penas nos ganamos la vida por medio de sus buenas obras. Abandonémonos en el

Sagrado Corazón de Jesús, dejémonos renovar por él y vivamos por el Sagrado Corazón de Jesús. El Divino Corazón es el cáliz del sacrificio, es el don del sacrificio; ¡en él se encuentra su sangre preciosísima! El corazón y la sangre revelan y clarifican al mismo tiempo el sacrificio de amor y la forma de ser de Cristo sacrificado. Y esto Él lo ofrece una y otra vez en la santa misa. Honramos mejor al Corazón de Jesús cuando adquirimos su ser. ¡Amar al Padre sobre todas las cosas, estar completamente abiertos a su voluntad! ¡Amar al hombre hasta el extremo y ser buenos con él prójimo! ¡Que el Corazón de Jesús viva de nuevo en las personas! ¡Esto es lo que deberíamos pedir siempre! ¡Es una llamada al amor más profundo, una oración de contenido poco común! En el Corazón de Jesús vive la Santa Trinidad, el Padre Todopoderoso, la belleza y la sabiduría del Hijo Eterno, el amor entregado y el reino del Espíritu Santo. ¡En él vive el amor total del Salvador! En él late la plenitud total de la sangre preciosísima derramada. En él se encuentran escondidos los secretos más profundos y toda la eficacia de la sagrada Eucaristía, y de todos los demás sacramentos. De él fluyen todas las gracias, grandes y pequeñas, otorgadas a las criaturas. Sí, este Corazón con todas sus riquezas infinitas, maravillosas, debería vivir y reinar en el corazón de todos los hombres; en el suyo y en el corazón de los demás. Un verdadero devoto de la Santísima Madre y del Sagrado Corazón de Jesús vence todas las dificultades. Hay que practicar el permanecer callados cuando algo no deseado nos viene, no para quejarse, sino para estar contentos con eso porque estamos sufriendo con el Corazón de Jesús. Esa sería una verdadera devoción al Corazón de Jesús.

SOBRE LA TAREA MISIONERA

¡Una persona que no está dispuesta a ayudar a sanar el alma de su prójimo no es digna de la vida! En cierta forma, todos los católicos estamos llamados a esto. ¡Es el deber de nuestra fe! La fe nos lleva por medio de su fuerza interior y su destino final a difundir la glorificación de Dios por todo el mundo, y es un deber de fidelidad y honor ocuparse de esta difusión. ¡Es un deber del amor a Dios y a nuestros hermanos!

¡Tantas almas podrían salvarse si los católicos participaran en tareas misioneras con el corazón y con las obras! ¡Es un deber de obediencia! ¡Vayamos y prediquemos a todas las razas! Un deber de gratitud por tener la gran fortuna de creer en la verdadera fe. El afortunado siente con ansias la fuerza de ayudar a los demás a tener la misma suerte. ¡Qué agradecidas estarían las almas en el Cielo por haber ayudado a brindarles esta gracia por nuestras palabras, nuestros escritos, oraciones y sacrificios! Y, especialmente, por nuestro ejemplo, por el amor y la bondad en nuestras palabras y obras. ¡Y todo esto por pura gratitud a Dios! El sufrimiento paciente por Dios salva muchas almas.

SOBRE EL AMOR EUCARÍSTICO

Hemos de preocuparnos más por el amor eucarístico de lo que lo hacemos en la actualidad. ¡Correspondamos al amor eucarístico del Señor con un mayor amor por la Eucaristía! Por esto, rezamos:

* * *

¡TU AMOR EUCARÍSTICO, OH JESÚS, QUIERO PAGÁRTELO LO MÁS POSIBLE! ¡POR ESTA RAZÓN DESEO, CUANDO SEA POSIBLE, ASISTIR CON ESMERO A LA SANTA MISA TODOS LOS DÍAS Y CON LA MAYOR FRECUENCIA POSIBLE PARA TENERTE EN MI CORAZÓN, MIENTRAS MIS DEBERES ME LO PERMITAN! ¡DESEO DESCANSAR EN TI CON FRECUENCIA EN EL PENSAMIENTO, RECIBIRTE EN TODOS LOS TABERNÁCULOS DEL MUNDO, ESPECIALMENTE DONDE ERES MÁS RECHAZADO! ¡DESEO, ESPIRITUALMENTE, VISITARTE EN TODAS LAS IGLESIAS EN LAS QUE ME HAS DADO GRACIAS POR MEDIO DE TU AMOR EUCARÌSTICO! ¡TAMBIÉN DONDE SE DAN DELITOS CONTRA TUS ALTARES O CONTRA TU SAGRADO SACRAMENTO! TAMBIÉN DONDE TÚ, ALGUNA VEZ, QUISISTE DESCANSAR, PERO FUISTE RECHAZADO POR UN SACERDOTE QUE NO PERMITÍA QUE ASÍ FUERA. DESEARÍA VISITARTE EN LAS PEQUEÑAS CAPILLAS Y CABAÑAS MISIONERAS, DONDE

PROBABLEMENTE YA NI SIQUIERA TITILE LA LUZ MÁS PEQUEÑA. TAMBIÉN DESEO PEDIRLE SIEMPRE A LOS SANTOS ÁNGELES QUE INCLUYAN EN SU DEVOCIÓN TODAS LAS MIGAS, HASTA LAS MÁS PEQUEÑAS, QUE CAEN DE TU MESA EUCARÍSTICA, Y LAS QUE SE ENCUENTRAN EN EL CORPORAL O EN EL TABERNÁCULO. AMÉN.

Convirtamos en realidad lo que decimos en esta oración, o en otras similares, y así recibiremos muchas gracias.

NUESTRA TAREA

¡Piensa en tu tarea! ¡Dios te dio, para toda tu vida, una tarea en particular! ¡Él espera que tú, únicamente tú, la realices! Solo tú puedes lograrla. ¡Nadie puede reemplazarte! Si esta tarea no se completara en su totalidad, entonces permanecerá incompleta hasta la eternidad. Tú eres responsable de todas las recomendaciones que das a todos los que te piden ayuda. ¡Por lo tanto, rézale mucho al Espíritu Santo para que los ayudes bien y los acerques más a Dios! Deja que el amor y la bondad reinen en todo. Pídele a Dios la bendición de todos los que entran y salen por tus puertas. Esta es tu tarea. No permitas que nada te desanime. Con la ayuda de Dios resolverás todas tus dificultades; para salvar almas se requieren sacrificios. ¡Pero cada persona tiene también una tarea dada por Dios! Concretamente, trabajar en su alma y en sus aptitudes todo lo posible. Que esto se multiplique y mejore siempre para honrar aún más a Dios. Que siempre mejore su alma y la de los demás, y que siempre ayude a su prójimo para alcanzar el gozo eterno. En cada regalo que Dios nos da existe una tarea, una petición, una responsabilidad. Agradezcamos a Dios por nuestra tarea y fijémonos si siempre la llevamos a cabo. No sabemos durante cuánto tiempo más deberemos cumplirla. Que todos cumplan su tarea con ganas. El amor de Dios nos acaricia en cada buen pensamiento y deseo que pasa por nuestra alma, en cada buena decisión de hacer el bien, en cada momento de felicidad que nos renueva, en cada empujón silencioso al amor que toca nuestro corazón, en cada sufrimiento que padezcamos, en cada palabra buena que escuchamos, en cada buen ejemplo que nos dan ganas de imitar, en cada elogio que nos hacen cuando lo merecemos; también en cada reto, en cada humillación, en cada prueba de paciencia, en cada falta de amor que debamos soportar. ¡Por lo tanto nunca debemos impacientarnos, porque en todo, el amor de Dios nos acaricia! Debemos ver todo esto como gracias amables, de amor, que Dios con su gran misericordia nos envía, las cuales debemos reconocer y utilizar o que por las cuales, por lo menos, debemos estar agradecidos. ¡Todo sirve para mejor, si verdaderamente amamos a Dios!

Debería escribir y difundir estas instrucciones y enseñanzas. ¡Muchos cosecharán mucho bien de ellas y darán gracias a Dios por siempre! Y si solo multiplicara las gracias para la santidad de una sola alma, entonces su trabajo habrá sido válido. Por lo tanto, trabaje mientras aún pueda hacerlo.

* * *

Estas exhortaciones me las dictaron las benditas ánimas del purgatorio. Sostengo que son muy importantes y que deben tomarse con seriedad. Que el buen Señor nos dé su bendición para que sirvan a aquellos que las lean, las practiquen con el corazón y les conduzcan al gozo eterno.

Maria Simma

TESTIMONIO DEL PADRE BISCHOF

María Simma nació aquí, en Sonntag, y pasó la mayor parte de sus ochenta y un años en nuestra parroquia. Su modesto hogar se encuentra muy cerca. Es muy importante para ella vivir cerca de la parroquia y esto resulta evidente debido a que asiste a misa todos los días. Valora la santa misa sobre todas las cosas. Su vida religiosa se define por la oración, el sacrificio, la reparación y su valiente testimonio para mantener y difundir la verdadera fe católica en unidad con el Papa. Posee una gran devoción por la Santísima Virgen María y con frecuencia participa de peregrinaciones a santuarios marianos. Su forma de vida es sencilla y humilde.

Las personas con una verdadera fe cristiana y una profunda piedad pueden ser los mejores ejemplos para otros que luego, con su ayuda, logran permanecer en el camino correcto. De este modo, muchos buscaron a María y aún hoy en día con su avanzada edad la siguen buscando para pedirle consejo, orientación en su vida religiosa y ayuda en todo tipo de situaciones. A pesar de que ella vive en el diminuto Sonntag, en el pequeño Vorarlberg, sin atraer la atención, se la conoce muy bien más allá de Europa. Desde los lugares más lejanos del mundo han venido a visitarla. Son tantas las cartas que recibe y contienen una cantidad tan grande de intenciones y problemas que su habilidad para contestarlas todas a tiempo se ha puesto a prueba más allá de sus capacidades. En el verdadero sentido de la palabra, María Simma también ejerce un apostolado telefónico de orientación espiritual. Allí pasa mucho tiempo atendiendo a quienes buscan su consejo a todas horas. Ella les habla y les guía con los fundamentos de Dios y de la oración. De este modo ayuda y consuela a aquellos que llaman. La gracia funciona como y donde Dios desea que funcione.

Padre Fridolin Bischof
Párroco de Sonntag
Vorarlberg, Austria, desde 1976

TESTIMONIO DEL AUTOR

Durante el año de 1990, el autor rezó la oración de santa Brígida, que ha de rezarse a lo largo de un año. En el mes de septiembre de ese año oyó hablar por primera vez de María Simma y de su sorprendente apostolado. El 30 de diciembre de 1990, el operador de información telefónica de Viena, Austria, le dio el teléfono de María. El 31 de diciembre llamó a María por primera vez y en dos extenuantes minutos le contó su historia reciente, a lo que ella respondió: "Kommen Sie sofort!" (¡Venga inmediatamente!). El 1 de enero de 1991, llegó ante la puerta de la iglesia cercana a la casa de María, precisamente a las tres de la tarde, después de uno de los viajes más frustrantes y agotadores de toda su vida.

Aunque la distancia no superaba los 300 kilómetros, y la mitad por autopistas alemanas y austríacas, necesitó la ayuda de cuatro vehículos de asistencia en carretera, tuvo que enfrentarse a dos tormentas terribles, y se le desintegró la cadena de una de las ruedas del coche. Al otro lado del mundo, justo en esos mismos momentos, su mujer, mientras conducía por una carretera que conocía bien, pasó por un trozo de hielo oscuro, perdió el control y se precipitó en una zanja, a la vez que destrozaba su Volvo. Salió del accidente sin ni siquiera una simple cicatriz.

En Sonntag, el autor entró en la iglesia, justo cuando comenzaba la adoración al Santísimo Sacramento. Tenía una buena idea de cómo sería María por las fotografías que había visto en un viejo libro que hablaba de ella y esperaba que estuviera allí, así que pasó dentro y observó a cada una de las 15 mujeres o así que se encontraban presentes. No era una de ellas. Las mujeres rezaron el rosario, dirigidas por el sacerdote, y cantaban con entusiasmo en los intermedios. El sacerdote se arrodilló y mostró la custodia a los fieles. Después de la primera decena dijo unas palabras y lo primero que dijo fue: "Llamad y se os abrirá". El autor sonrió, dejó la iglesia y subió andando por la empinada calle hacia la casa de María, luchando contra la segunda terrible tormenta de ese día memorable. Era un poco más de las tres de la tarde cuando llamó al timbre de María y ella le dijo que pasara en la primera de las que serían muchas visitas. Después de que María escuchara su historia, explicada con más profundidad, llevó al autor hasta la puerta de entrada y le señaló otro pueblo que se encontraba a unos cinco kilómetros al sur, y al otro lado del valle de Sonntag. Allí, al lado de la iglesia, le explicó María, podría encontrar al único hombre que ella pensaba que podría ayudarle. Condujo hasta allí con la esperanza renovada en el corazón y rápidamente encontró el camino hasta él.

Cuatro meses más tarde volvió como conductor y traductor de un amigo cuyos socios habían hecho un casete de audio para el mundo franco hablante y que pensaba que su deber era escribir un libro más extenso sobre María. Por ese motivo llevaba una grabadora en la mano, para comenzar, al principio involuntariamente, el largo camino y tan lleno de obstáculos que concluiría escribiendo este libro.

El día después de esta primera entrevista, y justo después de abandonar el valle de Grosseswalser, el amigo de María del otro lado del valle, les dio al autor y a su compañera una estatua de unos 30 centímetros de la Virgen de Fátima. Fue algo sorprendente, porque ni ellos ni nadie de los que conocían necesitaban más imágenes de la Virgen de las que ya tenían. Durante el largo viaje que comenzaron a continuación, el autor y su amiga, quienes, por supuesto, eran muy activos por las benditas ánimas del purgatorio, decidieron comenzar un rosario por ellas y hablaron sobre la posibilidad de escribir este libro. Durante este rosario ocurrieron dos cosas interesantes.

Mientras conducía, dijo en voz alta: "¿Qué vamos a hacer con la imagen de la Virgen que tenemos en el asiento trasero?". A los pocos segundos oyó: "Dásela a la primera mujer que encuentres en el borde de la carretera". No había sido el otro pasajero quien había hablado, pues, con un encogimiento de hombros, había expresado su ignorancia sobre qué hacer con la estatua; había sido una voz suave y clara que había sonado a la derecha del conductor. No había sido su imaginación, y no había sido producto de un proceso normal de su pensamiento. Había sido una respuesta clara y rápida. Al oír esas palabras, estaban en una curva larga y suave, con varios arbustos que bloqueaban la vista más allá de unas decenas de metros. Cinco o diez segundos después de oír la respuesta, allí estaba, una vieja campesina en el arcén derecho de la carretera. Sin decir nada al principio a su compañera, bajó un poco la velocidad y se quedó mirando a la mujer, pensando con curiosidad si estaba viva o era una bendita ánima. ¡No tenía mucha lógica si necesitaba la imagen de la Virgen! Solo entonces comunicó a su amiga lo que había oído y ella gritó: "¡Da la vuelta! ¡Da la vuelta!". Lo hicieron con rapidez y condujo hasta la anciana y bajó la ventanilla. Tendría ochenta años o más, y solo dos dientes. Hablaba un dialecto demasiado fuerte para poder entenderse, pero tomó y abrazó a la Virgen mientras comenzaba a llorar y a reír simultáneamente. La sostuvo con fuerza en sus brazos del mismo modo que un niño pequeño abrazaría a un peluche grande. Mientras nos decía adiós con la mano, acertó a murmurar: "Gracias a Dios, gracias a Dios, gracias a Dios". Dio la vuelta y siguió conduciendo, mirando por el espejo retrovisor cómo la anciana se dirigía hacia su casa abrazando a la imagen de la Virgen.

Pasado este acontecimiento, el autor y su amiga continuaron su camino y sus quince decenas del rosario por las benditas ánimas del purgatorio. Poco tiempo después, hablaron nuevamente sobre la posibilidad de hacer un libro basado en las entrevistas con María, y cuando él preguntó en voz alta: "¿Qué título deberíamos ponerle, si queremos que lo compren la gente de hoy en día? No me gustaría que fuera algo así como 'Dios perdóname', otro libro religioso más". Su compañera no dijo nada en un principio, pero luego gritó: "¡Ya lo tengo, ya lo tengo!". "¡¿Ya tienes qué?!". "¡El título, el título! Acabas de preguntarme y aquí lo tengo". "Entonces, ¿cuál es? ¡Dime!". "¡Sáquennos de aquí!". "¿Por qué? ¿Qué pasa?", preguntó el autor, pisando el acelerador mientras miraba rápidamente a todos lados. "¡No, no! ¡Ese es el título del libro, tonto!".

¡Y lo era!

También a ella le había llegado desde fuera, y por ese motivo el autor se ha sentido obligado a poner comillas a estas palabras del título tan profundamente apropiadas.

Y solo tras pensarlo mucho, y tras varias discusiones y muchas dudas lógicas –entre ellas el hecho de que nunca antes había escrito algo importante–, se dirigió a Dios para confirmar si realmente era él quien debía escribir un libro sobre María Simma.

¿Y cómo –podría preguntarse el lector– ha podido el autor hacer esto? Lo hizo de tres maneras, y tan cuidadosa y detalladamente como le fue posible. Para ese entonces, como ya debería ser evidente a estas alturas, el autor se relacionaba siempre con personas piadosas. Así, en primer lugar, rezó mucho. Además buscó entre aquellos que lo rodeaban una media docena de personas verdaderamente cariñosas, inteligentes y observadoras que lo conocían bien, a él y a su historia, y que tenían una mayor experiencia y una vida de oración más intensa que la suya. Lenta pero firmemente todas las respuestas y señales que fue recibiendo durante los siguientes dieciocho meses, aproximadamente, parecían indicar con fundamento que era él quien debía escribir el libro.

Si bien no es común, ya que requiere estudio experimentado y mucho criterio, existe gente piadosa y poco conocida que, como María Simma, posee dones extraordinarios. Entre ellos, algunos reciben locuciones internas, escuchan orientaciones cariñosas, dulces y siempre protectoras que provienen de arriba. Por lo tanto, cuando recibió finalmente dos respuestas en el mismo sentido de dos personas que reciben locuciones internas –en ambos casos de la Virgen María–, emprendió su tarea con confianza intentado realizar su trabajo del modo más claro y cuidadoso que supo hacer.

María le dio el libro que el padre Alfons Matt había escrito sobre ella en 1968, tres casetes en alemán de algunas de sus charlas y las Exhortaciones de las almas del purgatorio. Más tarde, entre el verano de 1991 y la primavera de 1996, el autor volvió a visitar a María unas treinta veces o más. En casi todas sus visitas realizaba más preguntas o buscaba aclaraciones sobre temas que ya habían discutido.

Con el permiso de María el autor mantuvo el formato dialogado; por lo tanto, lo que usted acaba de leer es una recopilación no solo de la extensa entrevista inicial llevada a cabo en la primavera de 1991 sino también de las distintas reuniones y de las demás fuentes. Confíe y sepa entender la decisión de ambos, tanto de María como del autor, de publicar el libro en este formato. Aparentemente ningún otro parecía encajar tan bien. Ambos se lo agradecen de corazón.

A finales de noviembre de 1993 quedaban por pulir algunos pequeños detalles del libro. Para estar completamente seguro de que todo lo que contenía la obra fuera verdad, el autor hizo tres cosas. En primer lugar pidió a teólogos y religiosos de renombre que lo revisaran tan minuciosamente como les fuera posible. (Hasta el momento ninguno ha expresado ninguna objeción). Luego llevó el libro a una de las ya mencionadas personas que reciben locuciones internas, que también es un exorcista que percibe el engaño y la falsedad al rezar sobre algo. Al hacerlo sobre "¡Sáquennos de aquí!' dijo que todo lo que se encontraba allí era puro y verdadero. Y, por último, para estar extremadamente seguro de la veracidad del libro, María Simma le preguntó a una bendita ánima del purgatorio si las demás almas estaban de acuerdo con todo lo que se encontraba dentro del libro. La respuesta fue: "No tenemos objeción de nada". Además, y sin que el autor o María lo hubieran solicitado, el alma continuó diciendo: "Todos los ataques contra Nicky y su familia durante estos años sucedieron como consecuencia de su libro". En diciembre de 1994 y en enero de 1995 estos dos procedimientos de control se repitieron. En ambos casos, las respuestas fueron nuevamente positivas. Cuando María, una vez más, le preguntó a un alma si todo lo que contenía el libro seguía estando bien y era verdad, la respuesta fue: "Sí, todo lo que allí se encuentra es verdad".

El lector podrá preguntarse en qué consistieron estos ataques a los cuales hacen referencia las almas. Aquí responde el autor con una síntesis de sus muchos años de pérdidas, dolor y caos.

Fue testigo dentro de su propia casa de actividades demoníacas tan malignas que se le paralizaron las piernas, enmudeció y se le bloqueó la memoria, provocando que olvidara todo lo que había oído y en tan solo un par de segundos su camisa quedó toda mojada de sudor, en una tarde fresca y húmeda de febrero. Durante ese tiempo, sufrió hasta lo más profundo de su alma la ausencia de su familia, a quien amaba fuera de todo parámetro y por quien permitiría de inmediato que lo martirizaran si Dios así se lo pidiera. Un tribunal tramó una sentencia de divorcio en su contra bajo la cláusula de "condiciones excepcionales", por la cual debió abonar el 120 por ciento del total del patrimonio que su familia poseía. Perdió su galería de arte de tejido antiguo reconocida internacionalmente. Perdió su casa, sus perros de exposición y los cuadros heredados de su padre (a quien ayudó recientemente a llegar al Cielo). Se le acusó de estar mentalmente enfermo, aunque cuatro psiquiatras testificaron por escrito que no había la más mínima evidencia que pudiera sostener ese cargo. Fue dos veces a la cárcel de modo injusto, solo para que en ambas ocasiones quedara totalmente exonerado porque todos los cargos contra él se probaron pronto completamente inventados. También fue brevemente internado en un instituto para criminales mentalmente insanos, del que fue liberado rápidamente cuando el director principal admitió abiertamente no conocer la razón de que se le hubiera llevado allí, de modo forzado habría que decir en primer lugar. Este último asunto resultó ser un intento de asesinato, intentando que quedara oculto bajo una capa de oficialidad. Un completo extraño también le tiró piedras. Y a pesar de todo lo anterior, su inquebrantable lealtad hacia su familia quedó completamente intacta.

El autor tiene varios motivos para dar a conocer públicamente lo que acaba de mencionarse más arriba.

El primero es abrir los ojos de los no creyentes a las verdades fundamentales que nos dice María, y así, al contar su propia historia, aunque sea brevemente, sus experiencias confirmen lo que ella dice.

El segundo es admitir nuevamente con claridad que fue únicamente su crisis familiar lo que lo llevó a desear conocer a María, intuyendo correctamente que los amigos de María, tanto los vivos como los difuntos, seguramente también lo ayudarían a él y a su familia. Así lo han hecho y hasta un punto tal que se encuentra mucho más allá, por el momento, de su sana y siempre esperanzada imaginación.

El tercero, pedir a todos los lectores que estén atravesando mayores o menores sufrimientos en el presente, o vayan a experimentarlos en el futuro, que perseveren, que nunca pierdan la esperanza, que pongan todo en manos de Nuestra Madre, sabiendo que, aún si no creen en Dios, todo volverá a estar nuevamente como debe estar, en paz.

El cuarto motivo es para expresar dos verdades muy importantes y absolutas, verdades tan sólidas que pueden llamarse leyes espirituales. Son las siguientes:

• Dios responde a sus hijos siempre y cuando confíen en Él, y gracias a esta confianza, Dios puede hacer milagros a través de ellos.

• Con respecto a todo ataque espiritual, de cualquier tipo o dimensión, desde el más pequeño hasta el más grande, no solo habrá una reparación sino también una recompensa, una gracia otorgada por Dios que, sin excepción, será mayor que el ataque en sí mismo.

Con estas dos verdades podemos guiar toda nuestra vida.

El quinto motivo es para pedir amablemente una breve oración a los lectores:

Que mediante la intercesión de nuestra Santa Madre María,

por medio de los arcángeles san Miguel, san Gabriel, y san Rafael,

nuestro buen Dios torne humildes los corazones de los orgullosos,

fortalezca los corazones de los que tienen miedo,

consuele los corazones de los que sufren,

libere los corazones de los oprimidos,

ilumine los corazones de los engañados

y sane los corazones de los que odian.

Amén.

Las almas del purgatorio nos suplican que las ayudemos. Nos devolverán ese favor de maneras siempre sorprendentes. A lo largo de los años, desde que conoció por primera vez a María y habiendo él mismo comenzado a rezar mucho por las almas, el autor puede dar personalmente testimonio de muchas otras ocasiones en que él presenció a las almas y numerosas veces en que ellas lo guiaron y lo ayudaron en situaciones que no se mencionan en este texto. Esto se debe a que el autor prefirió que el testimonio viniera de alguien con muchas más décadas de experiencia que él. El encuentro más reciente sucedió durante los primeros diez días de enero de 1994, cuando unos minutos antes de desayunar escuchó la voz de una mujer mayor que le dijo lo siguiente:

"Todavía no comprendes cuán grande será este libro".

María Simma nos recuerda en este libro que las benditas ánimas del purgatorio únicamente pueden hablar con el permiso de Nuestra Madre y, al mismo tiempo, debido a su iluminación, ya que solamente pueden decir la verdad como se les presenta a ellas en ese momento, cada uno de nosotros podrá ver cómo se revela todo lo dicho anteriormente. De este modo nosotros mismos podremos comprobar si lo que María dice sobre las almas y lo que las almas le han dicho a ella y al autor es la verdad.

Y, obviamente, si este resultara ser el caso, entonces será indirectamente Nuestra Madre quien nos pida, a nosotros y a nuestras familias, que nos tomemos seriamente este libro y que ayudemos a las benditas ánimas del purgatorio, en todas las formas que ya se han tratado en estas páginas. También que pidamos a todos nuestros amigos, y también a los enemigos, que lean este pequeño documento para el bien de sus familias y para el bien del mundo entero.

Si después de todo esto quedaran todavía personas que dudan de si la oración por los difuntos es algo bueno y necesario (y quizá sean expertos en la Biblia y otros estudiosos quienes piensen así), el autor los guía amablemente a Mateo 16, 18-19. Y mientras ellos meditan esas palabras de Jesús, este pequeño libro podrá llevarnos a los que confiamos en María Simma más cerca de la realidad de Dios y de su Madre, que nos aman más allá de todos los límites.

Solamente permaneciendo en nuestros corazones unidos a Jesús a través de María, la verdadera paz y la verdadera alegría vendrán a este mundo corrompido, quebrantado e inestable.   Nicky Eltz

EPÍLOGO

Las visiones de María Simma son una valiosa contribución al estudio de las apariciones. Por lo tanto, el siguiente intercambio será de mayor interés para los estudiantes apasionados por este tipo de experiencias que para los lectores que, por medios más simples, ya han descubierto el amor a Dios.

La revolución tecnológica ha prácticamente borrado la impresión del Creador, nuestra "marca de fábrica"; y nuestra generación está al borde de perder el sentido del más allá, del misticismo. El alejamiento de este siglo de la tradicional fe religiosa también proviene en parte de la confusión creada por la exaltación científica de las teorías de la evolución y al reciente punto de vista equivocado según el cual los seres humanos son sólo máquinas de computación neuronales altamente complejas. Ambos puntos de vista intentan hacer creer que la fe en una vida después de la muerte es anticuada e irrelevante. Existen, por otro lado, cada vez más pruebas en el campo de las para-ciencias para descartar los puntos de vista mecánicos de la mente y para suprimir el esceptismo acerca de las diferentes formas de supervivencia personal luego de la destrucción física del cuerpo. Por sobre todas las cosa, las apariciones de María, y en particular las recientes que han sido científicamente estudiadas, suministran pruebas convincentes para creer no sólo en las diferentes formas de supervivencia no corpórea sino también en la validez de los santos sacramentos y en la existencia histórica de Jesucristo, el fruto del amor de Dios para todos los seres humanos y de manera especial para las mujeres. La divina encarnación por medio de María aceleró la evolución espiritual de la humanidad, pero es a través de las apariciones de Nuestra Santísima Virgen a lo largo de los siglos –una manifestación del Espíritu Santo– que se ha mantenido el ritmo de esta evolución de grandes dimensiones que también comprende a las almas santas o del Purgatorio, las cuales esperan la visión beatífica.

Lo que sucede luego de la disolución del cuerpo físico es una inquietud básica de todo ser humano inteligente. Los investigadores de la medicina también han intervenido en el tema esencial de la supervivencia no corpórea, que anteriormente sólo pertenecía a los filósofos, teólogos o parapsicólogs. En la práctica de la medicina, este tema está relacionado especialmente con el asesoramiento a las familias que sufren, la ayuda a pacientes suicidas y el debate actual sobre la eutanasia. Lo ideal sería que la investigación acerca de la vida después de la muerte tuviera efectos beneficiosos tanto para los que viven como para los fallecidos, y las experiencias de María Simma sirven a ambos propósitos. María pide a las personas vivas que recen por las almas del Purgatorio y las almas nos suministran una prueba de supervivencia no corpórea y nos ayudan en innumerables formas.

"¡Sáquennos de aquí!" está basado en las experiencias de apariciones que tuvo María Simma durante varias décadas, y se trata de apariciones poco comunes y hasta podría decirse extraordinarias en la historia de este tema. Constituyen un encuentro con las almas del Purgatorio que esperan la liberación de un estado atrapado en la contemplación pasiva hacia una contemplación activa y libre del Creador. Estos personajes no corpóreos tienen un propósito espiritual al visitar a María, que es tanto la liberación del sufrimiento de ellas como de aquellos en la Tierra. Nicky Eltz tuvo que preparar este libro con un fin espiritual, y al mismo tiempo tuvo que satisfacer el criterio científico de una investigación paranormal. Su fin no es en absoluto ofrecer entretenimiento intelectual a los lectores sino un estímulo espiritual, algo que ha logrado con creces.

A pesar de que las nuevas técnicas para controlar y visualizar la actividad cerebral poseen un gran valor diagnóstico, también reafirman, lamentablemente, los puntos de vista materialistas acerca de la mente. Teniendo en cuenta parte de la nueva información obtenida por medio de la investigación psíquica, se puede comparar el cerebro con un instrumento musical donde habita un músico invisible. Muchos científicos pueden ahora sostener que existimos en un espacio físico y en un espacio mental personal o en un espacio de mayor dimensión, un concepto que también se puede acomodar o nos puede ayudar a apreciar el espacio espiritual. Nuestras mentes pueden llegar a encontrarse en espacios de mayor dimensión; sin embargo, la mente aún continúa siendo un misterio. Los puntos de vista acerca de la mente dominados por el materialismo científico se ven desafiados por experiencias como las de María, la de los videntes de Medjugorje o la de otros videntes marianos. Por lo tanto, debemos considerar estas perspectivas materialistas como producto de la sofística.

En el ámbito científico, la falta de un modelo de un reino no físico impide a muchos investigadores aceptar la realidad de una visita celestial. Así como existen universos alternativos existen espacios de mayor dimensión. Los "objetos" en estos espacios subatómicos son invisibles para nosotros porque los electrones tienen un mayor grado de vibración que aquellos en el mundo físico. Son invisibles para nosotros como las aletas de un ventilador en funcionamiento son invisibles, aunque sabemos que existen.

Los términos "alma" y "espíritu" se utilizan de manera indistinta pero representan dos realidades interrelacionadas; una es el vehículo de la otra. María Simma ha notado esta diferencia. Los seres humanos poseen un modelo mental del cuerpo físico y uno de los términos se refiere a esto. Los animales también poseen un modelo mental de su cuerpo físico.

Las experiencias extraordinarias de María con las almas del Purgatorio prueban que los difuntos pueden guiar a los vivientes. Una persona parada en la cima de una colina tiene mayor visibilidad que quien se encuentra en el valle. De la misma forma, los personajes no corpóreos poseen ventajas sobre los vivientes y pueden predecir las consecuencias de las acciones humanas, aunque sin ser infalibles. Ni los personajes no corpóreos ni los espíritus angelicales pueden predecir nuestro futuro con infalibilidad. Muchas de las predicciones consumadas registradas tienen explicaciones parapsicológicas alternativas muy fuerte.

Cualquier predicción de un hecho, con detalles temporales precisos acerca de su acontecimiento, debe considerarse un caso real de precognición, y a esto me gustaría agregar que dicha información la posee únicamente el Creador. Las señales visibles prometidas en Garabandal y Medjugorje deben considerarse como ejemplos de esta predicción, puesto que puede estar involucrado allí un hecho geofísico, en el futuro, cuando aparezca la señal permanente. Además, los videntes marianos de estos dos lugares donde ocurren las apariciones conocen los detalles temporales mucho antes de que las señales que los confirman se hagan realidad. Un servidor obediente del Todopoderoso puede ser un instrumento para comunicar dicho mensaje bajo la inspiración del Espíritu Santo; sin embargo, estas incidencias son extremadamente poco comunes. No se realizan muchas predicciones por medio de los videntes a pesar de que las apariciones de María han ocurrido desde los principios de la cristiandad. Aún a pesar de que en Medjugorje han ocurrido miles de apariciones, a los videntes se les han confiado diez secretos o profecías especiales.

María, nuestra Madre, ha reafirmado la existencia de espíritus malignos más de cincuenta veces en Medjugorje y las experiencias María Simma se suman a esta confirmación celestial. Las entidades del mal logran que nuestras vidas sean menos normales, engañádonos para que nademos lejos de la costa, donde son más destructivas. Aún cuando la existencia de animales salvajes genera preocupación e inquietud a una persona que pasea por el bosque, ese conocimiento lo obliga a tomar precauciones en caso de un ataque. Una persona que no tiene conocimiento o niega la presencia de animales salvajes en el bosque estará tranquila por un rato, pero puede terminar siendo presa de los animales. Lo mismo sucede con respecto al conocimiento de entidades negativas por parte de nosotros, que luchamos en este mundo terrenal. Las entidades negativas nos influencian por medio de la maquinaria de la civilización. Detrás del velo de este mundo visibile existe una lucha espiritual que involucra a todos los seres humanos, y podemos perdernos si no estamos bien equipados para hacerle frente.

Las entidades negativas se ha estado "escondiendo detrás de los términos psiquiátricos: delirio, alucinación y jerga psicodinámica", pero están más activas que nunca. La influencia espiritual significa que el comportamento humano también posee una dinámica parapsíquica. No debemos preocuparnos indebidamente sobre el proceso de su influencia sobre nosotros sino únicamente aceptar las medidas de sanación prescriptas por la Madre de la Misericordia. Así como existen "tentadores", también existen "ayudantes", los ángeles. La creencia en la existencia de espíritus malos sin la creencia paralela en espíritus buenos y en el Espíritu Santo no es buena. Los espíritus virtuosos superan en número a los malos debido a que existen más ángeles que estrellas en el cielo. Nuestra Señora nos ruega por una liberación global del cautiverio de Satanás y de sus soldados por medio de la oración y al ayuno.

María ha reafirmado la causalidad espiritual de las enfermedades. El concepto tele-somático está ganando terreno en los círculos científicos. De acuerdo a este concepto, una enfermedad física puede ser equivalente a un mensaje telepático resistido. Este concepto puede extenderse también a vrios percances físicos. En términos físicos simples, el concepto tele-somático es análogo a arrojarle un objeto liviano a una persona absorta que no escucha los mensajes verbales, con el fin de que preste atención con mayor rapidez. Cuando las almas del Purgatorio no pueden comunicarse con las personas vivas, a veces utilizan métodos físicos pero que no son espiritualmente destructivos. Lo hacen ya sea para beneficio de la persona viva o para su proprio beneficio, y muchas veces pueden resultar en enfermedades. Las condiciones psicosomáticas y tele-somáticas son fácilmente mal diagnosticadas y en estos casos me gustaría advetir al lector que no ignore las cuasas naturales de las enfermedades. Es comprensible que un médico atribuya la parte física a la enfermedad, pero al mismo tiempo debería reconocer las dos condiciones antes mencionadas. Sobre este tipo de investigación se tratan las valiosas obras del Dr. McAll, y por eso tienen gran valor. Ninguno de los conceptos médicos resuelve en su totalidad el misterio de los sufrimiento físicos y psicológicos. La negación del Señor de los pecados ancestrales a los curiosos discípulos mientras curaba al hombre ciego de nacimiento y su siguiente aclaración: "Él es ciego porque el poder de Dios se ve reflejado en él", constituyen por sí solas la explicación final. San Pablo también cuestionó si era fructífero analizar los defectos ancestrales en su carta instructiva a Timoteo. El concepto tele-somático puede a veces incluir únicamente el "llamado ancestral" y no el efecto posterior de sus malos actos terrenales. La teoría del Dr. Mcall sobre las almas vengativas y almas que vagan explica algunos de los sufrimientos humanos desconocidos. También es un concepto muy útil en este período de transición con respecto a la negación científica de la existencia de entidades negativas a una mejor comprensión de las formas malignas del mundo espiritual desconocido, mientras que el "*Ministerio de Sanación del Árbol Familiar*" ha vuelto más perspicaces a muchas familias en el sentido paranormal.

La profesión médica debería darle la debida importancia a los puntos de vista de María en Medjugorje sobre la depresión. La enfermedad depresiva demanda mucho y se ha convertido en una carga financiera para los sistemas de salud. Esta enfermedad es solamente un "resfrío común de la mente" y puede llegar a ser un estado del proceso de maduración, pero es potencialmente peligrosa cuando el paciente desea la muerte. Los psicoanalistas han intentado traer recuerdos traumáticos del pasado para descubrir la causa de la depresión. Los recuerdos reiterados se multiplican y se tornan más enfáticos, y Nuestra Señora nos ha advertido, después de todo, sobre la tiranía de los recuerdos. Los bioquímicos están intentando encontrar una causa química de esta enfermedad y han logrado presentar con éxito algunas teorías muy útiles; pero son apenas un indicio de cómo andan las cosas. En términos puramente médicos, se define la depresión como una enfermedad neurotransmisora compleja. Los psiquiatras especializados en temas biológicos podrán ser capaces de probar algunos casos que se originan únicamente debido a cambios bioquímicos, pero el otro punto de vista sería pensar que esos cambios son responsable de desenmascarar una prolongada depresión ya existente. Los mecanismos químicos de defensa en el cerebro pueden debilitarse en cualquier persona como parte del proceso de envejecimiento. La categorización de la enfermedad de la depresión y otros desórdenes psiquiátricos sigue siendo un punto discutible. Esta enfermedad puede ser el resultado de la suma de experiencias negativas durante la vida junto con la angustia y la culpa no resueltas, que se enfrentan constantemente con la química del cerebro, produciendo así síntomas biológicos. En otras palabras, la depresión comienza en la niñez, y si no se la nuetraliza, progresa a lo largo de la vida. También se explica la depresión como las secuelas de una revolución cognitiva luego de un golpe en la mente. De este modo, la depresión presenta tanto un aspecto biológico como un aspecto cognitivo.

La Reina de la Paz aisló el "virus de la depresión" junto con las medidas profilácticas cuando advirtió que las entidades negativas eran los agentes causales de la depresión. Estos pacientes depresivos son los soldados heridos de una batalla espiritual, y merecen mayor respecto y comprensión. Un paciente depresivo, por estar en estado de sufrimiento, puede estar más cerca de Dios? Al respecto, cuando un peregrino le preguntó a la vidente Mirjaba de Medjugorje si había enfermado porque había sido un "mal cristiano", la respuesta de Mirjana fue lo opuesto al pensamiento del peregrino. Le dijo que en realidad había enfermado por ser un buen cristiano. La enfermedad depresiva puede llegar a ser un mecanismo de defensa espiritual contra un mayor ataque espiritual a la comunidad, y las personas que están agotadas físicamente eligen o se encuentran al frente de esta batallo por el resto de la comunidad. Mi experiencia en la psiquiatría en dos culturas me ha demostrado que muchos de los pacientes depresivos están atrapados aparentemente en una red humana de manipulación. Estas influencias sociológical se entrecruzan con los factores psicológicos y espirituales para causar la depresión. En caso de que se aceptaran estos puntos de vista espirituales, se hace evidente que la depresión es responsabilidad de la sociedad, y en estos días en los que la unión de las personas se da sólo por medio de la tecnología, también es una responsabilidad mundial. La depresión es una condición espiritual, sociológica, biológica y psicológica y los aspectos biológico de este fenómeno universal no deberían ser subestimados. Esperemos que las futuras investigaciones emitan mayor luz sobre los aspectos bioquímicos de la enfermedad depresiva. Las almas, por medio de María Simma, atribuyen el sesenta por ciento de la depresión únicamente a causas espirituales, y es por eso que los científicos médicos con orientación biológical tienen espacio suficiente como para abarcar las teorías químicas.

Las almas del Purgatorio que visitan a María son elegidas por la Madre de la Misericordia. Sus visitas tienen un propósito especyal y no deben confundirse con las apariciones no intencionales narradas en la literatura paranormal. Las apariciones espontáneas aún son un tema de controversia debido a que, además de la hipótesis de supervivencia, existen varias explicaciones parapsicológicas complejas para dicho fenómeno. Las apariciones colectivas no pueden explicarse sin tener en cuenta la hipótesis telepática de las apariciones, y son objetivas y paranormales. Las apariciones no intencionales son taciturnas, y es raro que hablen. Debido a razones desconocidas, su capacidad de comunicarse verbalmente es limitada, mientras que las almas del Purgatorio que visitan a María son capaces de llevar a cabo una comunicación verbal de ida y vuelta. Esto, yo sostengo, es un factor distintivo entre las apariciones espontáneas y las apariciones con un propósito específico de parte de las almas del Purgatorio. Las experiencias extraordinarias de María Simma contribuyen a que dejemos de lado el miedo generalizado a las visitas celestiales. Creer en las apariciones de acuerdo a los objetivos descriptos en este libro puede ser un peldaño en el camino para romper con el escepticismo a las apariciones religiosas y ayudar a las personas mal dispuestas a incluir el concepto de las apariciones de María en su pensamiento científico. Los estudios sobre apariciones siempre parecieron tapados por lo popular, pero este libro los ha convertido en un tema de investigación respetable y ayudará a que sena reestablecios como fundamentos científicos normales.

Las siguiente son las seis teorías de apariciones populares vigentes en la literatura científica de la parapsicología.

> A) Teoría del *centro fantasmagórico*. Esta teoría formenta el punto del vista de que el que se aparece genera una imagen de él mismo en la mente del preceptor, que a su vez, ve un fantasma. El personaje no corpóreo está presente en el lugar de la aparición, pero el observador no percibe el alma de la persona muerta.

B) Teoría del *cuerpo etéreo*. Esta sostiene que el cuerpo astral del que se aparece en un lugar físico es percibido, por medio de los sentidos normales, como una aparición.

C) Teoría de la *percepción extrasensorial*. Aquí el que se aparece está presente a la vista física. Los poderes de percepción extrasensoriales del obervador junto con los poderes psicocinéticos del aparecido resultan en la visión real de la aparición. Aquí existe tanto una percepción paranormal como una percepción por medio de los canales sensoriales norlames del perceptor en funcionamiento. Considero esta teoría de gran utilidad para explicar los acontecimientos de apariciones verdaderas.

D) Teoría de la *retrocognición*. Esta teoría sostiene que ciertas apariciones sólo prueban la persistencia y ubicación de algo que deja señales pequeñas, superficiales y probablemente obsesivas de experiencias de la personalidad del difunto. En otras palabras, una aparición es el resultado de la percepción extrasensorial por parte del perceptor de hechos pasados.

E) Teoría de la *clarividencia*. Los partidarios de esta teorìa creen que la aparición es solamente creada por el perceptor, utilizando su propria impresión extrasensorial de quien se aparece.

F) Teoría de la *telepatía*. De acuerdo con esta teoría, la aparición ocurre únicamente en la mente del perceptor. Tyrrell prefirió considerar que los casos de apariciones fueran analizados como producto de los elementos del nivel medio de la personalidad, pero las apariciones colectivas no pueden explicarse con la hipótesis de la telepatía. Se han registrado casos bien probados de apariciones colectivas, y esto también confirman la existencia de experiencias de apariciones individuales. Además, muchas de las experiencias de las apariciones marianas son colectivas.

En la parapsicología, un "*drop-in communicator*" es alguien que es totalmente desconocido en el medio y se emplaza en el momento de la comunicación, y posee gran importancia teórica en la investigación de la vida después de la muerte. Los visitantes celestiales de María Simma son aparentemente similares a los "*drop-in communicators*" del medio. El hecho de que estos visitantes sean desconocidos es lo que hace de estas experiencias de apariciones más auténticas. Aquí el que se aparece es distinto en cada ocasión y por lo tanto totalmente desconocido para el preceptor; sin embargo, a diferencia de los medios, María Simma no inicia la comunicación espiritual, sino que permanece receptiva a ella de forma muy casual y natural, sin tener que pasar por los distintos estados de la conciencia. Aquí debo reafirmar que ella no actúa como un medio. La experiencia y los agentes pueden ser falsos en una comunicación donde el medio sea activamente provocado. La Iglesia advierte que no deben realizarse comunicaciones espirituales iniciadas por humanos, pero las experiencias de María Simma no se encuentran en absoluto dentro de esta categoría. María Simma ve a la figura que se aparece en el espacio objetivo sin tener que entrar un estado intenso de concentración, y por lo tanto, la auto-hipnosis es un argumento en su contra muy débil. Lo desconocido, el cambio de identidad y las múltiple figuras que se le aparecen, defienden sus experiencias celestiales de una explicación alternativa basada en la auto-hipnosis.

Existe un error muy común que sostiene que la parapsicología, – término moderno de los estudios psíquicos–, es un sustituto de la religión. La parapsicología se centra en la mente y la religión se centra en Dios. El espiritualismo o *espiritismo* (el término francés para el mismo) incluye doctrinas o prácticas basadas en la creencia de la supervivencia después de la extinción física de la persona y la comunicación entre el viviente y el muerto, generalmente a través de un medio, pero sin el Creador. Mientras que ni la parapsicología ni el espiritualismo incluyen a Dios, la primera se opone fuertemente a la última. Se debe destacar que los medios pasan por un estado de trance cuando intentan contactarse con el reino no corpóreo. María Simma no pasa por un estado alterado de la conciencia y es por eso que no se deben confundir sus experiencias de apariciones con el estado de trance del medio. También se presume que el interés en el fenómeno paranormal sin las características místicas puede distraer a las personas de los fines espirituale y místicas puede distraer a las personas de los fines espirituales y místicos de la religión. En este sentido: *"¡Sáquennos de acquí!"* es una valiosa contribución.

El comportamento inquisitivo de los visitantes celestiales de María y el suministro de información solicitada acerca de otras personas luego de un período latente no se estudia como experiencias de seudo alucinación o alcunación verdaderas. Las seudo-alucinaciones son por lo general visuales, pero comprenden como característica escenas complejas o fragmentos de acciones repetitivav y esteretipadas, que generalmente reproducen escenas de un hecho real pasado de importancia emocional para el individuo. Las experiencias de María Simma son totalmente distintas de las declaraciones anteriormente mencionadas sobre seudo-alucinaciones.

Durante las últimas tres décade se han publicado varios libros y artículos sobre la supervivencia de la personalidad humana luego de la disolución del cuerpo físico. Lamentablemente, muchos son el resultado de investigaciones de diván y corren el riesgo de ser ficticios y también podrían llevar a la creación de una "Disneylandia intelectual". Las promesas científicas de vida después de la muerte han sido casi sin excepción ultra-optimistas sin tener pruebas claras que las respalden. Por eso, una contribución como la de María Simma es muy bien recibida ya que no posee un fin material sino espiritual, que ella desea compartir con toda la humanidad.

La parapsicología tiene la ventaja de diferenciar los sitemas de creencias mágicas de la mística verdadera. Por otro lado, también corre el riesgo de abrir una vez más las puertas a las supersticiones. La investigación orientada a las pruebas en parapsicología es inofensiva y puede ser útil, pero la investigación orientada al proceso en las para-ciencias puede conducir nuevas y hasta ahora desconocidas.

Toda evaluación humana sobre el futuro es condicional. "En Portugal, los dogmas de la fe se preservarán siempre. "Estas palabras de la Santísima Virgen a los videntes de Fátima en 1917 también implican que la fe se debilitará o perderá en muchas partes del mundo durante los próximo años. Por lo tanto, es lógico pensar que las palabras anteriores, que tratan de una crisis inminente de la fe que puede iniciarse por los desarrollos científicos patológicos, están relacionadas probablemente con la revelación de Fátima. En Medjugorje, Nuestra Madre advirtió que no se debe pensar damasiado en los percances futuros, por eso me reservo con prudencia la elaboración de este tema *"¡Saquennos de acquí!"*, escrito en base a las apariciones a María Simma, es de gran valor para las generaciones actuales y futuras que serán bombardeadas con literatura seudo-científica sobre la vida después de la muerte y el mundo espiritual; y los persuadirá la vida de encontrar refugio en el manto de la Madre del Savador. Será una de las funciones de la meta-psiquiatría teísta, fundada en las apariciones marianas para controlar los avances de las para-ciencias.

Durante el análisis del fenómeno paranormal existen lagunas y hechos interrelacionados que son elogiables, pero las lagunas se lleman a medida que la investigación progresa. Si no se les da la importancia debida, los hechos pueden pasarse por alto y se pospondrán las conclusiones. Existe un margen muy angosto entre el análisis científico y la disección científica, que es particularmente cierto cuando se trata de un tema delicado como la experiencia de las apariciones. En la actualidad, antes de abrir la puerta, todos observan a tráves de la mirilla y verifican la identidad del visitante. De la misma forma, María ha controlado sus experiencias personales extraordinarias ella misma en forma estricta, tanto objetiva como subjetivamente, antes de darle la bienvenida a sus visitantes celestiales. Uno no debe olvidar que los mensajes de las almas del Purgatorio sono más importantes que su visita en sí.

Estos acontecimientos de apariciones tuvieron lugar en el ambiente cultural austriaco. Las opiniones que sostienen que la cultura interpreta la aparición y las apariciones se adaptan a la cultura son probablemente válidas durante las primeras etapas de un acontecimiento de este tipo. Lo cierto puede ser también que una cultura favorable lorge que suceda un hecho paranormal con mayor facilidad. Las visiones da esta ciudadana austriaca, entrada en años, sin embargo, han dejado atrás los componentes y barreras culturales. María Simma no ha guardado un diario que registre sus experiencias con las almas, pues ella nunca tuvo la intención de persentarlas a la comunidad mundial. Por los tanto, naturalmente, las respuestas a las preguntas del autor se han mezclado con su sabiduría interior y con el hecho de ser un instrumento honesto para transmitir los mensajes de las almas del Purgatorio. María, por supuesto, puede cometer errores como el resto de nosotroso, los mortales. Muchas de las investigaciones en parapsicología concluyen condicionalmente basándose en la fiabilidad de los perceptores y los informantes. El perceptor y el informante de los acontecimientos místicos-paranormales descriptos en "*¡Sáquennos de aquí!*" son confiables. ¿Por qué dudaríamos en confiar en estos visitantes

celestiales y en María Simma? En enero de 1995, quando la conocí en su casa al lado de la montaña, me impresionó por su sabiduría espiritual. Sus encuentros con las almas son, en mi opinión, un completamento a las recientes apariciones marianas. A pesas de que la creencia bíblica dice que sabremos con seguridad si nosotros y los demás seremos salvados sólo después del juicio final, nuestra Madre misma nos ha dato información acerca del estado espiritual de ciertas personas difuntas tanto en sus apariciones en Fátima como en Medjugorje. Esto confirma la información de María Simm acerca del paradero de cierta cantidad de almas.

La confirmación de las almas del Purgatorio por media de María Simma sobre el aspecto espiritual de los hechos conflictivos el la vida del autore, antes y durante su tarea en la preparación de este libro, es en sí ilustrativa de la conclusión del "triángulo paranormal". Todos nosotros debemos superar obstáculos cuando luchamos para alcanzar los objetivos positivos que se nos asignaron. Sin embargo, cuanto más verdadero, limpios, profundos y sanos sean estos objetivos positivos, más tratarán los "tentadores" de acosar a sus constructores. Puesto que este libro se opone fuertemente a la dirección que han tomado los pensadores más influyentes de este siglo, los "tentadores" intentaron una gran variedad de formas verdaderamente sorprendentes para dañar al autor, a sus seguidores y a su obra. La dedicación del autore de: "*¡Sáquennos de aquí!*" es, en mi opinión, la más apropiada, pues los "tentadores" harán lo imposible por mantener a los respetados científicos de la actualidad –muchos de los cuales aún no han sentido el inmenso amor de Dios hacia ellos– alejados de la verdad del Creador amado. Sin embargo, las almas del Purgatorio y sus "ayudantes", también guiados por la Reina de la Paz, la Madre Misericordiosa y Reina de los ángeles, observaban los pasos del autor y lo inducían, como se mencionó con anterioridad, desde la cima e la colina, mientras los "tentadores" continuaban provocando divisiones dolorosas entre las personas buenas que en realidad debían asistirlo. Por los tanto, el testimonio del autor es una reflexíon extremadamente clara y valiosa sobre las para-psico-dinámicas de nuestra vida diaria.

Dr. J Paul Pandarakalam
Departemento de Psiquiatría
Billinge Hospital
Wigan, Inglaterra

TESTIMONIOS Y MENSAJES DE MEDJUGORJE ACERCA DEL PURGATORIO

En julio de 1982 y en enero de 1983 los videntes de Medjugorje dieron los dos siguientes testimonios sobre el purgatorio:

"Hay muchas almas en el purgatorio. También hay personas consagradas a Dios, algunos sacerdotes, algunas religiosas. Recen por sus intenciones; por lo menos el Credo, siete Padrenuestros, siete Ave Marías y siete Glorias. Existe un gran número de almas que han estado en el purgatorio durante mucho tiempo porque nadie reza por ellas".

Y:

"En el purgatorio existen distintos niveles; el más profundo se encuentra cerca del infierno y el más alto se va acercando gradualmente hacia el Cielo. No es en el día de Todos los Difuntos sino en Navidad cuando el mayor número de almas deja el purgatorio. Existen allí almas que rezan fervientemente a Dios, pero por las cuales ningún pariente o amigo reza en la tierra. Dios permite que se beneficien de las oraciones de otras personas y que se manifiesten de distintas formas a sus familiares en la tierra, con el fin de recordarles que el purgatorio existe y para pedirles que recen para acercarse a Dios, que es justo pero bueno. La mayoría va al purgatorio; muchos van al infierno y un pequeño número va directamente al Cielo".

Más tarde, el 6 de noviembre de 1986, Nuestra Madre dio el siguiente mensaje al mundo por medio de Marija Pavlovic-Lunetti:

"Queridos hijos:

Hoy quiero pedirles que recen diariamente por las almas que se encuentran en el purgatorio. Cada alma necesita de nuestra oración y gracia para llegar a Dios y al amor de Dios. Al hacer esto, mis queridos hijos, ustedes obtendrán nuevos intercesores que los ayudarán en la tierra a comprender que las cosas terrenales no son importantes; que el

Cielo es lo único por lo cual es necesario esforzarse alcanzar. Por eso, hijos míos, recen sin cesar, que así podrán ayudarse

a ustedes mismos y a aquellos a quienes sus oraciones les darán felicidad. Gracias por haber respondido a mi llamado".

Y en enero de 1987, Mirjana (Dragicevic) Soldó recibió un mensaje extraordinario y muy largo que, entre otras cosas, también incluía estas palabras:

"Tómense tiempo para acercarse a Dios en la parroquia. ¡Entren a la casa de su Padre! Tómense tiempo para venir juntos y junto con la familia pídanle gracias a Dios. No se olviden de sus difuntos. Tráiganles felicidad con la santa misa".

Estos testimonios y mensajes sobre el purgatorio arriba transcriptos han sido impresos con permiso de la Oficina Parroquial de Medjugorje. Todos los demás testimonios o "mensajes" acerca del purgatorio que no sean estos, que puedan aparecer en otros libros, pueden o no haber sido dados en forma privada a través de los videntes. A pesar de la credibilidad potencial de aquellos otros testimonios, ningún otro mensaje acerca del purgatorio, que no fueran los arriba mencionados, fue revelado para ser publicado en todo el mundo.

ORACIONES POR LAS ALMAS DEL PURGATORIO

Una Oración Corta Y Efectiva:

Oh María, Madre de Dios, inunda a toda la humanidad con las gracias de tu amor ardiente, ahora y en la hora de nuestra muerte. Amén.

Oración Que Liberará A Muchas Almas Del Purgatorio:

Padre Eterno, te ofrezco la preciosísima sangre de tu Divino Hijo, Jesús, junto con la misas celebradas hoy en el mundo, por las almas del Purgatorio, por los pecadores del mundo entero, por los pecadores de la Iglesia universal, aquellos en mi casa y dentro de mi propria familia.

Oración Por Nuestros Padres Difuntos:

Señor Dios, tú nos ordenaste que honráramos a nuestros padres. ¡Con amabilidad, ten piedad de las almas de mi padre y madre; perdónales sus pecados y permítene volver a verlos en la dicha de la Luz Eterna! Por medio de Cristo nuestro Señor. Amén.

Oración Por Un Alma En Particular:

Dios Todopoderoso y Eterno, en tu bondad paternal, ten piedad de alma de tu servidor .... Lílpialo al que llamaste de este mundo de toda culpa, llévalo al Reino de la Luz y Paz y a la comunión de tus santos, y entrégale su prorción de gozo eterno en tu Reino. Rezamos por medio de Jesús, Nuestro Señor. Amén.

¡Dios, Tú, Creador y Salvador de todos los fieles, perdona los pecados de todas las almas de tus servidores! Permíteles recibir el perdón por intermedio de nuestra oración piadosa, por lo que siempre anhelaron. Amén.

Oración De La Misa Por El Difunto:

Oh Señor, Tú siempre gustas distribuir piedad y gracias. Por esta razón nunca dejo de pedirte que recuerdes a las almas de tus servidores que has llevado de este mundo. No las dejes caer en el poder del enemigo y nunca las olvides. Ordénales a tus santos ángeles que las lleven y guíen a su hogar celestial. Ellas pusieron sus esperanzas en Ti, creyeron en Ti. Por eso no las dejes soportar los castigos del Purgatorio, sino disfrutar de las dichas eternas. Por medio de Cristo, Nuestro Señor. Amén.

Oración Por Los Almas Más Abandonadas:

¡Jesús, por el amor de la agonía que Tú soportaste durante el temor a la muerte en le huerto de Getsemaní, en la flagelación y coronación, en el camino al Monte Calvario, en tu crucifixión y en tu muerte, ten piedad de las almas del Purgatorio y especialmente de aquellas que están totalmente olvidadas! ¡Líbralas de sus amargos dolores, llévalas a Ti y envuélvelas con tus brazos en el Cielo!

> *Padre Nuestro. Ave María.*
> *Señor, concédeles paz eterna. Amén.*

Esta Oración Es De Gran Ayuda Para Las Almas Del Purgatorio:

Oh Señor Jesucristo, por la preciosísima sangre que derramaste durante tu temor a la muerte en el huerto de Getsemaní, suplico que liberes a las almas de tus servidores de los sufrimientos de los fuegos del Purgatorio, en especial a aquellas que están más abandonadas, y llévalas a su lugar en tu esplendor para que te glorifiquen y alaben en la eternidad.

> *Padre Nuestro. Ave María.*

Oh Señor Jesucristo, por la preciosísima sangre que derramast durante la despiadada flagelación, te suplico que liberes a todas las almas de tue fieles, en especial a aqeullas que están más cerca de su liberación, y llévalas a Ti para que te pueden glorificar y alabar en la eternidad.

Padre Nuestro. Ave María.

Oh Señor Jesucristo, por la preciosísima sangre que derramaste durante tu dolorosa coronación, te suplico que liberes a todas las almas de tu fieles cristianos del calabozo del Purgatorio, en especial a aquellas que deben sufrir allí por más tiempo, y llévalas a la comunión santa de tus elegidos, para que te puedan glorificar y alabar en la eternidad.

Padre Nuestro. Ave María.

Oh Señor, Jesucristo, por la preciosísima sangre que derramaste durante tu dolorosa crucifixión, te suplico que liberes a todas las almas de los difuntos, en especial a las de mi padre, mi madre, mis hermanos y hermanas, mis parientes, mis benefactores, y llévalas a la dicha eterna, par que te pueden glorificar y alabar en la eternidad.

Padre Nuestro. Ave María.

Oh Señor Jesucristo, por la preciosísima sangre que manó de tu bendito costato, te suplico que liberes a todas las almas del Purgatorio, en especial a aquellas que durante sus vidas sirvieron de forma especiale a tu Santísima Virgen Madre, y llévalas a tu gloria eterna para que te pueden glorificar y alabar en la eternidad.

Padre Nuestro. Ave María. Amén.

Rosario Por Las Almas Del Purgatorio:

En las cuentas grandes rezamos:

Oh almas del Purgatorio, derramen el fuego del amor de Dios en mi alma, para revelar a Jesús crucificado en mí, aquí en la tierra antes que luego en el Purgatorio.

En las cuentas pequeñas:

Señor Jesús crucificado, ten piedad de las almas del Purgagorio.

Al final tres veces:

Gloria.

Oración De Sacrificio Por Las Almas Del Purgatorio:

¡Dios Todopoderoso y Eterno! Porque es tu voluntad que recemos por las almas del Purgatorio, yo te ofrezco, por medio de las manos sin mancha de Marìa, todas la misas que se celebran hoy, por tu gran honor y por la redención de las almas del Purgatorio. Con humildad te suplico que borres sus culpas por los méritos demasiado valiosos de tu Hijo muy Amado y ten piedad de ellas. Para la restitución de la alabanza, el amor, el honor, las gracias y los méritos que estas almas dejaron de mostrar y tomar, yo te ofrezco toda alabanza, amor, honor, gracias y sufrimientos de tu Hijo con los que te honró aquí en le mundo.

En reparación de todos los abandonos y descuidos cometidos por estas almas, te ofrezco el fervor lleno de alabanza con el cual tu Hijo realizó todas sus obras aquí en la tierra, y que ahora son renovadas y entregadas a Ti en todas las santas misas.

En reparación de todos los errores y de todo lo que se dejó sin hacer por estas almas, te ofrezco todas la virtudes que practicó tu Hijo y que aún practica y completa en todas las santas misas.

Por la limpieza de todas las manchas de pecado que estas almas aún poseen, te ofrezco la preciosísima sangre que tu Aijo derramó aquí en la tierra y que continúa ofreciéndose en todas las santas misas.

Como liberación de todos los castigos y tormentos que soportan estas almas, te ofrezco la dolorosa pasión y muerte de tu Hijo muy Amado, que Él ahora renueva y continúa renovando en todas las santas misas.

Para rescatarlas del calabozo ardiente, te ofrezco los méritos infinitos que tu Hijo se ganó en la tierra y que continúa ejercitando y ofreciendo en todas las santas misas.

Finalmente, para hacer lo suficiente para cumplir con tu estricta Justicia, te ofrezco todas las virtudes y méritos de la vida, sufrimiento y muerte de tu Hijo muy Amado, su santísima Madre, todos los santos y elegidos que juntos sufrieron mas que las adoradas almas del Purgatorio dejadas de lado. Amén.

Oración De Siete Peticiones Por Las Almas Del Purgatorio:

1) ¡Señor, Dios Todopoderoso, por la reciosísima sangre que tu Hijo muy amado derramó en el huerto de Getsemaní, te suplico que liberes a las almas del Purgatorio, en especial aquellas que están más abandonadas! Condúcelas a tu gloria para que te alaben y florifiquen en la eternidad. Amén.

Padre Nuestro. *Ave María*. Señor, concédeles el descanso eterno.

2) Señor, Dios Todopoderoso, por la preciosísima sangre que tu Hijo muy amado derramó durante la despiadada flageclación, te suplico que liberes a todo las almas del Purgatorio, en especial a aquellan están más cerca de gozar de la eternidad. Déjalas que comiencen ahora a alabarte y glorificarte en la eternidad. Amén.

Padre Nuestro. *Ave María*. Señor, concédeles el descanso eterno.

3) ¡Señor, Dios Todopoderoso, por la preciosísima sangre que tu Hijo muy amado derramó durante la dolorosa coranación de espinas te suplico que liberes a las almas del Purgatorio, en especial a aquellas que más necesitan tu intercesión! No permitas que esperen más para que te puedan alabar y glorificar en la eternidad. Amén.

Padre Nuestro. *Ave María*. Señor, concédeles el descanso eterno.

4) Señor, Dios Todopoderoso, por la preciosísima sangre que tu Hijo muy amado derramó en las calles de Jerusalén cuando llevaba la cruz sobre su bendita espalda, te suplico que liberes a las almas del Purgatorio, en especial a aquella que ante tus ojos posee los mayores méritos para que, desde lo alto del trono glorioso que la espera, te pueda alabar y glorificar en la eternidad. Amén.

Padre Nuestro. *Ave María*. Señor, concédeles el descanso eterno.

5) Señor, Dios Todopoderoso, por el Cuerpo y la Sangre de tu Hijo muy amado, Jesucristo, que Él mismo en la noche anterior a s muerte ofreció a su amados apóstoles como alimento y bebida, dejando de este modo una ofrenda continua y alimento que da vida para los fieles de toda Iglesia, te suplico que liberes a las almas del Purgatorio, en especial a la que honró más este secreto de su infinito amor, para que pueda con tu Hijo muy amado y el Espíritu Santo, por medio de sus santos sacramentos, alabarte y glorificarte en la eternidad. Amén.

Padre Nuestro. Ave María. Señor, concédeles el descanso eterno.

6) Señor, Padre Totopoderoso, por la preciosìsima sangre que tu Hijo muy amado demaró de su manos y pies cuando estaba en la cruz, te suplico que liberas a las almas del Purgatorio, en especial a aquella por la que más debo rezar. No permitas que permanenzca allí más tiempo por mi culpa, para que tu pueda alabar y glorificar en la eternidad. Amén.

Padre Nuestro. Ave María. Señor, concédeles el descanso eterno.

7) Señor, Padre Totopoderoso, por la sangre y agua preciosísima que manaron del costado de tu Hijo muy amado frente a los ojos de su benaventurada Madre y por su gran angustia, te suplico que liberes a las almas del Purgatorio, en especial a la que más honró intimamente a la santa Madre del Cielo! Permitélo pronto entrar en tu gloria para que tue pueda glorificar alabar con María en la eternidad. Amén.

Una Oración Fructífera Por Las Almas Del Purgatorio Según Le Fue Dada A Santa Matilde (Mechtildis):

PADRE NUESTRO QUE ESTÁS EN LOS CIELOS: Te rogamos humildemente a ti, Padre bueno, misericordioso y esterno, que perdones a las almas del Purgatorio que Tèú mismo tomaste como a tus hijas, las que no te amaron, te rechazaron y se negaron a honrarte lo suficiente. Come reparación y penitencia yo te ofrezco todo el amor y las buenas ombras de tu Hijo muy amado, Jesucristo Nuestro Señor.

SANTIFICADO SEA TU NOMBRE: Te ruego humildemente a ti, Padre bueno, misericordioso y eterno, que perdones a las almas del Purgatorio que no glorifican tu nombre, que con frequencia hablaron indebida y desconsideradamente. Como reparación y penitencia yo te ofrezco todos los sermones en los que tu Hijo muy amado, Jesucristo Nuestro Señor, honró tu nombre cuando estaba aquí en la tierra.

VENGA A NOSOSTROS TU REINO: Te rogamos humildemente a ti Padre Buono, misericordioso y eterno, que personas a las almas del Purgatorio que no sirvieron a tu Reino con amor aridiente y con vehemente deseo, pero que con frecuencia se enriquecieron con bienes terrenos. Como reparación y penitencia, te ofrezco la gran ofrenda que tu Hijo muy amado, Jesucristo Nuestro Señor, realizó para que todos puderéramos.

HÁGASE TU VOLUNTAD, ASÍ EN LA TIERRA COMO EN EL CIELO: Te rogamos humildemente a ti, Padre bueno, misericordioso y eterno, que perdones a las almas del Purgatorio que no sirvieron tu voluntad sino que con frequencia siguieron la suy propia. Como reparación y penitencia te ofrezco el Sagrado Corazón de tu Hijo muy amado, Jesucristo Nuestro Señor, y todo su servicio por voluntad.

DANOS HOY NUESTRO PAN DE CADA DÍA Y PERDONA NUESTRAS OFENSAS ASÍ COMO TAMBIÉN NOSOTROS PERDONAMOS A LOS QUE NOS OFENDEN, Y NO NOS DEJES CAER EN LA TENTACIÓN: Te rogamos humildemente a ti, Padre bueno, misericordioso y eterno, que perdones a las almas del Purgatorio que no ofrecieron resistncia a las grandes tentaciones sino que cayeron en los deseos del mal y en la ruina. Como reparación y penitencia, te ofrezco la obediencia, el trabajo duro, todos los sufrimiento amargos y la muerte de tu Hijo muy amado, Jesucristo Nuestro Señor.

MÁS LÍBRANOS DEL MAL: Te rogamos himildemente a ti, Padre bueno, misericordioso y eterno, que perdones a las almas del Purgatorio y las lleves, al igual que a nuestras almas, por los méritos de tu Hijo muy amado Jesucristo Nuestro Señor, al reino de tu Santidad, que eres Tú mismo. Amén.

Rosario Por Las Almas Del Purgatorio:

Aquí rezamos los misterios dolorosos. Antes de cada decena, rezamos lo que corresponda a cada misterio en particular, y en vez de finalizar cada una de ellas con el *Gloria*, decimos:

1) Brille para ellos la luz que no tiene fin.
2) Brille para ellos la luz perpetua

¡Señor, concédeles el descanso eterno y que la Luz les ilumine siempre!

1) ¡Señor Jesucristo, por medio de tu sudor de sangre, producto del temor, que derramaste en el Huerto de los Olivos, te pedimos que tengas piedad de las almas del Purgatorio! ¡Líbralas de su temor, su dolor y consuélalas con el triunfo del consuelo celestial!

2) ¡Señor Jesucristo, por la dolorosa flagelación que padeciste con paciencia por nosotro pecadores, te pedimos que tenga piedad de almas del Purgatorio! Aleja de ellas el dolor de tu enojo y concédeles la tranquilidad eterna.

3) ¡Señor Jesucristo, por la dolorosa coronación que Tú sufriste con paciencia por nosotroso pecadores, te pedimos que tengan piedad de las almas del Purgatorio y concédeles la corona de la felicidad eterna!

4) ¡Señor Jesucristo, por la dolorosa carga de la cruz que Tú sufriste con tanta paciencia por nosotros pecadores, te pedimos que tengas piedad de las almas del Purgatorio! ¡Quítales la pesada carga del sufrimiento y llévalas a la paz eterna!

5) ¡Señor Jesucristo, por la dolorosa crucifixión que Tú sufriste con pacienzia por nosotros pecadores, te pedimos que tengas piedad de las almas del Purgatorio! ¡Muéstrales tu santo Rostro y llévalas hoy contigo al Paraíso!

Después de la quinta decena rezamos:

¡Señor Jesucristo, por las cinco benditas llagar y por toda la preciosísima sangre que Tú derramaste, te pedimos que tengas piedad de las almas del Purgatorio, y en especial de nuestros padres, parientes guías espirituales y benefactores! Cura sus dolorosas heridas y permíteles disfrutar y participar totalmente de tu salvación. Amén.

Oración Por Almas En Particulr En El Purgatorio:

Oh Jesús, Tú sufriste y moriste para que toda la humanidad fuere salvada y llevada a la felicidad eterna. Escucha nuestras súplicas para que tengas mayor piedad de las almas de:

Mis queridos padres y abuelos,

¡Jeús, ten piedad!

Mis hermanos y hermanas y demás pariente cercanos, **etc...**

Mis padrinos de Bautismo y padrinos de Confirmación,

Mis benefactores espirituales y temporales,

Mis amigos y vecinos,

Todos por los que el amor y el deber me llevan a rezar,

Aquellos que sufrieron perjuicios o daño por mí,

Aquellos que son amados especialmente por Tí,

Aquellos que estàn cerca de la liberación,

Aquellos que más desean estar junto a Tí,

Aquellos que soportan los mayores sufrimientos,

Aquellos que son menos recordados,

Aquellos que están lejos de la liberación,

Aquellos que más lo merecen por sus servicio a la Iglesia,

Los ricos, que ahora son lo más indigentes,

Los poderosos, que ahora no tienen poder,

Aquellos ciegos espiritualmente, que ahora ven su insensatez,

Los frívolos, que dedicaron su tiempo a frivolidades,

Los del Purgatorio, que no buscaron los tesoros del cielo,

Los tibios, que dedicaron poco tiempo a la oración,

Los idolentes, que se negaron a realizar buenas obras,

Aquellos de poca fe, que rechazaron recibir con frequencia los sacramentos,

Los habituales pecadores, que deben su salvación a un milagro de gracia,

Los padres que no cumplieron con el cuidado de sus hijos,

Los superiores que no se ocuparon de la salvación de los que tenían a su cargo,

Aquellos que lucharon por riquezas y placeres mundanos,

Los mundanos, que no utilizaron su riqueza y talentos al servicio de Dios,

Aquellos que fueron testigos de la murte de otroso, pero no pensaron en la propia,

Aquellos que no se aseguraron la vida eterna,

Aquellos que tienen una sentencia severa por las grandes responsabilidades encomendadas a ellos,

Los Papas, reyes y gobernantes,

Los obispos y sus consejeros,

Mis maestros y asesores espirituales,

Los sacerdotes y religiosos de la Iglesia Católica,

Los defensores de la santa fe,

Aquellos que murieron en el campo de batalla,

Aquellos que lucharon por su país,

Aquellos que fueron sepultados en el mar,

Aquellos que murieron de apoplejía,

Aquellos que muerieron de infarto cardíaco,

Aquellos que sufrieron y murieron de cáncer o SIDA,

Aquellos que murieron inesperadamente en accidentes,

Aquellos que murieron sin cumplir con los últimos ritos de la Iglesia,

Aquellos que morirán dentro de las próximas veinticuatro horas,

Mi propia pobre alma, cuando deba presentarme ante el trono de Tu Juicio,

Concédeles Señor el descanso eterno, y permite que la luz perpetua los ilumine por siempre junto a tus santos, porque Tú eres misericordioso.

P. El Señor esté con ustedes.

S. Y con tu espíritu.

Que la oración de tu pueblo suplicante, te rogamos, oh Señor, beneficie a las almas de tus siervos y siervas que partieron. Que Tú las liberes de todos sus pecados así como también las hagas participar de tu redención. Amén.

Rosario Por La Misericordia Divina:

Comience con:

Padre Nuestro. Ave María. Credo.

En las cuentas grandes:

Padre Eterno, te ofrezco el Cuerpo y la Sangre, el alma y divinidad de tu amadísimo Hijo, Jesucristo Nuestro Señor, en expiación de nuestros pecados y los de mundo entero.

En las cuentas pequeñas:

Por su dolorosa pasión, ten piedad de nosotros y del mundo entero.

Al final, oren tres voces lo siguiente:

Santo Dios, Santo Fuerte, Santo Inmortal, ten piedad de nosotros y del mundo entero.

Letanía Por Las Almas Del Purgatorio:

¡Señor, ten piedad de los difuntos!

¡Cristo, ten piedad de ellos!

¡Señor, ten piedad de ellos!

¡Cristo, por tu gracia escúchanos!

¡Cristo, piadosamente óyenos!

¡Dios Padre Celestial, ten piedad de ellos!

¡Dios Hijo Salvador del mundo, ten piedad de ellos!

¡Dios Espíritu Santo, ten piedad de ellos!

¡Trinidad Santa, que eres un solo Dios, ten piedad de ellos!

Santa María	*ruega por ellos*
Santa Madre de Dios,	**etc…**
Santa Virgin de las vírgenes,	
Madre de Misericordia,	
Puerta del Cielo,	
Consoladora de los afligidos,	
Todos los santos ángeles y arcángeles,	*rogad por ellos*
San Miguel,	*rogad por ellos*
Todos los santos patriarcas y profetas,	*rogad por ellos*
San Juan el Bautista,	*ruega por ellos*
San José, Todos los santos apóstoles y evangelistas	*rogad por ellos*
Todos los santos discípulos del Señor,	
Todos los santos niños inocentes,	

Todos los santos màrtires,

Todos los santos obispos y fieles,

Todos los santos maestros de la Iglesia,

Todos los santos sacerdote y diáconos,

Todos los santos monjes e ermitaños,

Todos las santas vírgenes y viudas,

Todos los santos de Dios

Ten piedad de ellos,   líbralos, ¡oh Señor¡

Ten piedad de ellos,   líbralos, ¡oh Señor¡

De todo dolor,   **etc...**

De toda tu ira,

Del rigor de tu Justicia,

Del peso persistente de su conciencia,

De su tristeza màs profunda,

Del duro cautiverio,

Del fuego desgarrador,

Del ansia dolorosa,

De todos los castigos,

Por Tu maravillosa encarnacíon,   líbralos, ¡oh Señor¡

Por Tu santo nacimiento   **etc...**

Por Tu santo Nombre,

Por tu Bautismo y Tu ayuno,

Por Tu humildad,

Por Tu total obediencia,

Por Tu pobreza,

Por Tu paciencia y ternura,

Por Tu amor infinito,

Por Tu amargo sufrimiento,

Por Tu sudor sangriento de temor,

Por Tu cautiverio,

Por Tu dolorosa flagelación,

Por Tu vergonzosa coranación,

Por las burlas que sufriste,

Por Tu juicio injusto,

Por Tu dura carga de la cruz,

Por Tu dolorosa crucifixión,

Por Tu agonizante abandono,

Por Tu santa muerte sacrificada,

Por Tus cinco santas lllagas,

Por Tu corazón traspasado,

Por Tu gloriosa resurreción,

Por Tu maravillosa ascensión

Por la venida del Espíritu Santo,

Por los méritos y la intercesión de Tu Santa Madre,

Por los méritos y la intercesión de todos Tus santos,

Nosotros, pecadores del Purgatorio,

Te imploramos,   *escúchanos, ¡oh Señor!*

Que Tú protejas las almas que sufren en el Purgatorio, etc.

Que Tú las salvas de sus dolores y agonía,

Que Tú compartas con ellas todas las buenas obras de la cristiandad,

Que Tú siempre escuches todas nuestras oraciones por ellas,

Que Tú, por medio del árcangel san Miguel y los santos ángeles las lleves a Luz Eterna,

Que Tú las deslumbres pronto al ver ellas Tu rostro,

Que Tú concedas a nuestros padres, hermanos, amigos y benefactores difuntos la Luz Eterna.

Que Tú liberas a aquellas almas con las cuales compartimos su castigo por otro lado,

Que Tú tengas piedad especial de todas las almas que ya no tienen en la tierra quienes piensen en ellas,

Que Tú concedas a todas las almas de los cristianos difuntos la Paz Eterna,

Que Tú derrames amor misericordioso, por medio de las almas del Purgatorio, a las almas de todos los cristianos vivientes. Escúchanos, ¡oh Señor!

Hijo de Dios, Rey de la felicidad eterna.

Cordero de Dios, que quitas el pecado del mundo,

protégenos, ¡oh Señor!

Cordero de Dios, que quitas el pecado del mundo,

escúchanos, ¡oh Señor!

Cordero de Dios, que quitas el pecado del mundo,

ten piedad de nosotros, ¡oh Señor!

¡Oremos!

Oh Dios, Señor de la vida y de la muerte, muéstrales Tu infinita misericordia a aquellos servidores que creyeron y pusieron sus esperanzas en Tí.

Concédeles todo indulto de sus culpas y castigos y por otro lado libra sus almas de los sufrimientos.

Por esto rezamos, por medio de la intercesión de la Santísima Virgen María y por medio de Cristo Nuestro Señor. Amén.

Novena De Gracias Por Las Almas Del Purgatorio:

Primer día:

La razón por la cual tantas almas sufren en el Purgatorio son los pecados cometidos en su vida. Este es el origen de su sufrimiento.

¡Oh Jesús, mi Señor y Salvador, yo también merecí el Infierno muchas veces! ¡Qué tortura el pensar que uno puede estar perdido para siempre! Oh mi Dios, ten paciencia conmigo, yo te amo porque eres infinita bondad. Me arrepiento de todo corazón por haberte herido e insultado y prometo mejorar. Concédeme, oh Dios, tus gracias; ten piedad de mí y también de las almas que sufren en el Purgatorio.

¡Oh María, Madre de Dios, mediadora de todas las gracias, Madre de la Paz Eterna, ayuda a las almas del Purgatorio con tu poderosa intercesión! Por medio de ella, que Cristo, tu Hijo tan amado, nuestro Dios y Señor, les permita participar de su felicidad y gloria. Amén.

Padre Nuestro. Aver María

Dales, Señor, el descanso eterno,

brille para ellos la Luz Perpetua,

descansen en paz.

Seguendo día:

Las almas del Purgatorio sufren al pensar en su pérdida de tiempo en la tierra durante el cual pudieron haber logrado méritos para alcanzar el reino de los Cielos. Ya no pueden recuperar esta pérdida, porque con el fin de esta vida también finaliza el tiempo para lograr méritos para el Cielo.

Dios Todopoderoso y Eterno, ¿qué he logrado durante mi vida terrena para merecer la vida eterna? Mis sentidos y pensamientos fueron dedicados en gran parte a asuntos temporales. Te agradezco que Tú aún me das más tiempo para reparar el mal y lograr méritos para la eternidad. Me arrepiento de todo corazón por haberme apartado de Ti, oh Dios de Bondad. Permanece junto a mí para que de aquí en adelante nada ses más importante que amarte y servirte sólo a Ti. Tien piedad de mí y también ten piedad de las almas que sufren en el Purgatorio.

¡Oh María, Madre de Dios, llena de gracia, ven y ayuda a las almas del Purgatorio con tu poderosa intercesión! Por medio de ella que Cristo, tu Hijo tan amado, nuestro Dios y Señor, les permita paticipar de su felicidad y gloria. Amén.

Padre Nuestro. Ave María

Dales, Señor, el descanso eterno,

brille para ellos la Luz Perpetua,

descansen en paz.

Tercer día:

La gran agonía de las almas del Purgatorio es el aspecto doloroso de sus pecados, por los cuales ahora deben sufrir en el lugar de expiación. ¡En este mundo uno no es muy consciente de la fealdad de los pecados, pero lo será con mucha claridad en el otro!

Padre Eterno, Santo Dios, Santo Dios Todopoderoso, Santo Dios Inmortal, te amo más que nada, porque Tú eres infinita bondad me arrepiento de todo corazón por haberte ofendido. Intentaré con toda seriedad no apartarme nunca más de Ti. ¡Concédeme nuevamente, oh Dios, Tu gracia! ¡Ten piedad de mí y ten piedad de las almas que sufren en el lugar de piedad!

¡Oh María, Madre de Dios, llena de gracia, ven y ayuda a las almas del Purgatorio con tu poderosa intercesión! Por medio de ella, que Cristo, tu Hijo tan amado, nuestro Dios y Señor, les permita participar de su felicidad y gloria. Amén.

Padre Nuestro. Ave María

290

Dales, Señor, el descanso eterno,

brille para ellos la Luz Perpetua,

descansen en paz.

Cuarto día:

A esta altura, ya deberíamos estar dolidos por haber insultado a Dios, Amor Eterno, con tanta frecuencia. Las almas del Purgatorio sin embargo, reconocen con mayor claridad qué tan infinitamente bueno es Dios, y por lo tanto, lo aman con todo su ser. Por eso sufren un dolor indescriptible al haber lastimado al gran Dios, un dolor mucho más grande que cualquier otro.

Dios Todopoderoso y Eterno, te amo sobre todas las cosas porque Tú eres bondad infinita y me arrepiento de todo corazón por haberte ofendido. Intentaré con toda seriedad no pecar nunca más. Déjame ser constante de aquí en adelante. ¡Ten piedad de mí y ten piedad delas almas que sufren en el Purgatorio!

¡Oh María, Madre de Dios, llena de gracia, ven y ayuda a las almas del Purgatorio con tu poderosa intercesión! Por medio de ella, que Cristo, tu Hijo tan amado, nuestro Dios y Señor, les permita participar de su felicidad y gloria. Amén.

Padre Nuestro. Ave María

Dales, Señor, el descanso eterno,

brille para ellos la Luz Perpetua,

descansen en paz.

Quinto día:

Las almas del Purgatorio sufren sin caber cúando terminará su agonía. Sin embargo, ellas están seguras de que algún día serán liberadas. Aun sólo la incertidumbre de la duración de su penitencia es un gran doloro para ellas.

Te amo por sobre todo, oh Dios infinitamente bueno, y me arrepiento de todo corazón por haberte ofendido. Intentaré con toda seriedad, oh Dios, brindarte alegrías. ¡Permíteme descansar, oh Dios, en tu paz! Padre Eterno, Dios Santo, Dios Santo Todopoderoso, Dios Santo Inmortal, ten piedad de mí y ten piedad de las almas que sufren en el Purgatorio.

¡Oh María, sin pecado concebida, reza por nosotros que recurrimos a Ti par que nos protejas! ¡Santa María, Virgen inmaculada y Madre de Dios, ven, ayúdanos y ayuda a las almas del Purgatorio con tu poderosa intercesíon! Amén.

Padre Nuestro. Ave María

Dales, Señor, el descanso eterno,

brille para ellos la Luz Perpetua,

descansen en paz.

Sexto día:

Un gran consuelo para las almas del Purgatorio son los pensamientos sobre la dolorosa pasión de Jesucristo y el santo sacrificio del altar, porque entonces ellas mismas se sienten salvadas por medio de la dolorosa pasión de Cristo y porque recibieron, y aún continúan recibiendo, tantas gracias por medio de la Comunión. Igualmente grande es el dolor que experimentan al saber lo desconsideradas que fueron durante sus vidas respecto a estas dos grandes pruebas de amor de Jesucristo por nosotros.

Mi Señor y mi Dios, Tú moriste en la cruz por mí. Tú te entregaste a mí tantas veces durante la santa Comunión y yo frecuentemente te recibí con ingratitud. Procuraré con toda seriedad, Dios Omnipotente y Santo, no herirte más. ¡Concédeme, oh Salvador, tu piedad y amor! ¡Oh Dios, mi mayor regalo, ten piedad de mí y ten piedad de las almas que sufren en el lugar de la expiación.

¡Oh María, Madre de Dios, Madre de todos los hombres, ven y ayuda a las almas del Purgatorio con tu poderosa Intercesíon!

Padre Nuestro. Ave María

Dales, Señor, el descanso eterno,

brille para ellos la Luz Perpetua,

descansen en paz.

Séptimo día:

El increíble dolor que sufren las almas del Purgatorio, que dependen totalmente de nuestra ayuda, aumenta cuando ellas tienen en cuenta las obras amorosas de Dios. Se les dieron padres cristianos, crecieron en la fe, nunca les faltó nada en cuanto a las gracias de Dios. Todo esta destaca aún más su ingratitud durante la vida.

Dios Todopoderoso, Dios Eterno, yo también fui una criatura desagradecida. Tú me esperaste con gran paciencia, perdonaste mis pecados con frecuencia; y yo, luego de tantas promesas, te herí una y otra vez. ¡Oh mi Dios, Padre de los Cielos, ten piedad de mí! Me arrepiento de haberto ofendido y prometo ofrecerte reparación. Ten piedad de mí ten piedad también de las almas del Purgatorio. Quítales toda culpa y todo castigo. ¡Libéralas pronto y permíteles ser incercesoras por mí y todas mis intenciones!

¡Oh María, nuestra protectora y ayuda, ven y auxilia a las almas del Purgatorio con tu poderosa intercesión!

Padre Nuestro. Ave María

Dales, Señor, el descanso eterno,

brille para ellos la Luz Perpetua,

descansen en paz.

Octavo día:

Las almas del Purgatorio, que no pueden ayudarse a sí mismas, sufren por el hecho de que tanta gente en la tierra no sabe lo que hace. Las personas viven sin siquiera pensar en Dios, en la eternidad y tampoco en el sentido de sus vidas, sin prepararse desde ahora para el encuentro con Dios a la hora de su muerte.

Dios Todopoderoso y Eterno, protégeme de un corazón perezoso e indiferente. Permíteme reconocer ahora los verdaderos valores de la vida, llevar cuenta de mis días y que siempre me acerque a Ti hasta que tu pueda ver, adorar y alabar en tu reino Eterno.

Oh María, sin pecado concebida, ruega por nosotros que buscamos tu protección. ¡Santa María, Madre de Dios, mediadora de todas las gracias, ven a nosotros y a todas las almas del Purgatorio con tu poderosa intercesión!

Padre Nuestro. Ave María

Dales, Señor, el descanso eterno,

brille para ellos la Luz Perpetua,

descansen en paz.

Noveno día:

Los sufrimiento de las almas del Purgatorio son enormes; sus propias faltas, la larga expiación. Pero aún así, el mayor sufrimiento es estar separadas de Dios y no poder verlo.

Dios Topoderoso y Eterno, ¿cómo pude pasar tantos años lejos de tus gracias? ¡Perdóname, mi Señor y mi Dios! ¡No permitas que yo vuelva alguna otra vez a perder tus gracias! ¡También te suplico que les gracias y les tengas piedad a las almas del Purgatorio! ¡Aliviana sus sufrimientos, acorta su tiempo de destierro y permíteles ver pronto tu felicidad!

Santa María, Madre de Dios, reza por nosotros, pobres pecadores, especialmente en la hora de nuestra muerte. Amén.

Oh María, Virgen concebida sin pecado y Madre de Dios, mediadora de todas las gracias, Reina de todos los santos, victoriosa en todas las batallas de Dios, ven, ayúdanos y ayuda a las almas del Purgatorio con tu poderosa intercesión.

Padre Nuestro. Ave María

Dales, Señor, el descanso eterno,

brille para ellos la Luz Perpetua,

descansen en paz.

Una Antigua Oración Rusa Muy Hermosa:

Como el árbor pierde sus hojas, así nuestra vida se dirige a su fin cado año.

La fiesta de la juventud se vuelve vacía.

La luz de las alegrías se apaga.

La edad solitaria se acerca. Los amigos mueren.

Los parientes parten.

¿Dondé están los afortunados y felices?

En silencio están las tumbas, pero las almas están en Tus manos.

Uno siente las miradas amorosas que provienen del otro mundo.

Señor, sol brillante, reconforta e ilumina los hogares de los difuntos.

Señor, que los tiempos amargos de separación desaparezcan.

Concédenos un reencuentro feliz en el Cielo.

¡Señor, ayúdanos a todos a ser un contigo!

¡Señor, concédeles a aquellos que se han ido a dormir la limieza del niño y el gozo de la juventud,

¡Y que su vida eterna sea una fiesta pascual! Amén.

Una Extensa E Importante Oración Por Las Almas Del Purgatorio, De Arnold Guillet:

Alabadísima Trinidad Santa, Dios Todopoderoso y Eterno, una vez Tú permitiste que el santo Cura de Ars viera la belleza de un alma humana. Fue una explosión de belleza y luz que excedió toda capacidad humana de comprensión, y Juan Maria Vianney hubiera muerto en el lugar si Tú no lo hubieras mantenido vivo.

¿Cómo es posibile que el alma humana sea tan hermosa? Simplemente porque cada alma es un pensamiento tuyo, un reflejo de tu belleza: y porque Tú la creaste a tu imagen y semejanza, ninguna es igual a la otra, cada una posee caraterísticas y méritos inconfundibles.

¡Que rápido pierde su inocencia una persona debilitada por el pecado original, cómo se deja arrastrar entre lo bueno y lo malo, entre Dios y el demonio, y con cuánta frecuencia termina en contradicción y enredos y gran culpa! Pero a pesar de ello, Tú, una y otra vez nos estrechas tu mano de perdón luego de la caída, para que podamos levantarnos nuevamente y experimentar tu perdón. Y por otro lado, aún así, luego de que nos perdonas, no estamos libres del óxido del pecado y del pago por toda nuestra culpa. De acuerdo a las palabras de Pablo, somos purificados "como si fuera mediante fuego", y de acuerdo a las palabras de Tu Hijo no hay retorno desde el lugar de expiación hasta que "sea pagado el último centavo". Las almas del Purgatorio conocen tu perfección eterna, saben que Tú aborreces el pecado, saben que Tú vives en una luz inaccesible y ningún alma se atrevería, aunque pudiera, a pararse frente a Ti cuando aún tuviera la más pequeña mancha de pecado. El ansia por Ti las quema come el fuego y ellas mismas se queman para purificarse en el fuego de Tu amor, de la misma forma que el hierro se purifica en el fuego.

Padre de los Cielos, Tu Hijo Jesús, nos permitió que te llamáramos *Abba*, querido Padre. Tú amas a Tus hijos y enviaste a Tu Hijo aquí para que Él nos salvara. Padre, ten piedad de las almas del Purgatorio. Por ellas te ofrecemos la preciosísima sangre de Tu Hijo, Jesús, por medio del Corazón doloroso e inmaculado de María. Te rogamos, por medio de los méritos de tu Hijo, que acortes el tiempo de la expiación de las almas del Purgatorio; que seques sus lágrimas, como está escrito en las Sagradas Escrituras, que las aprietes contra tu corazón y las tengas para siempre en tu regazo.

Jesús, Hijo del Padre, Tú he hiciste hombre por medio de la Santísima Virgen María, Tú te convertiste en nuestro hermano y fuiste allí para prepararnos un lugar en el Cielo. Ten piedad de las almas del Purgatorio, lávalas con tu sangre, borra sus faltas por medio de tus méritos y reconoce sus nombre ante tu Padre, en la presencia de todos los ángeles y santos del Cielo.

Espíritu Santo, Tú que procedes del Padre y del Hijo, Tú eres la tercera persona de la Divinidad. El Padre nos creó, el Hijo nos liberó y Tú, Espíritu Santo, nos hiciste santos. Por esta razón el Purgatorio fue más que nada tu obra, tu Espíritu ardiente de amor divino. Tú los liberas porque los amas. Tú los liberas porque Tú deseas hacerlos hermosos, de la misma forma que Dios los concibió. Espíritu Santo, por el honor de la voluntad de Dios, haz de ellos "una nueva creación" (Gál 6, 15), acelera la obra de tu santificación y terminación. Por cada alma que pueda ingresar en la dicha del Cielo en el brillo de la inocencia encontrada, se regocijan los ángeles y los santos.

Santísima Trinidad, Dios Padre, Hijo y Espíritu Santo, nosotros luchamos por la Iglesia en la Tierra. Te rogamos por el sufrimiento de la Iglesia en el Purgatorio, por nuestros hermanos y hermanas que se encuentran en el lugar de la expiación. Escucha nuestras oraciones y deja que pueden intervenir por nosotros contigo. Amén.

ORACIONES A LOS ÁNGELES

Oraciones Al Arcángel San Miguel:

San Miguel arcángel, defiéndenos en la batalla; sé nuestro amparo contra la perversidad y las acechanzas del demonio. Reprímale Dios, pedimos suplicantes, y tú, Príncipe de la Milicia Celestial, arroja al Infierno con el Divino poder a Satanás y a los otros espíritus malignos que andan dispersos por el mundo para la perdición de las almas. Amén.

Príncipe de la Milicia Celestial, conquistador del dragón de los infiernos, has recibido de Dios la fortaleza y el poder para destruir mediante la humildad el orgullo de los poderes de las tinieblas. Te pemidos que nos ayudes a tener verdadera humildad de corazón, una fidelidad inquebrantable, a cumplir con la voluntad de Dios y ser fuertes en el dolor y en el sufrimiento. Ayúdanos a afrontar el juicio de Dios. Amén.

Al Arcángel San Gabriel:

¡Tú, ángel de la humanidad, tú, confiado mensajero de Dios, abre también tus oídos a las silenciosas advertencias y llamados del Corazón amoroso de Jesús! ¡Te rogamos que permanezcas siempre delante de nuestros ojos, te rogamos, para que comprendamos correctamente la Palabra de Dios, para que sigamos, obedezcamos y cumplamos con aquello que Dios quiere de nosotros! ¡Y ayúdanos a estar despiertos para que cuando el Señor nos venga a buscar no nos encuentre dormidos!

Al Árcangel San Rafael:

¡Tú, flecha del amor y doctor del amor de Dios, envuelve nuestros corazones con amor ardiente, te suplicamos, y no permitas que sane la herida para que nos mantengamos en el camino del amor cada día y para que podamos soportar todo con ella!

A Nuestro Ángel Custodio:

Tú, protector amoroso, regalo de Dios para mis debilidades. Santo ángel custodio, mi guía y consolador, mi maestro y mi consejero, te agradezco por tu fidelidad y amor y te ruego que siempre te quedes a mi lado y seas siempre mi amigo y ami ayudante. Cuando duerma, quédate conmigo; cuando esté despierto, guía mis pisadas; cuando esté triste, consuélame; cuando esté débil, cuídame de los peligros; cuando dude, aconséjame; del pecado, protégeme. Querido ángel, empújame a hacer el bien: mantenme en estado de gracia; aléjame de una muerte terrible; en la oscuridad de este mundo, ilumina mi camino; en mi ignorancia, enséñame; de todos los ataques, adviérteme; del maligno, protégeme; reza por mis intenciones; en el momento de la muerte, acompaña a mi alma delante de mí para conducirme a Dios, y así estar contigo en gozosa adoración del Todopoderoso y Todo Buen Padre en el Cielo. Amén.

Un Llamado A Los Ángeles Para Que Ayuden A Las Almas Del Purgatorio:

Jesús, Señor Nuestro, Tú pasaste la noche anterior a tu pasión en el Huerto de los Olivos, en Getsemaní. Haz conocido todos los pecados del mundo, una carga que te aplastó e hizo sudar sangre. Los apóstoles se quedaron dormidos y no tuvieron fuerza para velar castigo durante las horas más duras. Solamente tu Padre Celestial se conmovió y te envió un ángel para consolarte y darte fuerzas durante tu angusta de muerte.

Señor, mira a nuestros hermanos y hermanas en el Purgatorio. Ellos sufren más de lo que puede sufrir un humano en la tierra y Tú deseas que seamos compasivos con su angustia y sufrimiento. Tú nos das la oportunidad de hacer algo por ellos, de vigilar con ellos, de rezar por ellos, de ofrecer algo en su nombre: pero principalmente, les podemos ofrecer la santa misa. Sí, también podemos enviar a nuestro ángel custodio para que este, con el Poder de tu Sangre, los consuele y fortalezca. ¡Cuán misericordioso fue Dios con su Hijo en el Huerto de los Olivos! De la misma manera Él desea que nosotros también seamos misericordiosos con la Iglesia que sufre en el Purgatorio.

Jesús, recuerda tu soledad en el Huerto de los Olivos. Recuerda cuánto bien te hizo cuando el ángel de tu Padre Celestial te fortaleció y te contuvo. Enséñanos a ser tan misericordiosos y amorosos como tu Padre, y llena a las almas del Purgatorio del mismo consuelo que Tú recibiste en el Huerto de los Olivos.

María, Reina de los ángeles, ten piedad de tus hijos que sufren en el Purgatorio. Envía a tus ángeles para que los ayuden.

Arcángel san Miguel, arcángel san Gabriel, arcángel san Rafael, ustedes, los Nueve Coros de los santos ángeles, los Serafines y Querubines, los Tronos y las Dominaciones, los Príncipes y los Poderes, los arcángeles y los ángeles, les pedimos, en el nombre de Dios y en el nombre de su Reina, nuestra preciosísima Virgen María, que vayan rápido y ayuden a nuestros hermanos y hermanas en el Purgatorio. Ellos sufren mucha angustia, ellos tienen sed del Dios Eterno más que un siervo tiene sed del agua de una vertiente. Denles fuerza y guíenlos hacia el camino del reino del Padre Celestial. Amén.

Petición A Los Santos Ángeles:

Dios Todopoderoso, Eterno y Trino, antes de que nosotros les supliquemos a tus servidores, los santos ángeles, y les pidamos su ayuda, nos arrodillamos y te adoramos, Padre, Hijo, y Espíritu Santo. Tehonramos y alabamos por toda la eternidad, y que todos los ángeles y hombres, a quienes Tú creaste, te adoren, amen y sirvan. ¡Oh Santo Dios Todopoderoso e Inmortal! María, Reina de la Paz y Reina de los ángeles, tú también acepta con alegría las súplicas que hacemos a tus servidores. Te rogamos, Madre Nuestra, nuestra Mediadora de todas la gracias e Intercesora, que lleven nuestra peticiones al trono del Altísimo para que podamos encontrar gracia, salvación y ayuda. Amén.

Ustedes, santos ángeles poderosos y de bondad, nos han sido dados por Dios para nuestra protección y ayuda.

Les rogamos en el nombre de Dios Trino,   *¡vengan, ayúdennos¡*

Les rogamos en el nombre de la Sangre Preciosa de Nuestro Señor Jesús Cristo, **etc...**

Les rogamos en el nombre todopoderoso de Jesús,

Les rogamos por la heridas de Nuestro Señor Jesucristo,

Les rogamos por todos los sufrimientos de Nuestro Señor Jesucristo,

Les rogamos por el corazón de Nuestro Señor Jesúcristo,

Les rogamos por la Sagrada Palabra de Dios,

Les rogamos en el nombre del amor de Dios para con nosotros los desdichados,

Les rogamos en el nombre de la fidelidad de Dios para con nosotros, los desdichados,

Les rogamos en nombre de la misericordia de Dios hacia nosotros, los desdichados,

Les rogamos en el nombre de María, la Madre de Dios y Madre nuestra,

Les rogamos en el nombre de María, Reina del Cielo y de la Tierra,

Les rogamos en el nombre de María, Nuestra Reina de la Paz,

Les rogamos por nuestra propia beatitud,

Les rogamos por nuestra propia fidelidad,

Les rogamos por su lucha por el reino de Dios,

Les rogamos que nos cubran con su escudo,

Les rogamos que nos protejan con su espada,

Les rogamos que nos guíen con su luz,

Les rogamos que nos salven bajo el manto protector de María,

Les rogamos que nos escondan dentro del corazón de María,

Les rogamos que nos mantengan en las manos de María,

Les rogamos que guíen nuestro camino a la puerta de la vida, el corazón abierto de Nuestro Señor,

Les rogamos que nos guíen a salvo a la casa celestial de Nuestro Padre,

Todos los Nueve Coros de los santos ángeles,

Ustedes, nuestros compañeros especiales que nos han sido dados por Dios,

¡Vengan, ayúdennos, les rogamos¡

La preciosísima sangre de Nuestro Señor y Rey los llama para que nos ayuden a nosotros, desdichados. *¡Vengan, ayúdennos, les rogamos¡*

El corazón de Nuestro Señor y Rey los llama para que nos ayuden a nosotros, desdichados. *¡Vengan, ayúdennos, les rogamos¡*

En Inmaculado Corazón de María. El más puro, su Reina, los llama para que nos ayuden a nosotros, desdichados. *¡Vengan, ayúdennos, les rogamos¡*

Amén.

Ayúdennos, Buenos Y Santos Hermanos, Servidores Compañeros Ante Dios.

Protéjannos de nosotros mismos, de nuetra propia cobardía y tibieza, de nuestro proprio egoísmo y avaricia, de nuestra propia envidia y desconfianza, de nuestras ansias de saciedad, confort y reconocimiento, libérennos de los vínculos del pecado y del apego a las cosas terrenales, quiten de nuestro ojos la venda que nosotros mismos nos hemos puesto para no tener que ver la miseria que nos rodea, y así poder pensar con satisfacción sobre nosotros mismos y tenrnos lástima. ¡Marquen el camino de la santa ansiedad por Dios en nuestros corazones para que no cesemos de buscar a Dios con nostalgia, constrición, y amor!

Busquen en nosotros la preciosísima sangre de Nuestro Señor que fue derramada por nosotros. ¡Busquen en nosotros la imagen pobre, desvanecida, arruinada de Dios, semejante a la cual Dios nos creó en el amor! ¡Ayúdennos a conocer y adorar a Dios, a amarlo y servirlo! ¡Ayúdennos en la lucha contra los poderes de la oscuridad que insidiosamente nos acechan y nos agobian! Ayúdennos para que ninguno de nosotros se pierda, sino que con júbilo, algún día nos unamos a la felicidad eterna. Amén.

Oración Diaria A Los Ángeles:

(Sería bueno recitar esto en la mañana y luego invocar a los ángeles con frequencia durante el día. Puede rezarse como una novena.)

¡San Miguel, asístenos junto con nuestros ángeles, *ayúdanos y ruega por nosotros!*

¡San Rafael, asístenos junto con nuestros ángeles, *ayúdanos y ruega por nosotros¡*

¡San Gabriel, asístenos junto con nuestros ángeles, *ayúdanos y ruega por nosotros¡*

ORACIONES DE SANTA BRÍGIDA DURANTE 12 AÑOS

Estas oraciones, como le fueron dadas por el Señor a santa Brígida de Suecia, deben rezarse durante 12 años. Prometió a todo el que las rezara las cinco gracias que ya han sido mencionadas por María Simma. En caso de morir antes de que pasen los doce años, el Señor aceptará estas oraciones como si se hubieran rezado en su totalidad. Si se saltara un día o un par de días, existiendo una causa justificada, se podrán recuperar más tarde.

Esta devoción ha sido declarada buena y recomendada tanto por el "Sacro Collegio de Propaganda Fidei", como por el papa Clemente XII. Y el papa Inocencio X confirmó esta revelación como venida del Señor.

Aquel que las rece no sufrirá en el purgatorio.

Aquel que las rece será aceptado entre los mártires como si hubiera derramado su sangre por la fe.

Aquel que las rece puede elegir a otras tres personas a quienes Jesús mantendrá en un estado de gracia suficiente para que se santifiquen.

Nadie, de las cuatro generaciones siguientes de quien rece estas oraciones, se perderá.

Aquel que las rece será advertido de su muerte un mes antes de que ocurra.

* * *

Oh, Jesús, ahora deseo rezar la oración del Señor siete veces junto con el amor con que tú santificaste esta oración en tu corazón. Tómala de mis labios hasta tu Sagrado Corazón. Mejórala y complétala para que le brinde tanto honor y felicidad a la Trinidad en la tierra como tú lo garantizaste con esta oración. Que esta se derrame sobre tu santa humanidad para la glorificación de tus dolorosas heridas y la preciosísima Sangre que tú derramaste de ellas.

1) LA CIRCUNCISIÓN

Padre Nuestro. Ave María.

Padre Eterno, por medio de las manos inmaculadas de María y el Sagrado Corazón de Jesús, te ofrezco las primeras heridas, los primeros dolores y el primer derramamiento de sangre como expiación de los pecados de mi infancia y de toda la humanidad, como protección contra el primer pecado mortal, especialmente entre mis parientes.

2) LA AGONÍA DE JESÚS EN EL HUERTO DE LOS OLIVOS

Padre Nuestro. Ave María.

Padre Eterno, por medio de las manos inmaculadas de María y el Sagrado Corazón de Jesús, te ofrezco el intenso sufrimiento del Corazón de Jesús en el Huerto de los Olivos y cada gota de su sudor de sangre como expiación de mis pecados del corazón y los de toda la humanidad, como protección contra tales pecados y para que se extienda el amor divino y fraterno.

3) LA FLAGELACIÓN

Padre Nuestro. Ave María.

Padre Eterno, por medio de las manos inmaculadas de María y el Sagrado Corazón de Jesús, te ofrezco las muchas miles de heridas, los terribles dolores y la preciosísima sangre de la flagelación como expiación de mis pecados de la carne y los de toda la humanidad, como protección contra tales pecados y la preservación de la inocencia, especialmente entre mis parientes.

4) LA CORONACIÓN DE ESPINAS

Padre Nuestro. Ave María.

Padre Eterno, por medio de las manos inmaculadas de María y el Sagrado Corazón de Jesús, te ofrezco las heridas, los dolores y la preciosísima sangre de la sagrada cabeza de Jesús tras la coronación de espinas, como expiación de mis pecados del espíritu y los de toda la humanidad, como protección contra tales pecados y para que se extienda el reino de Cristo aquí en la tierra.

5) CARGANDO LA CRUZ

Padre Nuestro. Ave María.

Padre Eterno, por medio de las manos inmaculadas de María y el Sagrado Corazón de Jesús, te ofrezco los sufrimientos en el camino a la cruz, especialmente la santa herida en su hombro y su preciosísima sangre como expiación de mi negación de la cruz y la de toda la humanidad, todas mis protestas contra tus planes divinos y todos los demás pecados de palabra, como protección contra tales pecados y para un verdadero amor a la cruz.

6) LA CRUCIFIXIÓN DE JESÚS

Padre Nuestro. Ave María.

Padre Eterno, por medio de las manos inmaculadas de María y el Sagrado Corazón de Jesús, te ofrezco a tu Hijo en la cruz, cuando lo clavaron y lo levantaron, las heridas en sus manos y pies y los tres hilos de la preciosísima sangre que derramó allí por nosotros, las extremas torturas del cuerpo y del alma, su muerte preciosa y su renovación incruenta en todas las santas misas de la tierra, como expiación de todas las heridas contra los votos y normas dentro de las órdenes religiosas, como reparación de mis pecados y los de todo el mundo, por los enfermos y moribundos, por todos los santos sacerdotes y laicos, por las intenciones del Santo Padre, por la restauración de las familias cristianas, para el fortalecimiento de la fe, por nuestro país y por la unión de todas las naciones en Cristo y su Iglesia, así como también por la diáspora.

7) LA LLAGA DEL COSTADO DE JESÚS

Padre Nuestro. Ave María.

Padre Eterno, acepta como dignas, por las necesidades de la santa Iglesia y como expiación de los pecados de toda la humanidad, la preciosísima sangre y el agua que manó de la herida del Sagrado Corazón de Jesús. Sé misericordioso para con nosotros. ¡Sangre de Cristo, el último contenido precioso de su Sagrado Corazón, lávame de todas mis culpas de pecado y las de los demás! ¡Agua del costado de Cristo, lávame totalmente de las penitencias del pecado y extingue las llamas del purgatorio para mí y para todas las almas del purgatorio! Amén.

LOS SIETE DOLORES DE MARÍA SEGÚN FUERON REVELADOS A SANTA BRÍGIDA

Todo el que medita la pasión de Cristo también debe tener en cuenta a su Madre. La Madre de Dios reveló a santa Brígida que todo el que reza siete Ave Marías diariamente mientras medita sus lágrimas y dolores y luego extiende a los demás esta devoción recibirá las siguientes gracias:

1) Paz en su familia.

2) Esclarecimiento de los misterios de Dios.

3) Cumplimiento de todos sus deseos, siempre y cuando estos estén dentro de la voluntad de Dios y sean buenos para la salud de esa alma.

4) La felicidad eterna con Jesús y María.

Primer dolor: La profecía de Simeón. Ave María...

Segundo dolor: Huida a Egipto, Ave María...

Tercer dolor: La pérdida de Jesús a los 12 años en el Templo de Jerusalén. Ave María...

Cuarto dolor: Encuentro en el camino del Calvario. Ave María...

Quinto dolor: La crucifixión, muerte, la herida de lanza y el descendimiento de Jesús de la cruz en el Calvario. Ave María...

Sexto dolor: El cuerpo inerte de Cristo en los brazos de su Madre. Ave María...

Séptimo dolor: La sepultura de Jesús, las lágrimas y la soledad de María. Ave María...

AGRADECIMIENTOS

El autor extiende su gratitud sincera y eterna a las siguientes personas, que participaron en la creación de este libro de maneras conocidas o desconocidas.

A María Simma, que tan heroicamente ha dado toda su vida a Dios.

A KarI H., que estuvo presente desde el primer día en que el autor conoció a María, y que desde entonces le ha brindado su apoyo de manera activa y mediante oraciones a él y a este libro.

Al padre Walther Bertel, por ser un amigo muy especial de María.

A todos los sacerdotes y religiosas franciscanos pasados y presentes de Medjugorje y, especialmente, a Fr. Slavko, hermana María, Fr. Ivan y hermana Milena.

A todos los videntes, los que tiene locuciones internas y demás laicos que son personas de oración que residen en o cerca de Medjugorje, ya sean croatas o de otra nacionalidad, que ayudaron al autor en su camino de fe y también, de manera indirecta, en la escritura de este libro.

A los Dres. Kenneth y Francés McAll por su profundo apoyo a este libro y a su autor por medio de la oración y por su firme deseo para ayudar a todos los que están a su alrededor.

A la hermana Emmanuel de la Comunidad de las Bienaventuranzas, por su ayuda en la formulación de preguntas para realizar a Maria; a ella y a sus entonces corderos: Bernard, Cécile y Maurice, por brindar al autor tierno cuidado y apoyo espiritual, mental, físico y, a veces, humorístico durante meses de guerra, tanto espiritual como militar. También a aquellos que de alguna forma ayudaron durante estos años suministrando preguntas que yo hice a María y resultaron ser muy útiles para este libro.

Al Dr. J. Paul Pandarakalain, por ser un embajador plenipotenciario entre los soldados de la mística mariana, y a aquellos de la comunidad médica científica que, debido a sus esfuerzos, deberán desde ahora en adelante, con la gracia de Dios, acercarse los unos a los otros en su búsqueda por la verdad y la salud.

A muchos peregrinos de Medjugorje que, debido a su respuesta a la llamada de Nuestra Señora de formas muy especiales, se han hecho amigos de por vida del autor; que puedan descansar en la paz, luz y felicidad de Dios: Cuni Soldó y Thomas Tempel.

A amigos y parientes, demasiados para ser enumerados aquí, quienes con tanta lealtad permanecieron junto al autor día y noche, en buenos y malos momentos; y a Fr. Slavko, que de manera excepcional y verdaderamente extraordinaria, es la definición por excelencia de un guía, padre, hermano, verdadero amigo y en quien más se puede confiar..

Finalmente a J.& S,B,, I & M.B., R& D.G., Z.& L.J. y D.& C.N, quienes albergaron al autor durante sus años nómadas y al hacerlo le brindaron las necesidades básicas para que este libro se hiciera realidad.

Y por último, completa y eternamente a:
Dios Padre,
Dios Hijo,
Jesucristo,
Dios Espíritu Santo
Y
a su Servidora Elegida con total humildad y obediencia,
Nuestra Madre más amada,
MARÍA

EN HONOR DE FRAY SLAVKO BARBARIC', OFM
(1946-2000)

"Pregare, pregare, non fotographare!"

El orden pacífico y verdadero

¿Qué podría ser tan destacable, después de todo, acerca de un desordenado montón de 1000 casas de estuco y ladrillo y de sus 7000 habitantes permanentes, en una de las regiones más volátiles y enigmáticas del globo?

Hasta principios del verano de 1981 esta zona era sólo un tranquilo y asoledado valle de viñedos y sembradíos de tabaco, rodeado de cinco pequeños y rudimentarios caseríos de piedra, abastecidos por una también pequeña y oscura tienda de víveres.

Los dos denominadores comunes de los pobladores eran, por una parte, el hecho de que se consideraban a sí mismos como una feligresía "entre las colinas", y por otra, que la mayoría de ellos era bien consciente de su condición de croatas y de su antigua sangre católica.

Actualmente, la pequeña comarca hierve de actividad, que incluye micros repletos de turistas, tropillas diarias de obreros de la construcción, cien negocios de *souvenirs*, contingentes de guías, vehículos de la OTAN, la ONU y OSCE, convoys de ayuda humanitaria, algunos sedanes alemanes excesivamente brillantes y nuevos, un ejército de taxis, una docena o más de tiendas, una hermosa y nueva Oficina de Correos, una farmacia, demasiados cafés como para contarlos, un puñado de hoteles, dos empresas de micros, cuatro o cinco bancvos bastante aventurados, una docena de joyerías, varias tiendas de ropa y boutiques, librerías, una mueblería, un negocio de lámparas, incluso una galería de arte y antigüedades y los serpenteantes grupos de peregrinos que llegan de todos los rincones del mundo seguidos por sus bien provistos paraguas.

De todos modos, los pastores pueden, aún hoy, guiar sus fieles rebaños a través de las peligrosas calles.

¿Qué fue lo que causó este cambio espectacular y, cuando finalmente lo averiguamos, de qué se trata exactamente? ¿Es real o es parte de un artilugio planeado por uno o varios potenciales orquestadores?

Desde hace 12 años, este inquisidor ha sido tironeado entre la fortuna y la desgracia, el privilegio y la restricción, la aprobación y el oprobio, por haber sido un íntimo observador y un actor periférico de la actividad diaria de la aldea.

El escenario es sólo este, "un lugar entre colinas", y sus actores, descritos a continuación, son fáciles de identificar y más fáciles aún de observar:

–Un grupo de cinco o seis sacerdotes franciscanos, independientes, rudos, inteligentes y, gracias al Cielo, rebeldes en cierto sentido, que transitan lentamente por la zona.

Tres a seis (dependiendo de las circunstancias familiares, sociales, la estácion del año) de adultos jóvenes que son, al menos al principio, el centro de atención de todos los visitantes nuevos de la ciudad.

Todos, excepto uno de los miembros de este grupo están casados y son muy distintos entre sí con respecto a su nivel de educación, cultural general y espiritualidad. Al observarlos más atentamente, ellos podrían provenir de culaquier parte del mundo y, según lo ha afirmado algunos expertos observadores, no funcionan bien como grupo.

–Unos pocos extranjeros que circulan durante los días más ventosos, fríos y paralizantes del invierno y un verdadero mar de cabezas en los aniversarios de los miembros del grupo u otros días importantes.

–Una fuerza de "guardianes del orden", también circulante, cuyos integrantes, dependiendo la época del año o la situación política reinante, llevan desde bigotes mal cortados y uniformes de poliéster de la UDBA (la ex policía comunista secreta) hasta ropa de fajina del Ejército Croata (aka HBO o Consejo de Defensa Croata) y uniformes decorados que lucen diversos colores nacionales, siempre coronados por la boina color azul claro de las Naciones Unidas o por los distintos "plumajes" de la OTAN.

Sin embargo, por una serie de distintas razones, cada uno de esto personajes mostró (y aún muestra) una sorprendente incapacidad para mantener el orden en cualquier parte.

Cuando finalmente se logra un orden pacífico –tan bienvenido aquí como en cualquier lugar del mundo– es mucho más fuerte y, sorprendentemente, se sustenta sobre tres elementos muy poco pretenciosos.

El primero es el hecho de permitir al visitante acercarse a cualquiera de estos poco convencionales jóvenes entre las 17.00 ó 18.00 horas, según sea invierno o verano. Allí, se murmura quedamente o se recitan poesías durante un rato hasta que la ya advertida importancia de este "lugar entre las colinas" se pone de manifiesto. Permanece invisible para los seres comunes entre nosotros (llamemos al grupo poco convencional "videntes") y sucede diariamente en algún lugar del pueblo cuando estas (nuevamente) poco pretenciosas estrellas del silencioso show se ponen de pie delante de una pared, sobre una tabla o través de una librería. Entonces, miran suavemente hacia arriba, mueven sus labios sin que se produzca ningún resultado audible y dejan ver una variada serie de emociones. Cuando esto acaba, "regresan" para permanecer entre nosotros y de nuevo muestran con claridad que algo enorme acaba de sucederles. De acuerdo con los mensajes escritos que uno de estos videntes ofrece al mundo cada 25 del mes, el segundo del orden es mucho más crucial que el primero.

Esto ocurre en el corazón del largo y solemne ritual que se lleva a cabo en la gran iglesia local, acompañado de palabras, cantos y más murmullos. Todo esto, sin embargo, se concentra finalmente sobre una pequeña oblea a base de agua y harina, redonda y blanca, que se alza sobre la muchedumbre apiñada y finalmente desciende entre los asistentes para ser consumida por aquellos que libremente le deseen.

El tercer elemento, si aprovechamos la oportunidad de buscarlo, se encuentra en cualquiera de las residencias donde aún viven las numerosas familias croatas. La familia es todavía bien definida como el núcleo al cual se refiere todo lo que ocurre en "el lugar entre las colinas", y a ella se refieren muchas veces también los mensajes que se dan a conocer al mundo al final de cada mes. Estas familias se encuentran alrededor de sus largas mesas y amontonadas sobre sus sofás extra-grandes, o fuera, en los viñedos, preparándose para la próxima temporada, trabajando todos juntos en la construcción de una nueva casa, en sus ruidosas y alegres bodas, o en los patios ("*bocanje*") durante el fin de semana, en el aniversario de cada parroquia, en el periódico local, y en el momento de la muerte, las familias se encuentran en las largas procesiones que lentamente recorren el camino por las calles siguiendo el chirriante carro que transporta el ataúd. La familia reviste tanta importancia que el siguiente comentario fue realizado por uno de los residentes más respetables de la región: "¿Ve a ese hombre, allá? Está aumentando sus provisiones otra vez. Pero no es totalmente bueno, ¿saber? Tiene 40 años y recién acaba de casarse".

Este "lugar entre las colinas" ha tenido, como otros sitios populares, tanto adeptos excesivamente apasionados como fanáticos enemigos, pero es muy real, más allá de cualquiera de estos dos grupos equivocados, por la simple razón de que ha permanecido en el centro de atención del mundo por más de 21 años. Príncipes y presidentes, arzobispos y ministros, filósofos y estrellas del deporte, artistas y meta-psiquiatras teístas, nuevos escritores, reconstructores del cuerpo, traficantes de autos, abogados y criminales, miembros de Green Peace y ex patriotas intelectuales, mendigos e inventores, víctimas del SIDA y millonarios, sanadores y seguidores de Satán llegan y se van, y este pintoresco desfile continúa sin que se anuncie su fin.

¿Qué produce este fenómeno?

¿El dinero? No, porque continuaba muy bien, como una guerra bestial – con sus MiGs rusos bombardeando ciudades por los cuatro costados con proyectiles mortales que silbaban en el aire sobre el lugar y las cabezas de los Muhajedins desparramadas por sus propios hombres cerca del sitio– llegó a cuatro millas de sus puertas.

¿El poder? No, ya que lo que demanda de la mente, cuerpo o bolsillo de cualquiera no es distinto a lo que puede producir cualquier otra ciudad incontaminada.

¿Una forma de vida más cómoda? Tampoco, ya que aquí no hay señales de tránsito, ni hospital, ni estación de tren, ni lavanderías; no hay teatros, ni biliotecas, ni sitios de *bowling*; sus posadas, comida y entretenimientos están bien por debajo del gusto occidental, y frecuentemente se corta el suministro de agua y energía eléctrica.

¿Diversión? No para quien haya tenido al menos alguna vez un televisor en blanco y negro, aunque sea sin contro remoto.

¿Fama y dinero fáciles? Una fama difícil y a veces dolorosa para unos pocos, y fortuna de corta duración para un puñado, ¿pero qué hay del restante 99,99 por ciento de los 23 millones de personas que han visitado este lugar a lo largo de los últimos 21 años? No, tampoco dinero y fama.

¿Por qué no fracasa? Aquellos que han tratado de destruirlo con toda su malicia o han analizado su paranoica necesidad de hacerlo –el régimen comunista, el Departamento de Estado de los Estados Unidos, la cuarta armada mayor de Europa, una seguidilla de psiquiatras y consejeros, todos los medios modernos de comunicación imaginables, investigadores profesionales bien pagos y la jerarquía eclesiástica– han probado, históricamente, ser expertos en presentar situaciones sospechosas que pudieron, con o algunas veces sin buenas razones, amenazar su propia estabilidad. El Papa y muchos de sus hombres de confianza han hablado o actuado frecuentemente de esta manera, incluso los enemigos eclesiásticos que tiene este lugar usan todos los métodos imaginables para aplastarlo.

Al mismo tiempo sólo puede ser regulado pero no detenido, retardado o acelerado por nadie que internamente tenga algo mínimamente malo que decir al respecto.

¿Por qué no triunfa por sí mismo? El éxito de algo trae consigo su comienzo, su aceptación, su zenith y su fin, entre otras definiciones claras. Estos elementos luego se inscriben en la historia y, por naturaleza, se funden en una niebla cuando su pureza se ha desgastado. ¿Desgastarse? Este "lugar entre las colinas" simplemente no se desgasta, aunque esté en el centro de una corriente de contradicciones. La mayoría de los sacerdotes y monjas han llegado y se han ido. Lo mismo ha sucedido con la municipalidad, el gobierno estatal y federal, las cortes electas, la policía e inclusive su dinero. Las vidas de los videntes han sufrido los esperables pero definitivos cambios y los rostros de los visitantes de la ciudad no permanecen iguales. Simplemente prevalece y se desliza plácidamente, como "el lugar entre las colinas".

Uno puede amar este sitio u odiarlo, puede escribir acerca de él, puede comercializarlo, puede criticarlo, fotografiarlo, llorar por él, pervertirlo, inventar cosas, filmar películas o vivirlo, pero no se puede matar este lugar, y aquí está, calladamente, en su polvoriento pero en alguna forma amigable valle.

Aquellos que aman este sitio son lo suficientemente sabios como para llevarlo dentro de sí quedamente, y actúan de manera tal que cambian completamente sus vidas.

Aquellos que lo odian localizan con prontitud los huecos dolorosos que ellos mismos han creado analizando o atacando personalidades, debilitándose ellos mismos en su propria credibilidad.

Aquellos que escriben acerca de este lugar ayudan a otras a entenderlo; si lo hacen de manera negativa, desperdician un tiempo muy precioso y, por consiguiente, mucho de la gracia.

Aquellos que lo comercializan paralizan su proprio crecimiento y están tan vacíos como lo estarán muy pronto sus bolsillos.

Aquellos que lo critican han sido incapaces de comprender sus objetivos y mucho menos, de ver en sus conciencias.

Aquellos que lo fotografían se llevan buenos recuerdos a casa, divertidos juegos de luces o imágenes vívidas.

Aquellos que lloran por él muestran muy poca esperanza.

Aquellos que lo pervierten tan sólo dañan su frágil salud.

Aquellos que inventan mentiras están ciegos o sencillamente demasiado aburridos o inseguros.

Y aquellos que realizan filmes necesitan cubrir sus grande costos y sienten una sospechosa necesidad de tratar de democratizar este lugar.

¿Democratizarlo? ¡Nunca!

Mientras tanto, aquellos que lo viven de tal modo prueban su simple realidad y reflejan desde el interior de ellos mismos lo que permanece oculto en estos tres casi invisibles y enteramente poco pretenciosos eventos, y esto lo que nadie puede matar.

Algunos de los que viven este lugar de la manera más leal y cabal, son los mismos acusados frecuentemente de idear maquinaciones. Entonces, ¿han urdido un engaño acerca de sus propias vidas, sus propias calumnias, su propia conmoción, ha ideado sus 15 a 18 horas de trabajo sin paga, su propia guerra, su agotamiento y lágrimas inhumanos y su proprio ridículo?

Como cualquier niño sano y curioso sabe, los mentirosos se embrollan muy pronto en sus propias mentiras. Estas historia, de todos modos, no embrolla a nadie, mientras que conmueve a millones de personas. Cuanto más busca uno la mentira en el "lugar entre las colinas" más se pierde, sencillamente porque la mentira *no* está allí.

Al observar y luego seguir los pasos de esta corriente invisible que crea el único orden pacífico y verdadero en este lugar, uno da rápidamente con la dirección que lleva todo lo que ocurre aquí. Primero, esta corriente está entrelazada por las enseñanzas recibidas por los videntes y luego leídas por millones alrededor del mundo. En este microcosmos local, como en millones y millones de casos actualmente en todo el globo, uno podría decir que esta corriente se fertiliza en el ritual de la iglesia y finalmente abraza sus familias.

Entonces, ¿qué es esta corriente invisible?

¿Es mala, es imparcial o es buena? Nada malo ha sido encontrado aún en su mensaje, mientras se ha demostrado claramente que no es imparcial; por lo tanto debe ser buena.

¿Sirve a sus propios fines, es vacua o es un don? Se sirve a sí misma sólo por el vacío dejado por el comunismo y por la inútil chorrera que el Occidente ha traído últimamente, mientras que la vacuidad, por propia naturaleza no prosperó; por lo tanto, debe ser un don.

¿Es destructiva, es inocua o es creadora? Nunca ha destruido nada, a menos que la destrucción misma haya enfrentado su propia muerte, mientras que lo inocuo lo es para lo importante en sí mismo; por lo tanto, debe ser creadora.

¿Es peligrosa, es letárgica o es sanadora? Sólo los comunistas, los ateos, los materialistas y sus partidarios la encuentran peligrosa, mientras que nada que sea peligroso para ellos es létargico; por lo tanto, debe ser sanadora.

¿Es una broma, es una tontería o es importante? Es una broma sólo para aquellos que consideran la familia como tal y, por su propia desnaturalización, desaparecerán prontamente, mientras es una tontería sólo para aquellos que eligen permanecer aislados y tristes; por lo tanto, debe ser importante.

¿Es algo temporario, es esporádico o es permanente? Nada que haya impresionado tan profundamente en todos los continentes con excepción de la Antártica puede se llamado "temporario", mientras que las indescriptibles presiones que ha superado invalidan la posibilidad de que sea algo esporádico; por lo tanto, debe ser permanente.

¿Es fabricada por el hombre, es natural o es sobrenatural? Si fuera fabricado por el hombre, entonces los errores también fabricados por el hombre presentens en le mensaje habrían sido desenmascarados por muchos, mientras que si fuera solamente algo natural la naturaleza no estaría entonces tan dañada como lo está hoy; por lo tanto, debe ser sobrenatural.

Finalmente, ¿es demoníaco, neutro o divino? Si es demoníaco, su reputación mundial no sería la de un lugar que sana los corazones, mientras que los espírítu neutros no existen; por lo tanto, debe ser divino. Entonces, ¿qué hay en este amable pero firme orden que ciertamente ha sido necesitado, esperado, deseado y finalmente hallado por 23 millones de personas que viajaron desde muy lejos para alcanzarlo?

¡Es bueno, es un don, es creador, sanador, importante, permanente, sobrenatural y viene de Dios!

Más aún, ¿pueden sus visitantes atestiguar esto? Y si lo hacen, ¿cómo lo llevan a la práctica? Sí, pueden y lo hacen, y lo consiguen de este modo.

Hace unos cuantos años, un instituto italiano junto a uno de los investigadores en jefe locales, hasta hoy uno de los protagonistas más creíbles y convincentes de este lugar, realizaron la siguiente pregunta a 250 peregrinos que llegaban al sitio por primera vez: "¿Por qué ha venido?". A este pregunta, los investigadores recibieron una variada serie de respuestas, entre ellas algunas como "Vine porque mi tía me habló de este lugar", "vine para que María sane a mi hijo moribundo", "vine porque de pronto hubo un lugar en el grupo", "vine para visitar Mostar", "vine para ver girar el sol", "vine para tomarme un respiro de la vida de la ciudad", "vine porque espero ver a la Madr bendita", "vengo para rezar por mi padre", "vengo para ver al padre Jozo" y "vengo para saber cuál es mi misión en la vida". La respuesta, cualquiera fuera, que sumaba el mayor porcentaje, no superaba el 5 por ciento del total de las mismas.

Luego realizaron la misma pregunta a 250 peregrinos que llegaron al lugar por segunda vez. Entre la primera y la segunda visita, las respuestas cambiaron de manera dramática en más del 80 por ciento de los casos. Esta vez, las respuestas variaban mínimamente alrededor de un mismo tema: "*Regresé porque quiero aprender a rezar*".

"*¿Rezar? Sólo la tía... ¿cómo se llamaba? Lo hacía... Papá, ¿dónde está ella ahora? Dime...*"

Bueno, ella cree. Pone su fe en práctica. Ella es simplemente parte de nosotros y siempre dice: "*Dios, tú que eres puro amor, te quiero y te necesito y necesito a tu Madre durante todo el año*". ¡Y es esto lo que la hace ser quien es! Ella es maravillosa, tan segura y fuerte. Toda nuestra familia e inclusive la ciudad entera la considera como propia.

"¿De dónde obtiene ella tanto amor y... dónde está ella ahora y...?"

Ella planifica todo una y otra vez en todo lugar donde encuentre a María junto a Jesús en la santa misa, y ahora ha partido para Medjugorje... otra vez;

Nicky Eltz
Medjugorje

REFLEXIONES ACERCA DEL MENSAJE DEL 25 DE NOVIEMBRE DE 2000

"Queridos hijos:

Hoy, cuando el Cielo está cerca de ustedes de manera especial, les pido que oren para que, a través de la oración, sepan poner a Dios en el primer lugar. Hijitos, hoy estoy cerca de ustedes y bendigo a cada uno con mi bendición maternal, para que tengan fuerza y amen a todos aquellos que encuentren en su vida terrena; y puedan brindarles el amor de Dios. Me regocijo con ustedes y quiero decirles que su hermano Slavko ha nacido al Cielo e intercede por ustedes. Gracias por haber respondido a mi llamado".

Fr. Slavko nos alegró a todos, nos amó, nos bendijo e intercede ante el Padre por cada uno de nosotros con sus plegarias. Es por eso que continuaremos escuchando y practicando los mensajes de Nuestra Señora de la mejor manera posible. Nosotros, al igual que millones de hijos espirituales a través de todo el planeta, continuaremos desde luego con los innumerables proyectos que han sido, de una manera u otra, inspirados y asistidos por Fr. Slavko. Ahora que está en el Ciento junto a Dios, puede hacer muchas más cosas de las que hizo mientras permaneció entre nosotros. Ciertamente no necesitamos decir que aquí en la tierra fue un fidedigno e indiscutido grande entre los hombres y un verdadero graduado *Summa cum Laude* * en la escuela de María, al igual que el más grande maestro de los mensajes de Nuestra Señora aquí en Medjogorje.

En primer lugar, reflexionemos –como lo quiere Padre– acerca de lo que María nos dijo a través de su mensaje del mes pasado. En él María expresó su deseo abriendo su corazón maternal y nos podió, una vez más, que recemos por sus intenciones. Ella quería, nuevamente, reforzar sus plegarias con nuestra presencia, y además solitiarnos el ayuno que ella ofrecerá a su Hijo, Jesús, por el advenimiento de un tiempo nuevo, un tiempo "primaveral".

Luego nos dijo que muchos corazones se abrieron a ella durante este año jubilar y que de este modo la Iglesia se renovará. Expresó también su alegría por este echo y agradeció a Dios por este regalo. Entonces, nos hizo tres veces una llamada a la oración, la cual, si realmente es escuchada por nostros, tiene como propósito que encontremos la verdadera alegría en ella. Nada es más poderoso ni eficaz que rezar, de la manera que podamos, por las intenciones de María. Esto sucede porque sus intenciones son, como en el caso de cualquier madre cuando habla a sus pequeños, que la escuchemos, que nos decidamos a obrar de acuerdo a lo que ella quiere de nosotros y que logremos experimentar cuán grande es el amor de Dios para cada uno de nosotros. Al ser ella absolutamente "llena de gracia" y la más poderosa intercesora en el Cielo, las intenciones de María son mucho más importantes y tienen un alcance muchísmo más grande que el que podrían tener las nuestras.

Cuando una suficiente cantidad de personas haya experimentado el amor de Dios, entonces este nuevo tiempo, tiempo primaveral, habrá llegado finalmente. Para ver lo que está sucediendo en este año jubilar sólo se necesita observar el enorme programa que nuestro Santo Padre ha organizado para cada día de este año. Prácticamente no hay día en que la esquina de San Pedro no esté repleta, al máximo de su capacidad, y no hay un hombre al que María haya otorgado tanta fuerza para continuar; lo mismo sucedió con Fr. Slavko. Sólo se necesita observar los festivales juveniles y los retiros para sacerdotes, o algunas de las muy frecuentes misas y charlas dadas por el Santo Padre o por Fr. Slavko, porque nosotros mismos hemos sido testigos de lo que ha sucedido durante este año jubilar. María, que ha estado conduciendo, enseñando y protegiendo al Santo Padre en Roma ve todo lo que ocurre; y esto lo que llena de alegría su corazón. Inclusive cuando estamos deprimidos, cuando sufrimos, cuando nos lamentamos más hondamente, incluso cuando sentimos que hemos sido arrojados a un torbellino confuso sin que logremos entender cómo seguir adelante, aún así podemos sentir alegría en el corazón sabiendo que Fr. Slavko está ahora en medio de su gente de una manera mucho más fuerte que antes. Muchos de nosotros, sin importar la edad, la raza, la nacionalidad o la clase social, nos sentimos como huérfanos, algunos estamos perdidos y desorientados, pero si actuamos como María, el Santo Padre y Fr. Slavko quieren que lo hagamos, pronto descubriremos que no estamos solos, sino simplemente fortificados gracias a su amor y a sus plegarias por cada uno de nosotros.

Cuando Fr. Slavko finalizó la marcha que él mismo conduciá hacia el Camino de la Cruz, subiendo hacia el Kriz̆evac, no ascendió solo hasta la base de la enorme cruz, como solía hacerlo, sino que retrocedió hacia la izquierada hasta el gran descanso de bronce que representa la Resurrección. Allí rezó brevemente por las almas del Purgatorio y quiso continuar camino abajo cuando sus rodillas se doblaron lentamente bajo el peso de su cuerpo. Rita se acercó rápidamente y Slavko colapsó en su brazos. Murió alrededor de las 3.30 de la tarde del 24 de noviembre a causa de un ataque cardiaco. En el Kriz̆evac había tratado de incorporarse todavía una vez más para aspirar una bocanada de aire, pero ya estaba, en ese momento, en brazos de Nuestra Señora en su camino al Cielo. La tarde del viernes, durante la aparición, Marija Pavlovic-Lunetti, mientras lloraba, peguntó: "¿Qué se supone que vamos a hacer ahora?"...y la amorosa respuesta de María fue: "Simplemente, continuar". Cinco de los seis videntes –Vicka, Marija, Mirijana, Ivanka y Jacob– estaban aquí en Medjugorje para el funeral de Fr. Slavko, que iba a tener lugar el domingo, fiesta de Cristo Rey, a las 2.00 de la tarde. Los periódicos sostuvieron que unas 10.000 personas participaron con sus oraciones, mientras que la CNN declaró que fueron unas 20.000. Probablmente eran cerca de 6.000, pero, ¿qué importa?

A causa del accidente aéreo ocurrido en Estados Unidos para el día de Acción de Gracias, Ivan, a pesar de haber hecho todo lo que pudo, no consiguió un vuelo que pudiera traerlo a Medjugorje a tiempo. La santa misa por el sacerdote tenía lugar en el altar exterior, el lugar estaba lleno por una muchedumbre tan numerosa como en cualquiera de las misas de verano, lo cual significa un verdadero mar de ropas negras rodeando toda la iglesia de Santiago Apóstol. Alrededor de 200 franciscanos y sacerdotes venidos de otro países concelebraron la santa misa, con el obispo de Mostar como celebrante principal, mientras el coro local entonaba canciones de alabanza. Aunque algunos no lo notaron, Jesús, presente en el más bendito sacramento, permanecía expuesto en un cáliz delante de Fr. Slavko. Grandes ramos y coronas se alineaban a lo largo de toda la pared oriental de la iglesia, y fueron pronunciadas muchas palabras extremamente cariñosas. Todos los negocios de la ciudad permanecieron cerrados tanto el sábado como el domingo, y las banderas croatas decoraron los postes de iluminación a lo largo de la avenida principal. Luego de la hermosa misa, la estensa procesión que siguió el ataúd se dirigió lentamente hacia la plaza frente al templo rezando en alta voz, y luego –como Fr. Slavko lo hubiera querido– giró en dirección al sur hacia el Kriz̆evac hacia la Montaña de la Cruz. Por último, el sacerdote fue depositado para su descanso en el pequeño cementerio detrás de la iglesia, frente al Kriz̆evac.

Noviembre, con su inverno frío y húmedo, ha llegado finalmente a Medjugorje. El desfile de perigrinos ha cedido un poco, pero de todas maneras se encuentran grupos provenientes de Austria, Francia, Italia, Corea, Japón, y grupos más pequeños que llegan desde Alemania, Estados Unidos y Polonia. La enorme muchedumbre venida en honor de Fr. Slavko se dio cuenta rápidamente de la retirada de los pelegrinos que vienen regularmente a Medjugorje. Jets privados aterrizaron en el aeropuerto local, se alquilaron autos en toda Europa y muchos de los más fieles discípulos de Fr. Slavko, estudiantes extranjeros de oración, parecían llegar de todas partes, apenados por la inmensa pérdida de un tan querido amigo y gran sacerdote. La Televisión Croata, los periódicos y una verdadera tormenta de *e-mails* y faxes llegaron a la oficina parroquial de Medjugorje desde todas partes del mundo. Ahora Medjugorje se ha convertido en un lugar más lleno de vida que nunca y gente de todo el mundo continuá rezando, decidida a realizar todos los esfuerzos para alcanzar una paz verdadera en el mundo. Nuestro Santo Padre fue notificado en Roma el viernes por la tarde, y es sabado en el Vaticano que la emotiva respuesta, expandida por todo el mundo, ha excedido todo cálculo de la imaginación. Esta vasta explosión de amor es la mejor evidencia de lo que Fr. Slavko ha hecho por el mundo durante estos 18 años de servicio a Nuestra Señora, aquí Medjugorje.

Y este servicio incluyó, como todos sabemos, insidiosas persecuciones desde varios sectores, persecuciones que parecían recaer siempre sobre los pobres hombros de Fr. Slavko.

Aún así, nunca se mostró débil, nunca traspasó su cruz a nadie más, nunca dejó de aprender, sus manos nunca dejaron de bendecir, su corazón nunca cesó de perdonar y nunca se alejó de su deber. Sin importar la circunstancias, ni el clima, ni lo que sucediera durante la guerra, sin importarle siquiera estar muy cerca de la muerte.

Como tuvimos oportunidad de ver, siempre estaba disponible para el inacabable desfile de príncipes, presidentes, arzobispos, ministros, filósofos, héroes del deporte, artistas, teístas, meta-psiquiatras, generales, escritores noveles, actores, suplicantes, inventores, víctimas del SIDA, millonarios, abogados, criminales, sanadores, partidarios de Satán, intelectuales y moribundos, y nunca se detenía ni para tomar un respiro.

Una vez, durante la Adoración, suplicó que pudiéramos liberarnos de nosotros mismos por Jesús, y eso fue finalmente lo que hizo, en su camino directo al Cielo. De acuerdo con la palabras de un famoso sanador, orador, cirujano y psiquiatra, Fr. Slavko era un hombre "¡libre, tan verdaderamente libre!". Según las palabras de un especialista mundial en neurología, psiquiatra y parapsicólogo, Fr. Slavko era el jefe de Medjugorje, "simplemente por la forma en que celebra la santa misa, y porque no tiene dobleces".

En la palabras de un reconocido bachiller y sacerdote católico, él era "pura fidelidad y absoluta dedicación". Para un afamado americano, filosófo y escritor católico, "El sabio tiene una penetración inusual en el corazón, en el carácter, en la naturaleza humana, como así también en la peculiaridades, en las necesidades particulares y aspiraciones del individuo. En un pionero, y su radical capacidad de discernimiento se convierte en la trivialidad de las nueves generaciones. Él nos dice aquellas cosas que necesitamos pero no queremos escuchar. Hace enemigos a causa de su sabiduría, y es *adesinado* con frecuencia. Cuando está contigo se siente como en su proprio hogar. Piensa en ti todo el tiempo y nunca en sí mismo. Posee mucho lugar para ti porque cuenta con estantes espaciosos y hogares hospitalarios en su espíritú. Se adapta a los cambios de las necesidades humanas y las distintas situaciones. Uno nunca sabe qué respuestas va a recibir de él, porque tiene la capacidad de comprender directamente las necesidades de quien pregunta, y porque ve que la verdadera pregunta es aquel que interroga, no la pregunta en sí misma. Él tiene amor, compasión, desprendimiento, humildad, perseverancia. Es desafiante, a veces sorprendente, otras impredecible, provocador, no es un hombre mecanizado, no se deja acosar, no puede ser utilizado, no se deja reclutar por nadie, y es siempre creativo para los demás. Es, simplemente, inclasificable...", y el tal sabio fue nuestro querido amigo, Fr. Slavko Barbaric', ofm. ¡Padre Slavko, por favor, contínua intercediendo por nosostros!

"Hoy, cuando el Cielo está cerca de ustedes de manera especial"

Esta sola expresión debería demostrarnos muy claramente, a menos que estemos hechos de piedra, cuán profundamente nos conoce María a cada uno de nosotros. Todos aquellos que conocimos bien a Fr. Slavko, aquellos que en algún momento trabajamos a su lado, quienes sólo lo tratamos muy poco o lo conocimos sólo de vista, hemos crecido de la misma manera, tan acostumbrados a su presencia aquí que en estos pocos días Medjugorje se ha convertido en un lugar completamente impensable sin su presencia. María conoce todo esto, lo ve, y como toda buena madre, ella sabe a quién aman sus niños y sabe también que sus diversas necesidades han viajado con Fr. Slavko al Cielo. Mientras continuamos añorándolo, suspiremos al mismo tiempo por el Cielo, y es por eso que hoy, el Cielo "está cercano a nosotros de manera especial".

"Les pido que oren para que, a través de la oración, sepan poner a Dios en el primer lugar"

Sólo a través de la oración podremos aprender a colocar a Dios en el primer lugar, y esto significa poner el amor, la misericordia, la confianza, el pérdon y la fe en primer lugar, de manera que se nos haga más fácil para nosotros sobrellevar las cargas de esta vida terrena.

Poniendo a Dios en primer lugar pronto nos daremos cuenta de que todo lo que poseemos, el talento que podamos tener, las experiencias vividas y toda persona que lleguemos a encontrar en nuestro camino son regalos de Dios. Así, estaremos siempre listos para construir nuevas relaciones fundadas en el amor y experimentar al mismo tiempo el amor enorme de Dios hacia cada uno de nosotros. También en esto nuestro querido Fr. Slavko ha sido el mejor maestro posible, simplemente porque vivió lo que predicó, amó y puso en práctica los mensajes de María hasta el extremo del ridículo; por otra parte, como todo buen maestro sabe, es a través del buen ejemplo como los alumnos recuerdan y quieren mejor a quien les ha enseñado.

"Hoy estoy cerca de ustedes y bendigo a cada uno con mi bendición maternal"

Si bien es cierto que María está siempre con nosotros cada vez que intentamos orar y estar más cerca de Dios, ella desea repetirlo aquí porque, como una buena madre, siempre consuela a sus hijos que sufren o están tristes, como lo están muchos de sus hijos luego de este fin de semana de tanto dolor. La bendición maternal es una presencia consoladora, cálida, segura, fuerte y protectora que todos los niños pueden rememorar y hacer presente, desde que eran muy pequeños y dependientes de sus madres, como somos nosotros mismos dependientes, en este momento, de la fe y el conocimiento que tenemos de la Madre de Jesús. Dependemos de ella y a ella acudimos, nos refugiamos y le suplicamos. Una bendición maternal es una madre que habla y actúa amorosamente por nosotros y a través de nosotros, y que, una vez en el Cielo, está siempre dispuesta a permanecer cerca de nosotros. Una benedición maternal no puede ser más o menos especial para nosotros, porque nuestra madre, después de todo, nos dio la vida. Y nuestra fe dice que María dio la vida a Jesús, y por lo tanto es dadora de vida para cada uno de nosotros, y de aquí se desprende que María es la mediadora de todas las gracias.

"Para que tengan la fuerza y amen a todos aquellos que encuentren en su vida terrena"

Cuando nos decidimos por la oración y hemos experimentado el infinito amor de Dios, y especialmente para aquellos que hemos sido llamados a creer y confiar en la presencia de María aquí en Medjugorje durante 19 años, 5 meses y 3 días, siempre tendremos la fuerza por amar y estar verdaderamente vivos para todos aquellos que nos rodean durante esta vida terrena. Y en esto, nuevamente, Fr. Slavko ha sido un incomparable ejemplo a seguir y para recordar por el resto de nuestras vidas. Para muchos de nosotros el padre fue un modelo de servicio a todo aquel que alguna vez tuvo la gracia de observar cuán grande era la capacidad de entrega que albergaba en su corazón. Él era el vivo ejemplo de aquel dicho: "tiempo perdido es gracia perdida", y así como este simple dicho es verdad, él fuel, más que ningún otro, quien llevó a la realidad esta expresión por medio del amor y la luz. Como afirmó el bendito padre Pío, él fue un testigo verdadero de que cada alma humana es más valiosa para Dios que el universo entero.

"Y puedan brindarles el amor de Dios"

Aunque nunca nadie haya volcado esta idea en palabras diciendo: "Les doy el amor de Dios", cualquiera que tenga fe sabe de manera intuitiva que todo amor genuino viene de Dios, y que todo bienestar, por lo tanto, no depende de un mismo sino que es fruto de la gracia de Dios. Fr. Slavko pedía siempre la gracia de pode reconocer cuándo una determinada persona lo necesitaba realmente, y estar disponibile para ella de inmediato. Esto nos demuestra cómo podemos liberarnos de nosotros mismos a tráves de un contacto cada vez más profundo con Dios a través de la oración. Cuanto más nos acercamos a Dios y lo llamamos, más nos guiará él, de una manera muy clara, para que podamos brindar a nuestros hermanos y hermanas lo que realmente necesitan para continuar su camino. Consuelo, aliento, simplificarles algún trabajo, una bendición, un empujoncito o simplemente un abrazo, todas estas cosas son parte de este auxilio a nuestros hermanos. Alguien vio una vez a Fr. Slavko mientras salía de su confesionario y se dirigía al frente de la iglesia atendiendo a cuatro personas a la vez. Sin siquiera aminorar su paso, dijo adiós a una persona extendiendo hacia atrás su brazo izquierdo, saludó a otra extendiendo su brazo derecho hacia delante, dirigió unas pocas palabras a alguien que caminaba detrás, a su derecha y echó una mirada llena de amor a una cuarta persona que caminaba delante de él a la izquierda. Esta escena dijo al casual observador de la misma todo lo que necesitaba saber acerca de Fr. Slavko.

"Me alegro con ustedes"

María se alegra con nosotros incluso cuando estamos llorando, pero nuestro dolor o sufrimiento humano se convertirá, con el auxilio maternal de María, en una alegría eterna que nadie nos podrá quitar. Aquellos que tratábamos de tener un momento con Fr. Slavko experimentábamos cuán breves eran esos momentos, aunque en realidad uno hubiera pasato con èl varias horas dentro de un automóvil, en un avión o en una conferencia. ¡El tiempo pasado en su compañía siempre parecía ser demasiado corto! Su presencia calma aligeraba de un modo tan dramático las preocupaciones de los demás que cuando abandonaba el lugar la vida se volvía nuevamente difícil de sobrellevar. Pero ahora, si sabemos buscarlo, nuestro tiempo con él puede ser ilimitado, pues la oración es sin duda la forma más poderosa de comunicación, y, en definitiva, todos estamos unidos por ella; especialmente con aquellos que más amamos. Fr. Slavko era la prueba tangible de que el amor es más fuerte que la muerte, y esto también debe llenarnos de alegría.

"Quería decirles que su hermano Slavko ha entrado en el Cielo"

Una vez más María muestra claramente que conoce todo acerca de nosotros, que ve todo aquello que estamos viviendo, y que sabe, como toda buena madre, cómo nos sentimos con respecto a una persona tan querida por nosotros como lo fue –y aún lo es– Fr. Slavko. Ella no se refirió a Fr. Slavko como "mi hijo más amado", como dijera respecto del Santo Padre en su mensaje de agosto de 1994, pero lo llamó: "su hermano", es decir, hermano de nosotros los hombres. Porque efectivamente, él permaneció aquí entre nosotros sólo para el servicio de sus hermanos y hermanas, y precisamente por eso ha marchado directamente al Cielo. Cuando utilizaba el pronombre "yo" en sus textos lo hacía dudando siempre, y cuando pronunciaba el pronombre personal en una conversación era sólo para brindarlo a quien lo escuchaba, para brindarse él. Aquellos que queríamos darle algún presente nos sentíamos siempre frustrados, porque sabíamos que él entregaría ese mismo obsequio a alguien más al día siguiente, a alguien a quien pudiera serle de mayor utilidad, en lugar de dejarlo juntar polvo en algún pequeño y desordenado rincón. "Tu hermano", sí, "nuestro hermano", sí "mi hermano", era el exacto pensamiento que llevábamos con nosotros aquellos que tuvimos el privilegio de estar con él aunque fuera unos breves instantes. Sí, cuando nuestro hermano celebraba la santa misa –misa con la cuál él se fundía de manera tan natural, tan espontánea, tan amorosa–, nosotros nos sentíamos inmediatamente proyectados a un nivel más profundo de oración, de misterio, de gracia y amor por Jesús. Esto y solamente esto es lo que hace a un gran sacerdote, un sacerdote de acuerdo al corazón de María.

"E intercede por ustedes"

Cuando se le solicitaba al alguien oficiar de traductor de Fr. Slavko por un tiempo, el padre le susurraba que él siempre trataba de dirigirse a alguna persona un tanto sorda o medio dormida que se encontrara en el último banco detrás de la última columna, allí, al final de templo. La idea era que si él logabra llegar hasta esa persona medio dormida o medio sorda, entonces habría llegar hasta a todos los demás presentes. Siempre elegía la manera más simple para mostrarnos algo, porque en definitiva sabía que de esa manera lo entenderíamos, ya que después de todo vivíamos la misma clase de vida, con sus cruces, sus alegrías y sufrimientos. Él intercede por nosotros y somos alcanzados por sus oraciones, ¡aún cuando seamos un poco sordos o estemos algo dormidos! Cada uno de nosotros debería repetirse esto para sí, debería continuar escuchándolo y viéndolo con su sonrisa algo infantil, hasta un poco traviesa, y sus ojos grandes y amororos que expresaban un amable pero firme autoridad, una autoridad muy bien granada, puesto que su único objetivo era ayudarnos en nuestro camino junto a María. Ahora dejemos que nuestro corazón anhele con vehemencia de la misma manera que él siempre anheló ayudarnos todavía más de lo que efectivamente hacía. Y entonces, con Fr. Slavko delante de nuestro ojos, de manera que podamos recordarlo más vivamente, y mientras observamos sus grande manos bendiciéndonos, recemos de la misma forma en que él lo hacía al finalizar sus reflexiones…

Dios, Padre Nuestro, gracias por habernos enviado a tu Hijo, Jesús, que nos abre la puerta de la salvación. Gracias por enviarnos a tu más humilde y obediente servidor y a su Madre, María, para que ella pudiera, a lo largo de todas esto años, enseñarnos, guiarnos y amarnos a través de sus mensajes que se han convertido en una Escuela de Oración y en una Universidad de Amor. Gracias, Padre, por la gracia que tenemos de aprender de una manera más profunda que nunca, en estos días de profundo dolor y pérdida, qué significa ponerte a ti en el primer lugar de nuestras vidas. Gracias, Padre, por habernos mostrado a través de María que el Cielo está especialmente cerca de nosotros durante esta vasta explosión de amor, Fr. Slavko, que lo ha mostrado en todas partes del mundo. Te pedimos, oh Jesús, junto a María, que obtengamos rápidamente todos la fuerza y el amor de continuar aquello que Fr. Slavko nos demostró durante su excepcional vida terrena. Perdónanos, oh Señor, que tratamos de comprenderlo sólo con la fuerza de nuestra mente, y, por lo tanto, fracasamos, y por favor concédenos la gracia de entenderlo desde nuestro corazón, la única manera de llegar a una total comprensión. Concédenos la gracia, oh Señor, de amar a todos de la misma manera como tú enseñaste a amar a Fr. Slavko. Danos la gracia de estar siempre disponibles para nuestro hermanos y hermanas, sin importar quiénes sean, de la misma manera como lo estaba. Fr. Slavko, día y noche, para aquellos que lo necesitaban. Enséñanos, oh María, cómo podemos liberarnos de nosotros mismos para Jesús, y tú, Jesús, danos la gracia de comprender que este es un tiempo de verdadera alegría, ya que Fr. Slavko puede ahora hacer muchísmo más por este mundo acongojado de lo que pudo haber hecho mientras estuvo entre nosotros.

Que podamos recibir la gracia, oh Espíritu Santo, de poner a Fr. Slavko siempre delante de nuestros ojos, para que, haciendo esto, él pueda continuar empujándonos hacia el recto camino hacia ti, oh Jesús. Permítenos ver sus manos que nos bendicen, déjanos sentir su cálida palmada en la espalda cuando nos sentimos miserables o débiles, déjanos ver sus ojos profundos, gentiles y penetrantes, su paso siempre avanzando hacia su próxima cita, déjanos oír su voz, hermosa, cálida, profunda y suave, tanto en la plegaria como en el canto, permítenos observarlo siempre ascendiendo sus montañas con su rebaño muy cerca de él, o dirigiendo sus extensas omisas, y sobre, todo, oh Señor, no permitas que olvidemos que lo mejor que hizo fue: pregare, pregare, pregare. Que por la intercesión de María y en el nombre del Padre, del Hijo y del Espíritu Santo, podamos todos amar y vivir el camino que Fr. Slavko nos enseñó de manera tan admirable.

Andate in pace. Andate con gioia. Amen.

LA DIVINA SUSTANCIA

UN DEBATE SOBRE
LA SANTA COMUNIÓN
EN LA LENGUA, DE RODILLAS

comparada con

LA COMUNIÓN EN LA MANO,
DE PIE
¡PRECAUCIÓN!

En estas páginas encontrarás información que no ha sido aprobada por la Orden del Nuevo Mundo, por lo tanto no es recomendable para ser difundida en Misa.

LÉELO SOLAMENTE BAJO TU RESPONSABILIDAD
A FIN DE ESTAR BIEN INFORMADO

NICKY ELTZ

No puedo estar a favor (de la Comunión en la mano), y tampoco puedo recomendarla"

El sacerdote tiene, "como servidor de la Sangrada Eucaristía y todas las formas Sagradas, una responsabilidad primaria-primaria, porque es completa".

"Tocar las Divinas sustancias es un privilegio de las personas ordenadas. Los laicos solament pueden obtener dicho permiso en el caso de una verdadera emercencia".

Papa Juan Pablo II

* * * *

"Quien celebre el misterio en otra forma a la celebrada por Jesucristo no es una persona digna".

San Ambrosio

PREFACIO

¡Querido católico!

Este *apéndice* es sólo un modesto intento de aportar un rayo de luz a un tema extremadamente delicado, confuso, poco conocido y, para muchos, doloroso. La mayor parte de la verdadera información al respecto no ha sido revelada aún, o para ser más precisos, los oponentes de mayor influencia se ocupan de que o se revele.

En est mundo guiado con exceso por la tecnología e infectado de información inexacta y distorsionada, en la mayoría de los casos es muy difícil llegar a la raíz de los temas que verdaderamente tienen valor. Éste es tan sólo uno de esos ejemplos; y aun así, de acuerdo a la opinión del santo padre Pío, la Sagrada Comunión es el único tema que, de no existir, no existiría el mundo.

A continuación se detalla parte de la gran cantidad de información disponible acerca de la historia católica y del misticismo, con la que –sorpresivamente– pareciera que pocos católicos, religiosos o laico están familiarizados. Este *apéndice* destaca únicamente lo que, según la opinión de numerosas personas, nuestra Santa Madre Iglesia –guiada por su Madre, María– desea de los obispos, sacerdotes y laicos respecto a la distribución y forma de recibir la Sagrada Comunión. ¡Pueda la Virgen Madre interceder y, mediante estas páginas, hablarles a muchos corazones para que este pequeño esfuerzo dé buenos frutos! *Por sobre todas las cosas*, este *apéndice* es un llamado a la oración, una oración persistente y profunda, referida a este tema tan sagrado.

Con la mayor sinceridad posible a los potenciales lectores de "La Divina Sustancia", sepan que refreja un apoyo inquebrantable a la Sagrada Comunión en la lengua, de rodillas, y no apoya ninguna otra forma de recibir a Jesús en la Sagrada Eucaristía. Por otro lado, también se hace mención a cinco casos en los que Satanás, a través de diferentes personas, habló a favor de la Sagrada Comunión en la mano.

Querido cristiano, si te consideras una persona bien informada respecto a la Comunión en la mano, y puedes encontrar igual cantidad de información creíble y sagrada a favor de la misma como la que aquí se ofrece, no leas este *apéndice*. Si intentas buscar esa información, teniendo en cuenta que no existe, verás que *no* podrás encontrarla.

Que Dios te bendiga y María te proteja, guíe e interceda por ti en lo que a recibir a Jesús en la Sagrada Comunión se refiera.

El autor

LA BIBLIA

(Biblia latinoamericana)

"Abram cayó rostro en tierra". (Gn 17, 1-3)

"Todos los israelitas se postraban cada uno ante su carpa". (Éx 33, 10)

"Para que al Nombre de Jesús se doble toda rodilla en los cielos, en la tierra y entre los muertos". (Fil 2, 10)

"Se arrodillaron y le adoraron" (el Divino Niño, Mt 2, 11)

"Tomen y coman; esto es mi cuerpo". (Mt 26, 26) "Tomar" o "recibir" en griego=*lambanein*) es pasivo, aceptar pasivamente; no "tomar activamente".

"Ante mí se doblará toda rodilla". (Is 45, 23)

"Los veinticuatro mayores se inclinaron y lo adoraron". (Ap 5, 8)

Según Lucas (22, 19), por principio, solamente las manos consagradas pueden "tomar" y "entregarles" las hostias a las personas. Los laicos permanecen en posición pasiva.

Cristo le entregó un pedazo de pan bañado en vino a Judas (Jn 13, 26) y el alimento eucarístico a los Ápostoles (Lc 22, 19). Esto implicaría que no serían ellos quienes lo "tomaron".

… y muchas otras.

"En la época de Cristo, en la cultura semítica, el concepto de entregar el alimento en la mano a una persona no existía. Si el anfitrión deseaba homenajer al invitado de una manera especial, le daba de comer parte de los alimentos en la lengua".

Si tomamos en cuenta estas costumbres judías, la Comunión en la lengua es el paso que naturalmente se sigue. La evidencia histórica confirma la conclusión bíblica de que Cristo tomó una "norma básica" y la ajustó para que se trasformara en un "principio Divino".

LA IGLESIA EN SUS COMIENZOS

SANTO PAPA SIXTO I, (117-126)

Les recordó a los cristianos las reglas apostólicas y estableció que *solamente* los servidores del culto, los sacerdote, podían tocar las Sagradas Formas.

ORÍGENE, PADRE DE LA IGLESIA, ✝ 250

"… presten atención, con todo cuidado y reverencia, que ni la más mínima partícula caiga al suelo, que nada se desperdicie del Obsequio Consagrado. Ustedes creen, y creen correctamente, que han pecado cuando parte cae al suelo por falta de cuidado".

SANTO PAPA EUTIQUIANO (275-283)

"Ninguna mujer puede acercarse al altar ni tocar el Cáliz del Señor". En los comienzos de la Iglesia, algunas de la razones (entre otras) por las cuales la Comunión en la mano apareció temporariamente fueron las siguientes:

1) Herejías

En los siglos II y III aparecieron corrientes de pensamientos filosófico-teológicos que negaban la divinidad de Cristo y lograban que la comunidad cristiana se hallara insegura de sí misma. Los autores de la Iglesia, con verdadera fe, todavía enfrentaban en ese entonces problemas teológicos al explicar el misterio de la Santísima Trinidad, y por otro lado, también se producían peligrosas omisiones (Subordinación).

2) Condiciones Prácticas

La falta de forma del pan eucarístico, y por lo tanto, el riesgo de que se desmigajaran partículas del pan eucarístico partido y fermentado, entre otras cosas, hacía difícil la entrega en la boca.

3) Persecuciones Sangrientas

Debido a que las persecuciones sangrientas eran comunes, se permitió un manejo legítimo de la Sagrada Comunión (por ejemplo, Comunión en los Hogares). Probablemente ello estuvo acompañado de malos usos y difusíon prohibida (por ejemplo, la Comunión llevada a los enfermos por los laicos).

4) Laxitud Religiosa

Luego del 313 d.C., la Iglesia atravesó un período de paz exterior que se tradujo en un gran incremento en el número de sus miembros; sin embargo, aún bautizados, muchos guardaron sus viejas costumbres inmorales.

5) Pérdida de Fe

A pesar de que el Arrianismo (la negación de la Divinidad de Cristo) fue disuelto en el Concilio de Nicea (325 d.C;), sus creencias pronto penetraron la totalidad de la Iglesia. El emperador Constantino II (337-361 d.C.) persiguió a obispos que creían correctamente, y facilitó que la mayoría de los obispados siguiesen estando ocupados por arrianos. La Iglesia Católica, por primera vez, estuvo en peligro de resquebrajarse debido a la disminución interna de la verdadera fe. Solamente unos pocos obispos, entre ellos San Atanasio (a quien frecuentemente olvidamos), ofrecieron alguna resistencia a las creencias arrianas.

No hay evidencia que demuestre que alguno de los primeros Papas alguna vez haya permitido o distribuido la Sagrada Comunión en las manos de los laicos.

Cuando finalmente se venció al Arrianismo, se instauró la forma actual de la Hostia para la Comunión, pero como se divulgaron varios usos indebidos de Hostias entregadas en la mano, la Iglesia volvió a la Comunión en la lengua. La Comunión en la mano fue rechazada por la Iglesia en los siglos V y VI. En las partes más remotas de la Galia (que luego se convertiría en Francia) el rechazo a la Comunión en la mano llevó un poco más de tiempo, hasta los Concilios de Rouen (650 y 878 d.C.). En España, la Comunión en la lengua experimentó una fuerte oposición por parte de la secta hereye de los Casianos, y finalmente fue instaurada en el Sínodo de Córdova (839 d.C.).

CONCILIO DE TRENTO (1545-63)

"… que se les entregó el poder a los discípulos y a sus sucesores en el sacerdocio para consagrar Su Cuerpo y Sangre y para distribuirlo". Los laicos, una vez más, se mantienen en actitud pasiva.

SAN AGUSTÍN, ✝ 430

"...pero nadie se alimenta de esta carne, antes de haberla adorado. (…) Pecamos si no la adoramos".

SAN FRANCISCO, ✝ 1226

"Y cuando el sacerdote ofrece a Jesús en el altar y lo lleva a algún lado, todas las personas deberían doblar las rodillas y rendir al Señor, al Dios vivo y verdadero, alabanza, gloria y devoción".

SANTO TOMÁS DE AQUINO ✝ 1274

Remarcó que el Más Sagrado solamente podía ser tocado por manos consagradas, excepto en el caso de "emergencias".

(JESÚS A…) SANTA BRÍGIDA DE SUECIA, ✝ 1373

"Mira, huja mía, les obsequié cinco cosas a mis sacerdotes, (…) y en el quinto lugar, el privilegio de tocar Mi Carne Más Sagrada con sus manos".

SANTA CATALINA DE SIENA, ✝ 1380

Recibió del mismo Jesús la Sagrada Comunión en la boca.

SANTO CARDENAL JOHN FISHER, MÁRTIR, ✝ 1535

"Los tiempos de florecimiento o colapso en la historia de la Iglesia siempre estuvieron asociados con el manejo de la Sagrada Eucaristía".

SAN JEANE-MARIE VIANNEY, CURA DE ARS, ✝ 1859

Una Hostia consagrada escapó de sus debos y voló por sí sola a la boca de un comulgante que comulgaba por primera vez. Un hombre de poca fe que presenció este hecho se convirtió a partir de ese momento, y luego fue sacerdote.

MILAGROS EUCARÍSTICOS

LANCIANO, ITALIA, (750)

Los científicos han probado que el material que se conserva en la parroquia de Lanciano es carne y sangre humana verdaderas. Ambos son del mismo tipo de sangre; la carne es la de un múscolo del corazón, y está viva.

HERMANA CRESCENTIA HÖSS, ✝ 1744 (estigmatizada)

La Hostia consagrada voló del tabernáculo, a lo largo de la Iglesia, y se depositó en su boca.

HERMANA MARIA COLUMBA SCHONATH, ✝ 1787 (estigmatizada)

La Hostia consagrada voló del tabernáculo, a lo largo de la Iglesia, y se depositó en su boca.

TERESA NUEMANN, ✝ 1962 (estigmatizada)

La Hostia consagrada voló del tabernáculo, a lo largo de la Iglesia, y se depositó en su boca. Por otro lado, en una ocasión, enceguencida por la sangre que emanaba de sus ojos mientras sufría la Pasión de Cristo, pudo *ver* que un laico se había infiltrado en su cuarto vestido como sacerdote, y habló obligándolo a dejar la habitación (una acción que sólo les estaba permitida a los sacerdotes en aquel entonces).

MARTHE ROBIN, ✝ 1981 (estigmatizada)

"Cuando intenté acercar la Hostia a la boca de Marthe, no lo logré. La Hostia voló por sí misma a la boca de Marthe y se acomodó en su lengua". Fr. Joseph Marie Jacq, 1974. También, Nuestra Madre le dijo a Marthe que consuistaría la Masonería en Francia. Ten presente estas palabras mientras continúes lejendo.

JULIA KIM DE NAJU, COREA DEL SUR

Al recibir la Comunión en la lengua, la Hostia se había transformado en carne y sangre. Este milagro, que ha sido presenciado por el Santo Padre en Roma, comenzó en junio de 1988, en la Fiesta de Corpus Cristi, y continuó en los años 90. También existen milagros eucarísticos registrados en los que algunos animales se han inclinado ante Hostias Consagradas. ¿Qué diríamos de aquellos seres humanos que asisten a la iglesia hoy en día, y de su dureza frente a Jesús Eucaristía? Por otro lado, nunca se ha hablado de un milagro eucarístico en donde una Hostia Consagrada se haya depositato *en las manos* de alguien. ¿Habrá alguna razón para que así sea?

SANTOS PADRES
PAPA LEÓN XIII, ✝ 1903

"En los casos en que la orden de la razón contradiga la vida eterna y la autoridad de Dios, está permitido desobedecer –en referencia a los hombres– con el fin de obeceder a Dios".

SANTO PAPA PÍO, ✝ 1914

"En el momento de recibir la Sagrada Comunión, uno debe ponerse de rodillas".

PAPA PABLO VI, ✝ 1978

La Comunión en la mano comenzó en Holanda en 1965/66 como resultado del *cuestionamiento de algunos laicos respecto a la verdadera presencia de Jesús en la Hostia Consagrada*. Este cuestionamiento, pareciera ser semejante a la "negación de la Divinidad de Cristo". (Ver también Ámsterdam, página 30). El Papa Pablo VI, en la encíclica *Mysterium fidei*, rechazó la "Comunión en la mano", como se la llamaba, como una "opinión falsa ya desparramada". A partir de entonces, el papa Pablo VI pidió a los obispos holandeses que escribieran a todos sus sacerdotes y "les dieran directivas para que volviesen, nuevamente, a la manera tradicional de recibir la Sagrada Comunión". El Papa Pablo VI también se expresó contra el creciente mal uso del sexo el los matrimonios (píldoras, etc.), tres años más tarde, en su encíclica *Humanae vitae*. *Ninguna* de estas instrucciones fue difundida por los obispos holandeses, y los sacerdotes de Holanda permanecieron sin ser censurados o castigados.

Nota: si bien en Holanda reconocen que, a excepción del Infierno, todas las cosas se encuentran dentro del alcance de la reparación, hoy en día, tan sólo 30 años más tarde, Holanda, bajo el estandarte del individualismo liberal, se ha convertido, moral y espiritualmente, en un tumor terminal. Un 9% del total de las muertes que se registran en Holanda al día de hoy son producto de la eutanasia, entre ellas, una niña que sufría de esclerosis múltiple.

En 1969, el número de obispos –siempre creciente– que fomentaron la Comunión en la mano (entre ellos, Alemania, Francia y Bélgica) solicitó al Papa Pablo VI que les otorgara un permiso especial para entregar la Comunión en la mano, y así poder "sancionar la desobediencia". Sorprendentemente, y luego de luchar contra mucha resistencia, el Papa pareció acceder, y en 1969, en varias conferencias de obispos donde se había impuesto la manera no tradicional de recibir la Sagrada Comunión (desobedeciendo), el papa Pablo VI otorgó un "permiso especial" que permitía la Sagrada Comuníon en la mano. Este "permiso especial" fue otorgado *solamente* a "ciertas comunidades y ciertos pueblos", y *no* a todas las diócesis, ni *tampoco* "como una costumbre". Por lo tanto, su inmersión y difusión en tantos países es confusa, errada e inválida. El permiso limitado que el Papa Pablo VI otorgó, fue otorgado bajo presión y en condiciones engañosas. ¿Queda alguna duda en la expresión que utilizó al decir quel el "homo de Satanás" había entrado en la Iglesia?

A fin de erradicar la creciente "costrumbre en la desobediencia", el Papa (también en 1969) se dirigió a toda la Iglesia, y advirtió seriamente (*vehementer hortatur*) de los peligros de la Comunión en la mano, y aconsejó "por el bien de la Iglesia misma" que todos los obispos, sacerdotes y laicos se adecuaran a la manera, nuevamente confirmada, de recibir la Sagrada Comunión en la lengua. Esta advertencia, y las siguientes, todavía rigen al día de hoy.

En 1975, el arzobispo Annibale Bugnini, autor de *Liturgical reform* (*Novus ordo missae*), respetado experto litúrgico y consejero del papa Pablo VI, fue removido por este cuando quedó expuesta su afiliación masónica. Bugnini, al tratarse el tema, exageró categóricamente las opiniones de la minoría, y restó importancia a la opinión de la gran mayoría. Bugnini aconsejó al Papa con mentiras y grandes distoriones; pero el daño ya estaba hecho, y todo el catolicismo caminaba rumbo a debilitarse como consecuencia de esta traición.

Por lo tanto, en lugar de leer *Liturgical reform*, promovida –como lo estuvo– por un grupo de reformistas, al sumergirse en la oración lean la Biblia y los escritos de este Santo Padre, y también lean y vivan los mensajes de Nuestra Madre de los distintos lugares del mundo en donde haya sido aprobada la veneración.

Por otro lado, se tiene costancia de que el Papa Pablo VI, enfermo, salió de la cama y se puso de rodillas para recibir a Jesús unas horas antes de su muerte, cuando le llevaron la Sagrada Comunión a la habitación.

PAPA JUAN PABLO I, ✝ 1978

"El Papa Juan Pablo I, la noche en que fue asesinado por un masón encubierto, tenía en el cajón de su escritorio una lista de entre treinta cardenales y obispos masones a quienes pensaba remover al día siguiente.

PAPA JUAN PABLO II

Luego de transcurridos 11 años de Comunión en la mano, Juan Pablo II expresó: "En varios países la Comunión en la mano se ha vuelto la norma. Al mismo tiempo, las voces que expresan la falta de reverencia a las formas eucarística se están haciendo más fuertes –una falta de reverencia que debe ser respaldada no solamente por quienes la demuestran, sino por los Pastores de la Iglesia".

¿Entendemos ahora por qué, como dice Nuestra Madre, sufre nuestro Santo Padre, En Alemania, también en 1980, el Santo Padre expresó: "Pero digo que no puedo estar a favor de ella (la Comunión en la mano), ni tampoco puedo recomendarla". Dijo también que el sacerdote, "como servidor de la Sagrada Eucarístia y todas las formas Sagradas, tiene una responsabilidad primaria-primaria, porque es completa".

"Poner las manos en las Sagradas Formas es un privilegio de las personas ordenadas". Los laicos solamente pueden obtener dicho permiso "en el caso de una verdadera emergencia".

Ustedes podrán estar pensando: "Pero yo mismo he visto al Papa distribuir la Sagrada Comunión en la mano. Esto es cierto. Sin embargo, cuando el Santo Padre distribuye la Comunión en la mano", lo hace solamente porque, al econtrarse en un país donde la Conferencia de Obispos ha decidido desobedecer sus instrucciones al respecto, y las de su predecesor, no quiere oponerse ala Conferencia de Obispos y dar origen a posibles cismas por alusión al tema. Cuando los obispos desobedecen al Papa, no hay, *es claro*, culpa por parte de la comunidad laica – en el supuesto de que toda la información que hubieran recibido proviniera exclusivamente de los obispos de sus respectivas diócesis.

Según consta, el Santo Padre, al visitar Francia en la década de 1980, se negó a dar la Sagrada Comunión en la mano al entonces presidente de Francia, Giscard d'Estaing y a su mujer, quien, antes del encuentro, abiertamente había anunciado que se enfrentaría al Papa. El Santo Padre no cedió, y su firmeza se vio reflejada en la televisión francesa.

Por otra parte, en Zagreb, Croacia, en septiembre de 1994, el Santo Padre ordenó que los sacerdotes auxiliares (en lugar de monaguillos) que lo acompañaban usaran grandes patenas a fin de atajar las partículas que cayeran mientras distribuía la Sagrada Comunión. El autor y miles de otras personas vieron que, cuando los comulgantes intentaban alzar las manos, sus intentos se veían frustados y debían elegir entre recibir de manos del Papa la Comunión en la lengua o golpearse con las enormes patenas. Actuando así, *el Papa no daba alternativa a los feligreses*. Nadie recibió la Comunión en la mano ese día, al menos no por parte del Santo Padre. Y en Cracovia, Polonia, en junio de 1997, los sacerdotes que concelebraban en la misa papal tampoco distribuyeron la Comunión en la mano.

CARDENALES

CARDENAL JULIUS DÖPFNER, ✟ 1976

Poco tiempo antes de su muerte expresó: "De haber sabido que como consecuencia de la Comunión en la mano se generaría tanta falta de reverencia, nunca hubiese hablado a favor de ella. (…) Hoy en día uno recibe la Sagrada Comunión como uno recibía el agua bendita en el pasado. Durante dos años peleé a favor de la Comunión en la mano. Ahora que he visto los resultados, nunca más lo haría. Pero ahora no conozco forma alguna que pudiera dejar sin efecto lo que ha ocurrido. ¡Dejen de lado la Comunión en la mano!"

CARDENAL FRANJO SEPER, ✝ 1981
(Anterior prefecto, Sagrada Concregación para la Doctrina de la Fe)

"La Comunión en la mano no se trata, en mi opinión, de un tema de la forma, sino (…) de un tema de fe y, por lo tanto, de una decisión de cosciencia del sacerdote".

"Ninguna persona, luego de haberlo meditado en su conciencia, puede sentir la necesidad de recibir la Comunión en la mano".

Por favor, pregúntate, querido católico, cuándo y por qué empezaste a recibir la Sagrada Comunión en la mano. Pregúntatelo verdaderamente, y luego deja que la oración te brinde la respuesta. ¿Se trató de una buena razón o, como muchas otras cosas en nuestra generación, comenzaste simplemente porque "todos los demás lo hacian"? Por favor, escuchen a este importante cardenal, y también ustedes pregúntenle a Jesús si tenía razón? ¿O te dejaste llevar simplemente "por la época", como muchas otras personas, y nunca te diste la oportunidad de perguntarle o de escucharlo a Jesús sobre este tema? Si así fue, *por favor* pregúntale y escúchalo a Jesús ahora.

CARDENAL JOSEPH RATZINGER
(Prefecto, Sagrada Congregación para la Doctrina de la Fe)

"Debemos reconquistar la dimensión de lo Sagrado en la Liturgia" (1988). La implicación obvia es que "la dimensión de lo Sagrado" se ha perdido.

MÍSTICOS DE LOS SIGLOS XIX Y XX

KATHARINA EMMERICH, ✝ 1824 (estigmatizada)

Se la considera la más famosa de todas las místicas alemanas. Katharina vio cómo Jesús distribuía el pane en la boca de sus apóstoles.

TERESA NEUMANN, ✟ 1962 (estigmatizada)

"Vivió unos 35 años sólo a base de Hostias Consagradas, y también vio a Jesús distribuir el pan en la boca de los apóstoles.

Cuando Fr. Joseph Naber le pidió a "Resl" que describiera qué veía cuando tenía visiones de Cristo mientras lo removían de la Cruz, ocurrió el siguiente intercambio:

Naber: -¿Y ellos fueron quienes lo sostuvieron allí arriba?

Resl: - Sí. El anciano estaba allí, y el otro, también un hombre piadoso, era uno de ésos que no están siempre con el Salvador (discípulo). Sostenían fuertemente al Salvador, desde atrás; las escaleras se encontraban firmemente asentadas y podían doblar el largo manto de lino; él (José de Arimatea) daba todas las órdenes. A ellos, por otro lado, no se les permitía tocar al Salvador con sus manos descubiertas; teníam una verdadera, ¿cómo se llama?

Naber: - ¿Reverencia?

Resl: - Sí, efectivamente, me gustó eso. También mostraban gran reverencia por la Madre (María).

SANTO PADRE PÍO, ✟ 1968 (estigmatizada)

"¿Cuán seguido se nos brinda este beso de paz en el Màs Sagrado de los Sacramentos? Sí, debemos ansiar deseosos el beso de la boca divina; ¡mejor aún, estemos aún muy agradecidos!"

MARÍA SIMMA, DE AUSTRIA
(Alma sufriente y vidente de las almas del Purgatorio)

Al soportar el sufrimiento de las almas tanto en forma mística o mediante la oración, María, desde la década del 1960, ha liberado a 40 o 50 sacerdotes (y obispos, entre ellos), muchos de los cuales se encontraban en el Purgatorio por propagar la práctica de la Comunión en la mano u otras prácticas igualmente irreverentes. María se refiere a la Comunión en la mano como "obra del demonio". También repite

348

frecuentemente lo que las almas del Purgatorio le dicen, y una preocupación generalmente expresada por las almas es que "la Iglesia de hoy en día se encuentra en la peor situación en que ha estado desde sus comienzos".

Recordatorio: Como el santo Luis de Montfort expresó, una verdadera devoción mariana incluye una mayor comprensión y un mayor amor por las almas del Purgatorio.

HERMANA ANNA ALI DE KENYA
(estigmatizada)

La Hermana Anna conversa con Jesús y las revelaciones que manifiesta tiene relación con la devoción eucarística. Jesús le ha dicho que la Masonería ha acordato suprimirlo de la Santa Misa.

DOCUMENTOS DE LA IGLESIA

1.   Los documentos del Concilio Vaticano II

Los documentos no contienen nada en absoluto acerca de este tema tan importante, y sin embargo muchísimas personas asocian erróneamente la Comunión en la mano con el Concilio Vaticano II.

2.   El credo del pueblo de Dios, por el papa Pablo VI

I, II, III, IV, Recepción con reverencia

El ayuno eucarístico requerido de una hora como mínimo antes de recibir la Sagrada Comunión (exceptuándose solamente el agua y los remedios); vestimenta apropiada y respetuosa. Solamente deberíamos acercarnos a la mesa del Señor con gran reverencia, las manos entrelazadas y la mirada sumisa.

3. El Catecismo de la Iglesia Católica, 1993

El *Catecismo* tampoco hace referencia a este asunto, y esta falta de información, en el año 1993, es de sumo interés. ¿Por qué no se hace mención al tema? No se hace mención porque sus autores principales, el cardenal Joseph Ratzinger y el Cardenal Christoph Schönborn, son protagonistas de la Comunión en la mano, y ambos se encuentran muy cerca del Santo Padre.

INSTRUCCIONES RECIENTES DEL PAPA

Memorial Domini, por el Papa Pablo VI

La carta del Papa (*Dominicae cenae*) a todos los obispos y sacerdotes del 18 al 22 de octubre de 1968, y 29 de mayo de 1969.

Incluye: "En razón del estado de la Iglesia en su totalidad, hoy en día, debería practicarse esta forma de distribuir la Sagrada Comunión (en la lengua), no sólo porque se sustenta en la tradición de muchos siglos, sino especialmente porque es un signo de reverencia de los fieles hacia la Eucaristía. La práctica de la Sagrada Comunión en la lengua de los comulgantes de ninguna forma disminuye su dignidad. Esta forma tradicional de administrar la Comunión asegura que ella es recibida por los feligreses con reverencia, decoro y dignidad".

A este texto la siguen los votos de todos los obispos que se encontraban fehacientemente en contra de la Comunión en la mano. Sigue a continuación una cita en la quale se manifiesta claramente la estricta limitación a esta tolerancia:

"Sin embargo, en el caso de que la práctica opuesta (haciendo referencia a suministrar la Sagrada Comunión en la mano) ya se hubiera propagado en todas direcciones, la Cabeza de la Iglesia, a fin de aliviar la tarea de la oficina pastoral – que en la actual situación cada vez es más difícil – debe instruir y es responsable de considerar las condiciones especiales en cada caso, siempre y cuando se dejen de lado los peligros de deterioro de la reverencia y aumento de falsas opiniones acerca de la Sagrada Comunión, y se eviten las deficiencias al ser suministrada".

¿"Prácticas opuestas" y "solamente bajo la condición"? A partir de éstas y las demás expresiones, ¿creen ustedes que los encargados de la Iglesia (incluyendo al Papa, ya que después de todo este decreto era suyo) y los hombres en la Sagrada Congregación para la Doctrina de la Fe estaban tan entusiasmados con la Comunión en la mano? No creo. Este párrafo, como el resto del documento, transmite una exhaustiva ansiedad para que la Sagrada Comunión no pierda la santidad administrada en la forma en que lo hacen los sacerdotes y personas piadosas.

El *Memorial Domini* es el *único* documento donde se puede encontrar una tolerancia a la Comunión en la mano; sin embargo, el que allí se mencione, ¿cambia en forma alguna la manera en que se forzó a la Iglesia a permitirla? No. Por parte de Bugnini hubo manipulación, insurrección y deshonestidad abierta. Y ciertamente no actuaba sólo; existía subversión en la Iglesia. ¿Realmente piensan que pueden surgir buenos frutos de la subversión? No. Si ocurriera algo comparable en un gobierno o en un ambiente industrial, las consecuencias sin duda hubiesen sido corregidas hace mucho tiempo. *Debemos* comenzar a pensar y actuar con la conciencia.

También

El misterio y el culto de la Sagrada Eucaristía, por el Papa Juan Pablo II. Carta del Papa (*Domicane cenae*) a todos los obispos y sacerdotes, 24 de febrero, 1980.

La carta incluye:

"¡Con queé elocuencia, en nuestra ordenación en latín, el rito de los sacerdotes de ungir las manos expresa la necesidad de una grande especial y un poder del Espíritu Santo para las manos de los sacerdotes! Tocar la Sagrada Eucaristía y distribuirla con las propias manos es un privilegio de la personas ordenadas".

También:

Regalo inestimabile (*Inaestimabile donum*) el algunas normas relativas al culto del Misterio Eucarístico, por el Papa Juan Pablo II. Sagrada Congregación para los Sacramentos y la Alabanza Divina (Jueven Santo) 3 de abril, 1980.

Incluye:

"La Sagrada Eucarístia es el regalo del Señor. Debería ser distribuida a los *laicos mediante la mediación de sacerdotes católicos* ordenados especialmente para esta tarea. A los laicos no les está permitido tomar la Sagrada Eucaristía ni el Cáliz Consagrado, ellos mismos".

A esta altura, es evidente que el actual Santo Padre, en una forma muy sutil, intentó dejar de lado la tolerancia a la Comunión en la mano – antes mencionata– a la que su predecero había sido forzado como consecuencia de las constantes presiones e información errada y desviada. ¿Qué debemos hacer? ¿Intentamos desenmarañar las discusiones politicas internas dentro del Vaticano, 25 a 30 anõs atrás, o simplemente obramos como el actual Santo Padre desea que obremos? Pregúntale a Nuestra Madre cómo deberíamos obrar hoy en día, si dodavía sigues confundido. Nuestra Madre, gentilmente –pero firme y constantemente–, infundirá en ti el obrar que está los deseos de Dios. Deja también que ella te guíe en esto aspecto.

OTROSO TESTIMONIOS

MARTÍN LUTERO, ✞ 1546

Lutero recazó recibir con la mano la Cena Luterana del Señor por considerarlo una expresíon de falta de fe".

Tomando en cuenta la presencia real en el momento de la Cena del Señor (fórmula Luterana), Lutero también aceptó el principio de Dios de Comunión en la lengua.

ANNELIESE MICHEL, ✝ 1976

(INCORRUPTA)

A los 16 años, Anneliese, perteneciente a una piadosa familia alemana, repentinamente padeció una posesión demoníaca. El demonio (durante un exorcismo practicado por el obispo de la región) fue obligado a expresar lo siguiente: "La cosa (La Sagrada Eucaristía) no puede ser depositada en las manos. Los sacerdotes deben ser valientes. Los laicos no pueden distribuirla. Mientras se está distribuyendo esa cosa (La Sagrada Comunión) uno debe arrodillarse. Bajo la orden de esa de allí (señalando a la estatua de María, cercana), la Comunión en la mano debe ser abolida, puesto que es obra mía. El obispo debe proibir la Comunión en la mano, si puede lograrlo".

MADRE TERESA DE CALCUTA, ✝ 1998

Las Hermanas de la Caridad solamente permiten la Comunión en la lengua, y cuando se le preguntó a una de las hermanas, una de las más adultas, acerca de este tema, respondió: "La Madre Teresa así lo ha pedido porque desea que sus hermanas la sean obedientes al Papa". (1996).

También se tiene constancia de que cuando un grupo de obispos que visitaba a la Madre Teresa de Calcuta le preguntó cuál, en su opinión, era el mayor mal en la crisis de la Iglesia, ella – sorprendiéndolos a todos – respondió que era la "forma moderna de recibir la Comunión".

MADRE ANGÉLICA, EWTN TV

"A muy pocos niños con los que me ha reunido se les ha enseñado alguna vez que Jesús se encuentra reál y verdaderamente presente en la Sagrada Eucaristía. Encontramos Hostias en misales, encontramos Hostias debajo de los bancos de la iglesia, debajo de chichles. He visto comulgar a una niña de 9 años e ingerir la Hostia como si se tratara de un M&M (confite americano). He visto a personas que ponen la

Sagrada Eucaristía el la manga, en los bolsillos, o que la dejan en el banco".

Intenten, con la boca, poner goma de mascar debajo del banco.

PROFESOR KLAUS GAMBER, ✝ 1978
(EXPERTO EN LITURGIA)

"La Comunión en la mano se encuentra en oposición vehemente al manejo respetuos y con temor, establecido ya hace mucho tiempo, del Más Sagrado".

HELMUT THIELICKE
(PROFESOR EVANGÉLICO DE TEOLOGÍA)

"Si la Transubstanciación, o la transformación del pan y el vino, fuera cierta ¡entonces una persona no debería dejar nunca de estar de rodillas!"

Es cierto, el tema de la Comunión en la mano poco tiene que ver con la Sagrada Misa y la adoración. Sin embargo, la afirmación de Thielicke no deja de ser una expresión muy sagrada para alguien que, de hecho, todavía se encuentra en la búsqueda de la verdad. Con seguridad Dios benedecirá a este hombre inmensamente. Querido católico, la afirmación antes mencionada confirma en forma explícita que muchas veces las persons recién convertidad son mejores católicos que quienes nacen siendo católicos.

CHAPLAIN SCHALLINGER Y OTROS 242 SACERDOTES
(EN UNA CARTA A JUAN PABLO II, EN 1979)

"No podemos, por una cuestión de conciencia, distribuir la Comunión en la mano".

FRATERNIDAD DE SACERDOTES DE SAN PEDRO

(CREADO POR EL PAPA EN 1988)

Sus sacerdotes "no distribuyen la Comunión en la mano".

PSICOLOGÍA

¿No es nuestra la responsabilidad de fomentar a nuestros hijlos y nietos la verdadera reverencia hacia el Más Sagrado de los Sagrados? Para los niños no es lo mismo ver, por ejemplo, cómo sus abuelos, a quienes tanto respetan y muchos casos idolatran, se arrodillan humildemente delante de Jesús Eucaristía, a verlos recibir "algo en la mano", de pie. ¡Somos responsables por nuestros hijos!

"Dejen que mis niños venga a mí, no se lo impidan".

¿No somos también responsables de evangelizar y desparramar el amor y la palabra de Dios a todas las personas que todavía no han sentido el amor de Dios? Y, ¿qué mejor manera de desparramar amor que con nuestro ejemplo respetuoso, afectuoso, lleno de reverencia, cuando nos encontramos directamente delante de Dios –Dios en la Más Sagrada Eucaristía?

La psicología humana es tal que cualquier cosa tocada por muchas personas se vuelve profana. Ya en el Antiguo Testamento, Dios pide, cuando se trata de los laicos, la prohibición de tocar todo lo que es sagrado. Ejempolos: Monte Sinaí; Caso del Pacto; Consagración del Templo; y otros. Solamente aquellos llamados a asistir lo sagrado quedan excluidos.

En los museos no se permite a las personas que toquen las obras de arte más valiosas (¡intenten tocar la *Mona Lisa*, el *Diamante de la Esperanza* o la *Declaración de la Independencia* sin permiso previo!), y los encargados de seguridad tampoco permiten que las personas toquen a los Presidentes (¡hagan la prueba de tocar a Clinton, Schoeder, Jelzin o Chirac sin permiso previo¡). *¿Por qué entonces hay personas que aún insisten en tocar a Jesús Eucaristía, nuestro Dios y Salvador*, sin que la Iglesia, con la mediación del Espiritú Santo, les haya concedido el permiso o el privilegio? Las obras exhibidas, antes mencionadas, probablemente sean falsas, ¡mientras que Jesús nunca es falso! Y con respecto a los jefes de estado, no hacen falta comentarios.

Cuando el público toca la Sagrada Eucaristía, inconscientemente se la denigra al nivel de otra cosa u objeto bendito. Y la asociación hacia la Sagrada Eucaristía resultante, denigrada inconscientemente y falsa, representa un peligro oculto para los piadosos; *nuestra verdadera fe prohíbe la aceptación voluntaria que manifiestan.* Por otro lado, la mente humana valora el acto de tocar la Sagrada Eucaristía con los labios como un acto de amor limpio y sagrado (un beso).

Cuando tu abuela, u otro invitado de honor, a la hora de la cena pide que le alcancen algo del otro lado de la mesa, y por razones de practicidad del momento, lo tomas con las manos en lugar de agarrar el recipiente, ¿no dices acaso: "Perdona mis manos"? ¿Eres un invitado de honor en la mesa de Jesús?

Los musulmanes no apoyan la mano izquierda en la mesa en ninguna comida. Esto se debe a que utilizan para otras funciones naturales. En los países musulmanes más fundamentalistas, cuando se castiga a un ládron, se la corta la mano derecha, la mano con la cual come.

ASPECTOS MÉDICOS

Médicamente, está probado que la saliva posee propiedades antibacterianas, y que entre 1 a 2 litros de saliva lavan y limpian la boca por día. La mano, sin embargo, como miembro externo, siempre es portadora de suciedad y enfermedad debido al contacto con los picaportes, dinero, saludos, etc.

Cuando alguna persona, con una débil respuesta, pregunta si pecas más con las manos o con la boca, con la misma fragilidad de la lógica humana, puedes responderle si se limpia …

En ese aspecto, el pecado emana solamente de nuestros corazones, de nuestras mentes y deseos, y ésa es la razón por la que nos acercamos al Sagrado Corazón de Jesús pasivamente, y asistimos y recibimos la

Sagrada Comunión de su Sagrada Mesa. Resumiendo, para sanar nuestros corazones, mentes y deseos, y nuestras manos.

Algunas personas han expresado preocupación de que el SIDA u otras enfermedades similares se propaguen más rápidamente si la Sagrada Comunión se reparte en la lengua. Sin embargo, los médicos aseguran que para que haya riesgo del contagio de SIDA debe haber heridas abiertas (cortaduras en la piel) alrededor de la boca. En el 99% de los casos de comuniones suministradas en la boca, no ocurre contacto de ninguna clase. Si este temor fuera fundato, entonces debería prohibirse todo tipo de contacto físico. Por otro lado, es muy poco probable que podamos encontrar un sacerdote que haya contraído SIDA por haber distribuido la Sagrada Comunión en la lengua.

Como vimos anteriormente, "La Divina Sustancia" en Lanciano se trata de un tejido de corazón vivo, humano. La próxima vez que te encuentres en un gran hospital donde se efectúen operaciones cardíacas, entra y pregúntale al personal a cargo si te permiten sostener tejiedo de corazón humano, vivo. Te mostrarán la salida más próxima, o el ala psiquiátrica más cercana. ¿Piensas que están siendo "no amigables" al prohibirlo? ¿No se estarán asegurando de que permanezca limpio, o –como algunos preferirían decirlo– sagrado?

HISTORIA DEL ARTE

Al no tener acceso a las fuentes necesarias, los antiguos maestros de la pintura generalmente mostraban a Jesús poniendo en pan en la boca de sus apóstoles tras mojarlo en el vino, como era la costumbre judía. A diferencia del arte contemporáneo, los antiguos maestros, sus escuelas y estudiantes eran muy meticulosos al presentar los temas que trataban. La precisión de estas pinturas también puede apreciarse en el Catecismo actual, bajo los siete sacramentos. Los museos alrededor del mundo que cuentan con obras de los "antiguos maestros", muestran la escena de la última cena en varias ocasiones; y el tema en sí debería dar lugar a un estudio detallado o un libro voluminoso con muchas ilustraciones sagradas.

LA OPOSICIÓN ANTICRISTIANA

Ya en el siglo XIX podemos citar a Estanisla de Guaita. Se trataba de un sacerdote que dejó de lado los votos, un cabalista, un seguidor de Satanás y un modelo para todos los masones.

"Cuando logremos que todos los católicos reciban la Comunión en la mano, habremos alcanzado nuestro objetivo".

El siguiente párrafo fue extraído de un Plan Masónico del año 1925: "¿Cómo se les quita a las personas piadosas la convicción en la verdadera presencia? En primer lugar, se debe lograr que las personas de todas parte del mundo reciban la Comunión, de pie; luego, se debe repartir la Hostia en las manos. Si instalamos estas costumbres, las personas llegarán a observar la Eucaristía como el mero símbolo de una cena general y amistosa, y terminarán dejándola de lado".

Lo que sigue fu extraído de una lista de directivas masónicas del año 1962, come fueran dadas por un importante maestro americano. De 34 sugerencias anti-católicas efectuadas, encontramos las siguientes: "No permitan que los comulgantes se arrodillen para recibir la Hostia. Díganles a las Hermanas que no permitan a los niños juntar las manos al ir y volver de comulgar".

Hoy en día, en que Irlanda, Croacia y Polonia son especialmente atacadas por los masones, una de las consecuencias anticristianas de este ataque será que la Comunión en la mano echará raíces aún más profundas en la Iglesias de estos países, tres de las más fuertes que quedan en Europa. Restantes países de Europa Oriental, ¡presten atención!

Por favor, entiende bien, y por el bien de tu alma, que el fin último de la masonería es la destrucción total de la Iglesia, y Jesús Eucaristía es el centro mismo de la Iglesia. ¿Qué tan grande piensas será la reparación del hermano Bugnini?

¡Por favor, deja inmediatamente de ayudar a los masones con sus constantes intentos!

El caso de Anneliese Michel (Ver página 312) fue conversado por la prensa mundial a fines de los años 70. El estudio más detallado de su caso fue llevado a cabo por la antropóloga americana Dra. Felicitas Goodman, que no era católica. Los demonios se encontraban bajo las órdenes de los sacerdotes que asistieron, y de Nuestra Madre misma. Una vez más, expersaron lo siguiente:

"La cosa no debe ser depositada en las manos. (…) Los laicos no pueden distribuirla. Mientras esa cosa se distribuye, uno debe ponerse de rodillas. Por orden de ésa de allí (María), se debe terminar con la Comunión en la mano, pues es mi obra".

"*Es mi obra*", dice el demonio. Por favor, reza por este tema y pídele a Jesús o a María que lo confirme o corrija. Confía en Ellos, y Ellos a su tiempo harán una cosa o la otra; pero primero debes abrirte a Ellos en este tema.

Como resultado de un procedimento judicial iniciado por el gobierno en contra de Annellese, su familia, los sacerdotes que asistieron y el obispo, sus restos mortales fueron desenterrados y se los halló incorruptos.

Todos los medios occidentales hoy en día informan sobre una plaga de prácticas satánicas, y el Departamento de Policía de Nueva York ha decidido acercarse en los últimos años a la Iglesia Católica para pedirle consejo a fin de combatir las prácticas satánicas. La peor de todas esas prácticas es la que se conoce como "misa negra", en donde se ofrecen Hostias Consagradas a Satanás para practicar la profanación. La obtención de las Hostias que se necesitan para llevar a cabo las prácticas satánicas se ha vuelto hoy en día muchísmo más fácil como consecuencia de las cochinadas de muchas personas. ¡Alguno de los nuestros será responsabilizado por cada una de estas Hostias mal asignadas!

MI INMACULADO CORAZÓN TRIUNFARÁ

FÁTIMA

Hermana Lucía, Jacinta (✞) y Francisco (✞)

En 1916, Lucía, Jacinta y Francisco recibieron la Sagrada Comunión de la mano de un ángel: "… sostenía un cáliz en la mano, y sobre el cáliz, una Hostia de la que brotaban gotas de sangre". El ángel dio a Lucía la Hostia en la boca y entregó el contenido del cáliz a Jacinta y a Francisco. La hermana Lucía expresó lo siguiente: "Movidos por el poder de lo sobrenatural que nos rodeaba, imitamos al ángel; eso significa que todos nos arrodillamos como él".

"¡Como él!" Nosotros, los humanos, no estamos autorizados a hacer algo que los ángeles no hacen en presencia de Jesús, eso si queremos hacer referencia a los *mismos* ángeles, los Ángeles de Dios.

AMSTERDAM

Ida Peerdeman, ✞   1995

En la imagen de "La Señora de todos los pueblos" *, los pies de María se encuentran en Holanda y en Alemania. Nuestra Madre nos avisó de un gran peligro que, debido a la doctrina falsa y a la herejía, caería sobre la Iglesia. Por intermedio de Ida, Nuestra Madre pidó que Roma fuera advertida de que este error tendría origen en Holanda (Ver Papa Pablo VI, página 303) * Aprobado para ser venerado por el Obispo de Haarlem, mayo 1996.

GARABANDAL

Conchita Gonzáles

Recibió la Sagrada Comunión de Arcágel Miguel el 18 de julio de 1962. Como en los casos antes mencionados, tambiéen "cayó de rodillas repentinamente". Quienes se encontraban a su alrededor pudieron ver cómo "una pequeña Hostia iba tornándose visible en su lengua y crecía hasta alcanzar el tamaño de la Hostia que el sacerdote alza ante la comunidad durante la Sagrada Comunión; aunque el espesor era mayor". Este hecho fue filmado, y en el Vaticano se encuentra una copia del mismo.

Este hecho ocurrió en 1962, y Conchita *no* ha cambiado su forma de recibir la Eucaristía, ni nunca lo hará.

AKITA
Hermana Agnes Sasagawa * (estigmatizada)
Mientras sus hermanas se encontraban recibiendo la Sagrada Comunión en la mano, el estigma de la mano izquierda, con un terrible dolor, obligó a Akita a cerrar la mano y a recibir a Jesús en la lengua. Paralelamente, la herida de la mano derecha de la estatua de madera de Nuestra Madre sangró desde el mismo lugar. Ambos sufrimientos, ¿habrán sido reparación por los abusos cometidos por las manos izquierdas de la comunidad laica, y las manos derechas de los sacerdotes? Seguramente. Desde ese día, la Hermana Agnes, y todas las demás hermanas, reciben la Sagrada Comunión solamente en la lengua.
* Reconocido por la Iglesia.

MEDJUGORJE
Marija, Vicka, Mirjana, Ivanka, Ivan y Jacov, Jelena y Marijana *
En Medjugorje, Nuestra Madre, durante una de sus primeras apariciones, expresó que la razón por la cual se aparecía en Medjugorje era que "aquí se practica la verdadera fe". La "verdadera fe", ¿no haría referencia al hecho de que la Comunión en la lengua era la *única* forma en que se suministraba la Comunión localmente cuando Nuestra Madre comenzó sus apariciones en Medjugorje? Los peregrinos de occidente fueron quienes llevaron la Comunión en la mano a Medjugorje. La "verdadera fe" hace referencia, *por encima de todo*, a la reverencia apropiada hacia la presencia de Jesús, nuestro Salvador y nuestro Dios, en la Hostia Consagrada. De no ser así, no significaría nada para los verdaderos católicos, y podríamos ir todos a jugar al *bowling* en lugar de recibir al Señor. * Aprobado para ser venerado.

En las primeras semanas de Medjugorje, y cuando se forzaba a los niños a que tuvieran la aparición en varios lugares diferentes del pueblo, Nuestra Madre se les apareció en el campo. En un ocasión, muy bien documentada, una persona de la multitud le preguntó a Marija Pavlovic si ellos podían también tocar a Nuestra Madre. Marija tomó entonces las manos de algunas personas y las puso donde se encontraba Nuestra Madre. Luego de haber obrado así durante un rato, la vidente comenzó a llorar, y cuando le preguntaron por qué lloraba, respondió que cada dejaba una mancha sucia en Nuestra Madre. Al enterarse, las personas *dejaron* de tocar a Nuestra Madre. Dejaron de tocarla porque la ensuciaban al tocarla. ¿Y acaso sí podemos tocar a Jesús en la Eucaristía? Indudablemente *no*.

Por otro lado, en el mensaje en que Nuestra Madre aconsejó a las personas piadosas que rezaron los "siete Padrenuestros" luego de la misa de la tarde, incluyó las palabras "de rodillas". Hoy en día, la gran mayoría de las personas piadosas en Medjugorje se arrodilla durante "los siete", y también lo hace, sin pensarlo, arriba, en las dos montañas, o cuando se encuentran en alguna de las casas de las videntes para presenciar una aparición. Esto pareciera indicar que estas mismas personas, o la gran mayoría, preferirían proceder de igual forma durante la Sagrada Comunión. ¿No deberíamos tomar en cuenta estos avisos, que nos indican la forma en que debería recibirse la Sagrada Comunión, ya sea que ocurra entre 60 y 80 minutos más tarde, o entre 5 y 15 minutos antes, o 2 y 3 horas antes? Por supuesto que sí, y la necesidad de estar de rodillas es aún mayor que en "lo siete", o durante cualquiera de las tantas apariciones, porque es Jesús nuestro Dios, no María –la misma María que les avisó a los niños que si tuvieran que elegir entre una aparición y la Santa Misa debían optar por la Santa Misa–. Recuerda, Nuestra Madre nos guía a Jesús; sin embargo, nunca se opone, exige o juzga.

Algunos funcionarios administrativos del lugar, encontrándose visiblemente contrariados, han afirmado que este tema tan crítico "no tiene nada que ver con Medjugorje". El autor, convencido, nos pide que rechacemos esta opinión, y lo hace vehementemente puesto que las situaciones arriba mencionadas por sí solas son prueba suficiente de su preocupación.

A esta altura, contamos con tres acontecimientos místicos por separado en Medjugorje (o, si nos animamos, "mensajes por implicación") que sucedieron durante los primeros días, que resumidos son: "verdadera fe", "no se la debe tocar" y "de rodillas". Y, naturalmente, estos acontecimientos deberían encaminarnos, sin lugar a dudas, hacia la forma tradicional de recibir la Sagrada Comunión.

El anterior obispo de Mostar, la diócesis en la cual se encuentra Medjugorje, permitió que se practicara la Comunión en la mano, pero esto de ninguna forma es una sugerencia, y menos un llamado, a que los franciscanos del lugar cambien algo en la iglesia de Santiago Apóstol. Los mensajes de Nuestra Madre en Medjugorje, tanto los directos como los transmitidos a través de sus imágenes o su ejemplo, son muchísmo más importantes para nosotros, laicos marianos, que los innumerables conflictos y confusiones dentro de la jerarquía de la Iglesia. María nos está llamando a que cambiemos nuestros corazones hacia Jesús, pues sólo desde nuestros corazones cambiarán las conductas exteriores. María viene a nosotros para proteger y guiar a su Iglesia. ¡Su Iglesia somos nosotros, sus hijos! No estorbes a los sacerdotes o videntes de Medjugorje, tan sobreexigidos. Al respecto, insístele a Jesús o a María para que le hablen directamente a tu corazón.

Cuando los videntes de Medjugorje dicen, como ocurre muy seguido, que Nuestra Madre desea que recibamos la Sagrada Comunión con el corazón, significa con amor. Con amor, haciendo referencia a Dios mismo, significa con una reverencia amorosa y verdadera. La forma interio es, en un principio, más importante que la forma exterior. Sin embargo, la forma exterior *es el resultado* de una forma interio más reverente. Además, cuando se trata de terceros (por quienes también *somos* responsables), nuestra forma externa, basada en nuestro recogimiento (con reverencia), conduce también a los demás a un mejor recogimiento interno.

El autor, entre su círculo de amigos y conocidos, conoce al menos a doce personas de Occidente que al profundizar sus vidas de oración en

Medjugorje, dejaron de lado la Comunión en la mano por la tradicional forma de recibirla en la boca; y no conoce casos de personas que hayan cambiado en el sentido inverso. Debe de haber una buena razón para que esto sea así; y si tenemos en cuenta que la presencia de Nuestra Madre en Medjugoje es el único mensaje que encontramos, alguna relación debe de haber entre los cambios de una forma a la otra y Nuestra Madre.

Sin embargo, por otro lado, Nuestra Madre no menciona este tema fundamental directamente en sus mensajes en Medjugorje: ¿estará actuando de la misma forma que el Santo Padre –de quien Ella misma dijo "elige de acuerdo a nuestro tiempo" – al tener que lidiar con las mencionadas (desobedientes) Conferencias de Obispos? El autor cree que así es.

El mensaje en el que Nuestra Madre menciona haber elegido a *este Santo Padre*, ¿no es de por sí suficiente razón para que todos los católicos deban seguir su tutela amorosa por Jesús, por su Madre (*Totus tuus*), por su Iglesia, por sus sacerdotes, por todos sus "queridos hijitos" y por el mundo; y lo sigan siempre? Seguramente. Si el Santo Padre es el sucesor de la Roca el la que debe descansar la Iglesia, entonces estemos con él y no contra él.

Respetando su privacidad, el autor cita aquí al sacerdote más reverente, en su opinión, que vive en Medjugorje. Esta persona tan perseverante e imitadora de María le comentó: "Nunca en mi vida recibiría en mi mano. "Y en otra oportunidad: "Sí, tengo un problema con ello (la Comunión en la mano)." Este sacerdote, como fiel alumno de Nuestra Madre, tampoco intenta en lo posible contrariar, exigir o juzgar.

Antes y durante la última guerra de los Balcanes, se veía caminar por Medjugorje a un sujeto de 55 años aproximadamente. El sujeto nunca hablaba con nadie; y llevaba siempre un casco de obrero y una valija de cuero marrón con una correa. Una tarde, un lugareño observó cómo el hombre, luego de recibir la Hostia en la mano, la guardaba en el bolsillo del saco en lugar de consumirla. Siguió entonces un silencioso enfrentamiento en donde físicamente obligaron al sujeto a que la consumiera, tras lo cual un peregrino croata lo siguió en la oscuridad.

La valija esa tarde resultó estar vacía. A fines de 1992, luego de que este hombre robara un arma de un auto de policía militar en la intersección de Tromeda, unos soldados le dispararon y mataron al lado de la estación de servicio del lugar. El hombre era conocido en Siroki Brieg, Ljubuski, Grude y en Livno, un pueblo más lejano, por lo mismo. Siempre parecía tener mucho dinero y se lo conocía porque se alojaba en los mejores hoteles del lugar donde fuera. (Con frecuencia, los organizadores de "misas negras" sátanicas pagan cientos de dólares en Occidente por Hostias consagradas. Como el lector podrá imaginar, aproximadamente el precio de un arma. Recemos por esa pobre alma).

Cuando alguien se refiera al tema crucial de este *ápendice* como espiritualidad cuestionable, el autor le sugiere que escuche las palabras del poderoso Papa León XIII (Ver página 303), en lugar de confundir y mezclar los conceptos que la otra persona pudiera tener respecto a los temas legales de la Iglesia en lugar de estar radiante de amor por Cristo. Como el Papa León XIII aconseja, escucha a Dios cuando le hable a tu conciencia. Es puramente *tu* conciencia, no la de otra persona. O, al menos, escucha a Nuestra Madre y actúa a partir de su mensaje respecto al actual Santo Padre.

FRUTOS DE LA COMUNIÓN EN LA MANO

En primer lugar, ¿cómo llegó la Comunión en la mano a Italia? ¿Lo crees si te digo que se debió a los turistas? O por le menos eso expresaron los sacerdotes que presionaron años después en la Conferencia de Obispos con este argumento vago y que servía a sus propósitos. Dijeron que llegaron turistas de Alemania, Francia, Bélgica y Holanda que querían recibir la Comunión en la mano. Entonces, para no perturbar sus (bien merecidas) vacaciones, los sacerdotes estuvieron de acuerdo con ellos, y más adelante también lo estuvieron algunos obispos. Por lo tanto, los turistas que gastaban dinero triunfaron sobre la verdadera reverencia del Jesús Eucaristía.

Sin contar lo que ya se ha mencionado, la Comunión en la mano sólo ha ayudado a propagar un mayor alejamiento entre los piadosos, especialmente entre los jóvenes, en relación con la verdadera presencia de Jesús en la Sagrada Comunión.

En varias partes de Occidente, la Comunión en la mano ha promovido y también sustentado la idea de que el "saludo de la paz", como se lo conoce, es la parte más importante de la Misa. El saludo de la paz también fue otra idea de la época de Bugnini, y también ha debilitado la verdadera reverencia cuando los laicos se encuentran directamente delante de Jesús Eucaristía.

Con respecto al saludo de la paz; éste sí existía en la Iglesia de los comienzos, pero entonces se hacía *antes* de la Consagración, y *no* inmediatamente después de ella, cuando Jesús ya está entre nosotros, y cuando Él y su Madre desean que Jesús y *sólo Él* penetre en nuestros corazones. Si tenemos en cuenta lo que Jesús y María quieren, tanto tú como la persona que tienes al lado pueden esperar hasta esta fuera del templo, en la vereda o en la cafetería. La idea es que llevemos a Jesús a la cafetería, y no la cafetería a Jesús. Cuando uno tiene un dolor de muelas va a un dentista, y cuando tiene el autor roto, al mecánico. ¡Pobres quienes lleven su dolor de muelas al mecánico! Nuestra Madre, además, también lo prefiere así, y al por qué se hace explícito a continuación:

Una vez María se le apareció a Marija de Medjugorje, solamente unos pocos minutos después de la Consagración. Si bien se reveló a la hora prevista, en esa ocasión no rezó ni habló con la vidente, y desapareció luego de unos pocos minutos, tras dar su bendición *únicamente* al pequeño grupo que se encontraba en aquella Santa Misa. Cuando el sacerdote que celebraba le preguntó más tarde a Marija por qué había ocurrido todo tan rápido, su respuesta, enfatizada por un elegante movimiento de su mano extendida hacia el frente del altar, fue: "No me habló porque Jesús se encontraba parado, aquí". No deberían ser necesarias mayores explicaciones. Una digresión…

La Comunión en la mano también ha dado lugar a una escuela de pensamiento en la Iglesia de los Estados Unidos, incentivada (como pasa con casi todas las cosas en Occidente) por el liberalismo individual, que sostiene que uno debería pararse durante la

Consagración. ¿Y por qué no aclamar, silbar, golpear los pies y traer porristas coloridas que revoleen pompones? ¿Y por qué no tomar un café, ver televisión o llevar al perro a la parroquia, tal como el autor ha observado en algunas Iglesias Católicas de Occidente?

La Comunión en la mano también ha contribuido indirectamente a sacar el Tabernáculo del centro de las parroquias, primero a un área lateral, luego a un cuarto contiguo, y por último, a otro edificio, donde pocos o nadie pueden encontrar a Jesús aunque quieran adorarlo. Ha contribuido también a que se quitaran los comulgatorios de muchas parroquias. Satanás es un depredador muy astuto, y como cualquier feligrés verdaderamente piadoso sabe, es persistente en sus intentos de quebrarnos y aplastarnos, paso a paso.

En Europa, los laicos ocasionalmente se organizan en grupos cuya única responsabilidad es la de juntar, cuidadosamente, las partículas que quedan desparramadas luego de suministrada la Comunión en la mano. En el pasado esta tarea nunca fue una verdadera necesidad por la forma tradicional de la Sagrada Comunión, que incluía el uso de patenas; en la actualidad, la tarea la llevan a cabo almas muy reverentes y cariños as como estas personas que, a Dios gracias, todavía existen.

Entonces, ¿todavía te sorprendes realmente el encontrar muchas parroquias occidentales sin oración y vacías, cuando Jesús ha sido primero recibido de pie, ignorado luego, remplazado después, cambiado de lugar, removido, y finalmente descartado?

¿No crees que el Plan Masónico de 1925 ha cumplido bien su trabajo? Demasiado bien, querido católico, y ahora es momento para volver a la verdadera reverencia, y si queremos que nuestra Iglesia viva la renovación de la que habla el Santo Padre, debemos practicar la reverencia en las multitudes. Muchos han intentado una renovación sin Nuestra Madre, y hoy en día se encuentran fragmentados y sin posibilidad de enmienda. Otros han experimentado una renovación sin Nuestra Madre pero han tendido más hacia ella que a la dedida reverencia hacia su Hijo Jesús. *Solamente* si todos nosotros volvemos a la debida reverencia hacia Él estaremos realmente con ella, y la verdadera renovación se volvería imparable.

Una de los fieles piadosos que recoge las migas luego de la Santa Misa es un diácono, un exorcista extraordiario y una persona que tiene locuciones internas de Nuestra Madre (guiado y con el apoyo y la autoridad de un Arzobispo). Aproximadamente en la mitad de este documento, el autor le preguntó a este valiente hijo de María si la Virgen quería o no que el autor continuara recopilando información para "La Divina Sustancia" con la intención de publicarlo luego. La respuesta de Nuestra Madre fue: "Sí, puede continuar". Y mucho antes de eso, el autor le preguntó a este hombre santo por qué pensaba que le habían sido dadas las gracias que le habían sido dadas. Su humilde respuesta fue que aún no la sabía con certeza, pero sospechaba que se trataba de una combinación de la influencia mística de su director espiritual, el Santo Padre Pío, y el hecho de que él mismo había estado recogiendo al Jesús Eucaristía de esa manera durante 30 años.

Y hoy en día, cuando los comulgantes adheridos a una u otra de las dos formas de recibir la Sagrada Comunión sean ignorados completamente o aún recriminados verbalmente por sacerdotes (por ejemplo, cuando se los reprende por "comportamiento obsesivo"): ¿a qué grupo pertenecerán? Siempre al grupo que intenta adherirse a la Sagrada Comunión en la lengua, de rodillas, y nunca al otro. Este hecho también debería marcarnos algo: ¿Quién estará detrás de esto, querido católico? ¿Jesús o Satanás?

MÁS INTERCAMBIOS

Cuando en forma genérica se dice: "pero eso es anticuado" (y debemos presuponer mucho de los temas arriba mencionados), recuérdales cordialmente que esa creencia, con frecuencia, es la semilla de muchos pecados de apostasía. Los creyentes "de la Nueva Generación" dicen que Jesús es anticuado, y si tenemos en cuenta que aquí, en "La Divina Sustancia", estamos hablando de Jesús, el autor sinceramente espera que la afirmación se retruque por sí sola.

Cuando se argumenta "Pero la Iglesia lo ha permitido", por favor recuerda que tú eres la Iglesia. La Iglesia no son los enredos enmarañados de burócratas desobedientes, deshonestos y traidores en lugares lejanos e inalcanzables. La Iglesia no lo "ha permitido", *solamente* lo ha tolerado por una presión oculta, y tú *no* constituyes "una verdadera emergencia". ¿O quieres acaso, en una fecha futura, ser considerado una emergencia?

Cuando escuchas comentario excesivamente democráticos ("No hagan revuelo", "no seas diferente", "no seas distinto", "esas cosas pueden llevarte al orgullo"), recuerda que para Jesús *tú eres* distinto, para Jesús *tú eres* único, y *solamente con Jesús* te vuelves libre. Entonces, una vez más, *¡fuera del camino*, Satanás!

Citando a un pensador simple y lúcido que, al igual que el autor, no se ha dejado impresionar con el llamado mundial de la Masonería, a la falsa "igualdad, hermandad y libertad" entre todas las personas del mundo:

"La religión de nuestra sociedad es la democracia, la hermandad, la socialización, la conformidad, acuerdo y popularidad. Hoy en días las éticas cristianas no se distinguen de la misma forma que la fe cristiana. Todos admiten los reclamos del amor (en principio o en la práctica), pero no todos admiten el reclamo de la fe. Todos están de acuerdo (una vez más, en principio) con las enseñanzas éticas de Jesús, pero no todos están de acuerdo con su reclamo a la divinidad. Si solamente pudiéramos clasificar a Cristo con otros maestros de ética, y al Cristianismo con otras reloigiones, dejaríamos de lado el odio de la distinción, el escándalo del elitismo, y el terror de estar acertados donde otros estuvieron errados".

Nos guste o no, y aún más que otros cristianos, los católicos *somos* distintos, un grupo selecto, y lo que creemos es la verdad.

Si bien es cierto que Cristo está presente en su palabra y en las personas de Dios reunidas todas juntas, y también es cierto que cada persona viva es un Templo de la Trinidad, lo que le da una distinción extraordinaria a la presencia de Cristo en la Sagrada Eucaristía es que en la Eucaristía – como sus palabras lo expresan tan exactamente – su presencia es "la promesa del nuevo pacto entre Dios y su pueblo". En cualquier cultura y en cualquier lugar, la Promesa del pacto *debe* observarse con fervorosa reverencia.

Esta reverencia hacia Dios, muy distinguida en cualquier religión y en cualquier lugar, se demuestra principalmente por el hecho de rezarle de rodillas. Aun el más moderado de todos los musulmanes practicantes se pone de rodillas y reza a su Dios cinco veces al día, mientras que nosotros, católicos, hoy en día nos arrodillamos muy rara vez. Sin embargo, sí nos preocupamos muchísimo por nuestros jóvenes, que actualmente se adhieren a otras religiones o sectas en donde los miembros incluso se ponen de rodillas ante quienes ellos llaman "gurús". Dios escucha las oraciones de las otras personas, al igual que escucha las nuestras, pero si no le mostramos nuestros amor, ¿qué tan verdaderas y profundas pueden ser realmente nuestras oraciones? Nosotros, católicos, que en estas décadas raramente nos ponemos de rodillas ante Dios, ¿ayudamos a nuestra jóvenes en su búsqueda de la verdadera reverencia, desde una postura de arrepentimiento de amor por Dios, a quien todas las almas que están todavía aquí en la tierra, tanto jóvenes como adultas, anhelan? Nosotros, católicos que recibimos a Jesús en cada Sagrada Comunión, no tenemos razón de asistir a la Iglesia si no estamos preparados para arrodillarnos ante Él.

Como las Almas del Purgatorio una vez le dijeron a María Simma: "Muchos desean ser buenos católicos; pero les parece demasiado trabajo hacer esfuerzos por alcanzar la santidad. Y sin embargo, la Santa Iglesia de Dios necesita hombres verdaderamente santos y no hombres mitad santos. La corriente de la ruina es más fuerte que la corriente mediocre, ¿cómo podría vencer la corriente de la mediocridad?".

Solamente nuestra propia sagrada reverencia puede conquistar la "corriente de la ruina". Entonces, por favor, dejemos de ser mediocres.

ESPERANZA RENOVADA

La Conferencia de Obispos de las Filipinas ha vuleto a la forma tradicional de recibir la Sagrada Comunión en la lengua debido al aumento de sacrilegios ocurridos al distribuir la Comunión en la mano.

OTRA OPINIÓN PIADOSA

La Comunión en la mano es una injusticia contra Dios que ya ha dañado profundamente la unidad y el respeto por nuestra sagrada fe católica. La urgente necesidad de que se edite este *apéndice* en sí misma prueba màs que suficiente de la validez de esta afirmación.

Ahora, en lugar de hablar al respecto, *recen* y escuchen atentamente a sus conciencias. Dios nos dio una conciencia, no una bilioteca llena de libros pesados o las infinitas justificaciones de algunos influyentes eruditos. Cuando la conciencia que dios nos da, fruto de mucha oración, se torna más y más afilada, el primero de los resultados que se evidencian es la *verdadera reverencia*. Jesús vino no para hacernos a todos igual de inteligentes sino para que lo amemos, y a través de Él, nos amemos los unos a los otros. ¡*Solamente* con verdadera reverencia y amor hacia Dios, y cuando hayamos entendido y comenzado a practicar el Primer Mandamiento, podremos empezar a amarnos los unos a los otros! Es justamente por esa razón que "Amar a Dios" es el Primer Mandamiento, y toda enseñanza contraria a este mandamiento *es* fraudulenta y una pérdida enorme de tiempo.

En especial al debatir este tema con sacerdotes y obispos occidentales, las discusiones no producen buenos frutos. El objetivo de este *apéndice* no es contrariar a sacerdotes y obispos occidentales, a sus buenos feligreses, o a alguna otra persona. Sin embargo, lean, escuchen, refrexionen y recen por las obras que realiza el Santo Padre, hijo de Nuestra Madre. ¿O acaso Nuestra Madre o sabía lo que hacía al elegirlo?

El Santo Padre, al nombrar 30 cardenales en el año 1995, eligió casi exclusivamente a hombres de países pertenecientes a la antigua

"Cortina de Hierro" y África. ¿Habra tenido razones santas para obrar así? ¡Seguramente sí! Recen al respecto con más fuerza aùn.

CONCLUSIÓN

Cuando miramos los nombres y las situaciones antes mencionadas, comparados con el gran número de comulgantes que hoy en día reciben la Sagrada Comunión en la mano, nos resulta claro que este tema sagrado se encuentra lejos de estar concluido. Resta que los hijos de María den el mejor ejemplo al mundo entero y que la sigan donde sus vidas de oración los guíen –más cerca de Jesús, en una forma aún más reverente–.

La evidencia no sólo es valiosa sino verdaderamente abrumadora, y se encuentra poderosamente inclinada a favor de la forma tradicional, la Sagrada Comunión en la lengua, de rodillas. ¿Pero quiénes forman ese oro grupo, muchísimo más chico, de disidentes?

Jesús pone en nuestro camino a los santo y a los místicos como modelos, no para que los tomemos como "anticuados", "fuera de moda" o "desorientados"; las gracias les fueron dadas por haber sido virtuosos y no, como muchas personas hoy en día parecieran creer, democráticamente, o (con el perdón de Dios) al alzar o en forma equitativa.

El autor no sugiere, bajo ninguna forma o manera, que todos las fieles que reciben la Comunión en la mano se encuentran necesariamente equivocados, pues sabe muy bien que entre ellos hay personas santas, como las hay en cualquier otra parte. En cambio, sí sugiere que, en general, no han sido guiados, y por eso se ha tomado el tiempo para escribir "La Divina Sustancia".

Cuando comparamos lo que Nuestra Madre le contó a Marthe Robin sobre el fin de la Masonería con el hecho de que ciertamente pareciera que fueron los Masones quienes causaron la "opinión falsa" al difundir la Comunión en la mano, también podemos inferir que cuando Nuestra Madre conquiste finalmente la Masonería, también caerá por segunda vez la Comunión en la mano. Tomemos en cuenta desde hoy sus indicios e indicaciones, en lugar de esperar hasta que ocurra algo desastroso.

Además, sería sensato que cuando nos mencionaran nombres como Agustín, Francisco, Tomás de Aquino, Catalina de Sienna, Brígida de Suecia, Leo XIII, Pío X, Jean-Marie Vianney, Teresa Neumann, Marthe Robin, Katharina Emmerich, el Santo Padre Pío, Lanciano, la Madre Teresa, María Simma, Fátima, Garabandal, Akita y Medjugorje, prestáramos mucha atención, aprendiéramos de todos ellos, y los siguiéramos e imitáramos cuanto antes. De no hacerlo así, a esta altura, estaríamos admitiendo abiertamente nuestra insensibilidad hacia Jesús Eucaristía.

¿No desearía acaso Nuestra Madre que *todos* sus hijos también escucharan, confiaran, imitaran y, en forma privada o pública, actuaran según los deseos del Santo Padre y se unieran a las filas de los nombres arriba mencionados?

Como testificaron las videntes de Medjugorje acerca del Purgatorio en enero de 1983: "La mayoría de las personas va al Purgatorio, muchas van al Infierno y un pequeño número va directamente al Cielo. "¡*Vayamos todos directamente al Cielo*!

Nicky Eltz

POSTDATA

1) Mientras todavía se encontraba haciendo los retoques finales a "La Divina Sustancia", el autor recibió la carta de un sacerdote franciscano australiano, una persona muy activa entre los carismáticos, dotado de gracias especiales. A los dos tercios de la carta, la persona repentinamente expresaba: "No sé por qué escucho esto: 'Muéstrele a muchos sacerdotes cómo ser sacerdotes'. ¿Por casualidad está considerando la posibilidad de ser sacerdote?". "No", respondió el autor rápidamente, "pero estoy escribiendo un libro sobre la confusión que circula en torno a la forma correcta de recibir la Sagrada Comunión".

Quienes decimos prestarle atención a los sacerdotes carismáticos deberíamos tomar esta expresión muy seriamente.

2) El autor publicó "La Divina Sustancia" sin que fuera autorizada por una oficina parroquial o por un obispo. Por tanto, hasta hoy "La Divina Sustancia" no es oficial. Solamente presenta la opinión bien fundada y sostenida con oración tanto del autor como de su amigos. En el supuesto de que este pequeño documento le dé mayores dimensiones a la cruz del autor, él las acepta –intentando no quejarse– como manifestación del amor que siente hacia Cristo, a su Madre y a todas las oficinas parroquiales.

INSTRUCCIONES

Ahora que valientemente te has arriesgado a estar mejor informado que antes al haber leído "La Divina Sustancia", el autor cree que Nuestra Madre aconsejaría lo siguiente:

(Muévanse despacio, pero con firmeza y de *un* paso a la vez).

1) Introduzcan en primer lugar en sus oraciones el tema de la Comunión.

2) Introdúzcanlo después, poco a poco, en sus familias.

3) Luego, en sus grupos de oración.

4) *Solamente como grupo de oración*, a sus sacerdotes. Intenten comunicarlo a sacerdotes mayores, con una experimentada vida de oración. Olviden, por ahora, a todas las mujeres como "ministros de la Eucaristía" y a todo sacerdote de menos de 50 años. Suban la escalera espiritual, no la burocrática.

5) Pídanles a estos sacerdotes que confirmen lo que aquí está escrito. Ellos pueden confirmarlo, *si* quieren. Lean e infórmense en otros libros a los que tengan acceso en las bibliotecas marianas privadas.

6) Y cuando entre los sacerdotes que contacten encuentren amigos igual de valientes y activos, pídanles que acerquen este tema a los obispos. Sugerencia: sería bueno que algunos representantes de sus grupos de oración acompañen a los sacerdotes a ver al obispo. Estén atentos a toda interferencia satánica a fin de desviar esas interferencias *hacia San Miguel con Nuestra Madre*. Ayuden siempre en lo que puedan a los sacerdotes para realizar obras que, como está, puedan llegar a ser algo difíciles. Estén listos para enfrentar una fuerte resistencia en el momento menos esperado. Marchen sólo armados de oración. Y recuerden: muévanse paso a paso.

7) Como a los sacerdotes, pidan a sus obispos que confirmen el contenido de este libro. *Ellos pueden confirmarlo, si* quieren hacerlo.

8) Una vez que hayan encontrado un camino espiritual amigable respecto a este tema, escriban al respecto y difúndanlo en los boletines y cartillas marianas.

9 Continúen rezando, y …

¡LA VIRGEN MARÍA LOS AYUDARÁ,
PUES AL SEGUIR EL CAMINO ANTES MENCIONADO
ESTÁN AYUDANDO A SU HIJO!

.

www.ingramcontent.com/pod-product-compliance
Lightning Source LLC
Chambersburg PA
CBHW022113080426
42734CB00006B/107

* 9 7 8 1 9 3 8 8 2 3 0 7 7 *